U0134058

KESSELRING
A SOLDIER'S RECORD

第三帝国的末路
凯塞林 元帅回忆录

[德] 阿尔贝特·凯塞林 著　　吴丽　时瑾 译

上海社会科学院出版社
SHANGHAI ACADEMY OF SOCIAL SCIENCES PRESS

图书在版编目（CIP）数据

第三帝国的末路：凯塞林元帅回忆录 /（德）阿尔
贝特·凯塞林著；吴丽，时瑾译. — 上海：上海社会
科学院出版社，2023

ISBN 978-7-5520-3815-6

Ⅰ.①第… Ⅱ.①阿… ②吴… ③时… Ⅲ.①阿尔贝
特·凯塞林—回忆录 Ⅳ.① K835.165.2

中国版本图书馆 CIP 数据核字（2022）第 191407 号

审图号：GS（2021）7697 号

第三帝国的末路：凯塞林元帅回忆录

著　　者：[德] 阿尔贝特·凯塞林
译　　者：吴　丽　时　瑾
特邀策划：巴别塔文化
出 品 人：佘　凌
责任编辑：霍　覃
特邀编辑：张建恩
装帧设计：张庆锋
排版设计：胡凤翼
出版发行：上海社会科学院出版社
　　　　　地　　址：上海顺昌路 622 号　　邮　　编：200025
　　　　　电话总机：021-63315947　　销售热线：021-53063735
　　　　　http://www.sassp.cn　　　　E-mail：sassp@sassp.cn
印　　刷：上海盛通时代印刷有限公司
开　　本：889 毫米 × 1240 毫米　1/32
印　　张：13.75
插　　页：4
字　　数：327 千
版　　次：2023 年 4 月第 1 版　2023 年 4 月第 1 次印刷

ISBN 978-7-5520-3815-6/K·666　　　　　定　价：88.00 元

出版者序

在纳粹德国的众多将领中，阿尔贝特·凯塞林无疑是一位非常特殊的统帅。他作战经验丰富，不仅在西线与东线参加过战斗，而且在南方战区也有他战斗的身影；他是一位空军元帅，后来却出任了南方战区总司令，指挥意大利和地中海的德军部队；他不仅在纳粹德国的军政界拥有极高的声誉，在盟军那里也赢得了广泛的称赞，并获得"微笑的阿尔贝特"的称号；在他的努力下，许多意大利的文物和古城避免了战火的洗劫；当他因战争罪被判处死刑后，丘吉尔、亚历山大元帅等人都为他求情，请求减刑。由于凯塞林身居高位，与众多军政人士有密切往来，同时他拥有着极为丰富的指挥经验，因此可以全景式反映欧、非战场的历史，这也是我们本次引进并出版凯塞林回忆录的原因。

1953 年，凯塞林出版了回忆录——《最后一日的士兵》（*Soldat bis zum letzten Tag*）。同年，经英国作家林顿·赫德森（Lynton Hudson）翻译为英语，以《凯塞林元帅回忆录》（*The memoirs of Field-Marshal Kesselring*）为名在英国出版。1954 年，该译本又以《凯塞林：一位士兵的记录》（*Kesselring: A Soldier's Record*）为名在美国出版。这次，我们出版的《第三帝国的末路：凯塞林元帅回忆录》所依据的就是 1954 年的美国版本。美国版本收入了一篇由 S. L. A. 马歇尔撰写的序。马歇尔是第二次世界大战和朝鲜战争期间美国陆军的首席战斗历史学家，他撰写过大约 30 本关于战争的书，他在战后召集德国军官，撰写欧洲战场的历史和分析，超过 200 名德国军官参加了该项目，完成了数百本专著。可以说，马歇尔对于纳粹将领是非常了解的，他能作序推荐凯塞林的回忆录，便说明了该回忆录具有独特的价值。

　　西方回忆录体裁的"二战"书籍，关注点或为西线战场，或为东线战场，或为非洲战场，而能全面讲述这几大战场的情况的回忆录却几乎没有，这是因为回忆者本身的战争经历是有限的，而凯塞林的这本回忆录不仅讲述了西线与东线的情况，更重要的是讲述了南方战区（非洲战场、地中海战场以及意大利战场）的情况，因为相对而言，凯塞林的战争经历是极为丰富的，这便决定了本书独一无二的价值。

　　当然，正如其他具有争议的纳粹将领一样，凯塞林也是一位毁誉参半的将军，毕竟他曾效力于希特勒，曾被欧洲国际军事法庭判为战争罪。在这里出版者并不为凯塞林进行辩白，书中一切观点仅代表凯塞林自身的看法。

译者序

纳粹德国空军元帅凯塞林（1985—1960），也许不如他的同僚曼斯坦因、古德里安、隆美尔那样赫赫有名，而是更像一名救火队员，参加了德国在"二战"中几乎全部重大战争，从入侵波兰、西线战斗、不列颠空战，再到苏联战争和地中海战争，最后又回到西线。他也许是纳粹德国最纯粹的军人之一，忠心耿耿，远离政治，军事能力突出，坚决果断地执行任务，又不屑于冷酷对待军事目标以外的人和物，这既让他在交战双方赢得了良好口碑，也让他自负地认为自己无罪。

凯塞林并非出自军人世家，但他少年参军，接受军事训练，由此奠定了他日后成为坚定军人的基础。他在回忆录中曾言："*我感觉我天生就是一位军人，如今回首，可以无愧地说，我的身心已全部奉献给这个职业。*""一战"期间，凯塞林先后就职于多个炮兵部队和参谋岗位，得到了切实的锻炼。众所周知，此后的德国对"一战"结果非常不满，国内酝酿着反扑的风暴，每一个有野心的德国军人都在积蓄力量。这一点在回忆录中也得到了鲜明的体现，凯塞林这样说道："*很荣幸能将自己的绵薄之力奉献给德意志的涅槃重生。*"作为一个性格正直温和、与人为善，又具有出色的领导才能的人，凯塞林被统帅部指定参与空军的组建。他的理念是："真正的军人必须从内心认可自己。"并以此打造了后来纵横欧洲天空的德国空军。这些对两战期间情形的描述，向读者展现了一个正在走向复兴的德国和德军的面貌，而这在别国报道中相对偏少。

在全书布局方面，凯塞林没有花费大量笔墨谈论"二战"前期的欧洲战场，却异常详细地描述了南线战斗。这可能与他的职务调整有关，"二战"初期，凯塞林作为空军指挥官，主要是配合装甲集群开展闪电战，一直处于戈林的领导之下。横扫欧洲后，他积功跻身元帅，开始按照统帅部的指挥空袭不列颠和突袭苏联。总体乏善可陈。待意大利出现颓势后，凯塞林被调至罗马配合隆美尔的非洲军团开展南线战斗，此时他已擢升为南方战区总司令，可以独立指挥此地的三军部队，所以他更为熟悉此阶段的细节。这也为研究"二战"南线战斗和"二战"末期军事形势提供了相对详实的一手资料。

值得一提的是，凯塞林还用了相当的篇幅，来分割他与纳粹党（民族社会主义党）之间的关系，声称只是由于工作原因向其效忠，但自身并无政治倾向，语气和用语有褒有贬。此外，凯塞林还在书中多次阐明了自身的反战立场。上述这些内容可能是事实，也可能是与他在写作时的战俘身份有关。

凯塞林拥有卓越的军事才华，在书中提出了很多观点，如：

- 集中优势空中力量进攻一点是我们取得胜利的关键。
- 只有拥有了强大且随时能战斗的军队作为后盾，才是进行外交谈判的最佳时机。

- 不要只是在一个方面擅长，而是要学会结合三军的特点进行思考和领导。

- 任何事业都存在风险，都需要经过周密计划、坚决执行和一些乐观主义精神。

- 我一直赞成基于相互信任的自愿协作而非强迫性的服从，因为后者必然会引起怨恨。

- 纵深阵地是沿海防御工事不可或缺的补充。

- 无论独裁政权以何种形式出现，如果它不受限于任何外部或内部的法律，那么都将是短命的，它们自己就会崩溃。

- 指挥战斗不能只坐在办公桌后面。

- 根本性问题，即一个真正的军人在面对流言诽谤时，也会收起所有疑心，树立起光辉的榜样，让士兵坚定地追随他。

- 只有当一名充满智慧的指挥官率领一大批经验丰富的下级军官和老兵骨干时，部队才会凝聚在一起。

- 成功的城市防御战需要高度的战术经验、军事训练和战斗纪律，以及不能被围困住的适当地形。

- 同志关系的原始职责使得一个正派的军人在知道他的同志们正在最后一战中坚持到底时，他不可能放弃战斗。

- 首要的原则仍然是把"穿军装的老百姓"教育成为忠诚和爱国的军人，并通过宣誓坚定地效忠国家和宪法。

- 生命的意义在于努力做正确的事，而所谓的完美无缺，在这个世界上并不存在。

凯塞林对于德国在多个战场上的失败，也提出了自己的理解，例如，"海狮"行动取消的根源在于目标不明确，苏联战场失败的原因是没有尽早占领莫斯科，北非战场失利则是由于没有优先占领马耳他岛以及意大利军队的无能，等等。这究竟是凯塞林个人的看法，还是德军高层战后的反思，还有这些战略战术问题是否真的彻底影响到了战争的走向，留给读者们自行评判。

战后，凯塞林一度被判决死刑，后因多重原因获得减刑，此后辗转于多个集中营，最终得以假释。其中，凯塞林在战时表现出的正直温和的性格和纯粹的军人作风，为他赢得最终结局带来了帮助。

凯塞林付梓本作时，刚刚假释出狱。戎马一生，惨淡而归，四顾无亲，家国破碎，为之奋斗一生的事业却是人类史上最大的灾难。凯塞林的心情，我们已无从体会，但是透过这本回忆录，却能窥探一二。凯塞林在全书中，时时处处流露出自己作为一名德国军人的骄傲和不甘，有意无意夸耀自己的一些功绩并辩解一些错误，甚至隐约有种为德国正名的潜在想法，例如他称："**尽管战争十分血腥，但是在如此规模的冲突中，德国军人仍然秉持着关心人道主义、文化和经济的思想。**"尽管凯塞林重申会追求客观性，但是作品不可避免带着作者的主观立场。

我在翻译这本回忆录时，有种一气呵成的畅快感。作为一名军事学专业的译者，研究"二战"史既是工作也是快乐。作为译者，我能够感受到作者在笔触之间流露的复杂感情。胜利的喜悦，失败的不甘，痛苦的回忆，深沉的思考，不一而足。我想，尊重原作是最重要的，也是一名译者的操守。对于原作中的表述，无论褒贬，都应尽量选取最能体现作者情感的用语进行翻译。不过相应的，原作者的一些主观倾向，或许也会不可避免地来到本译作之中。希望读者在阅读时注意甄别。

对于原作中大量出现的英语／德语专有词汇，考虑到其中部分名称并不出名，甚至现今已不复存在，我统一采用了随文标注原词的方式，这样既有助于保持阅读的连贯性，也有利于读者进行考证。

他山之石，可以攻玉。希望读者通过本作，更加全面地了解"二战"历史和凯塞林其人。由于阅历和知识的限制，译文一定存在许多错漏之处，恳请读者不吝指正。

吴　丽

序

　　我个人对凯塞林元帅的看法可能与其他美国人不同，原因其实很简单。

　　1945 年 5 月，欧洲战争结束。对于作为欧洲战区历史研究部主任的我而言，这似乎是个契机。要想进一步完善研究成果，就需要逐步吸收大部分敌军指挥官及其参谋人员参与我们的工作。理由毋庸赘言。大多数德军记录已被我方所缴获，并且不会再归还。德国作为被占领国，绝不被允许书写自己的作战历史。如果能把敌人的战场行动与我们的行动进行对比，就便于我们了解发生在自己部队身上的事情及其发生的原因、时间和地点，因此在对敌军行动进行再现时，就需要在我的主导下由双方合作进行。

　　我的上司起初对这种做法持怀疑态度，要么置之一笑，要么直接反对。然而，我在战争部的对手们却对这种需要有着深刻的理解。我很理解为什么我们这边不赞成，因为这个想法是非常激进的。以前从来没有人做过这种事情，而且当时也没有相关规定。我们正面临着一个全新的局面，需要创造性地采用一些方法来同常见的行政偏见作斗争，然而现实却并非总能成功。

于是，我带着复杂的思绪去找了一些敌军指挥官，想听听他们的意见，看是否有可能采取必要的合作措施。冯·伦德施泰特（von Rundstedt）表现得疲倦、冷漠，几乎没有任何兴趣，但他相信，如果有个问题能够引起他的同僚的职业兴趣的话，大部分人随时都能做出响应。

肯尼斯·W. 赫克勒（Kenneth W. Hechler）少校是我的一名参谋，也是我在探索活动中的得力助手，他与曾是德国国防军的作战指挥官的瓦尔特·瓦尔利蒙特（Walter Warlimont）将军进行了交流，瓦尔利蒙特认为这个想法非常可行。如果我们愿意，他（瓦尔利蒙特）愿意成为参加我们工作的第一人。当我在总参谋部会议上对这个情况进行报告时，引起的笑声比总司令说的玩笑话所引起的笑声还要夸张。

尽管如此，我们仍然继续努力。敌军指挥官正在我们的几个战俘集中营里受到严酷对待，这让所有美国人都感到震惊，因为他们认为自己的国家应该始终秉持法治精神，做任何事情都要有体面、有秩序、有条理地进行。我正式提出抗议，指出这种方式是严重错误的，我们实际上是在摧毁那些对我们有用的人，他们并不亚于我们已经接收的那些德国科学家。在这一点上，我得到了上级的支持，他们只提醒我要注意局势的演变。渐渐地，在走了很多弯路之后，我们终于回到了正轨上。在最开始，有 10 名敌军高级指挥官被置于我们的暂时监管中。此后，这一群体稳步扩大。我们和这些军官相处得很融洽，因为我们虽然把他们当作战俘，但同样认识到他们也是芸芸众生中的一员。为了尽可能给他们提供一点物质享受，让他们得以安心工作，我们自己掏钱包给他们买了烟草、糖果、剃须皂之类的东西。我们还设法通知他们的家人，告知他们还活着，这是他们以前无法想象的待遇。

除了这些简单的措施，我们还有 5 名绝对忠诚、热情、能干的美国年轻军官，包括霍华德·哈德森（Howard Hudson）少校、弗朗西斯·P. 哈拉斯（Francis P. Halas）上尉、弗兰克·C. 马欣（Frank C. Mahin）上尉、詹姆斯·斯科金斯（James Scoggins）上尉，以及上面提到的赫克勒少校。他们都全心致力于这个项目，认为它必定能够取得最终的成功。而且 5 个人都富有同情心，这是非常宝贵的品质。

我们发现这些新"同事"的性格、精神和反应各不相同，与其他组织群体是一致的。有的人喜欢取悦他人，表现得甚至有些卑微。因此，他们的工作需要额外的留意。有的人做事有条不紊，彬彬有礼，就像他们在以自由的身份处理日常事务一样。这是最好的一种，他们甚至可以指导他人的工作，比我们做得还好。还有一小部分人仍然郁郁寡欢，满腹怨怒，沉默寡言，我们对此无能为力。有时我们认为，他们可能在家人和邻居之间也是个麻烦。

这是一段生动的回忆。回顾那段经历，我发现唐纳德·汉基（Donald Hankey）对战场的描述恰如其分："我看到了人类赤裸裸的灵魂，剥去了所有外界干预……我看到了谁在被人奴役，谁又是自由之身；谁是狼心狗肺，谁又是正人君子；谁是其心可鄙，谁又是品格高尚。"随着军衔和名誉的提高，以及对法庭审判战争罪行的恐惧，在这场对男子汉气概的考验中，真正的将军从那些刚刚授衔的菜鸟中脱颖而出，也许这就是领导力的本质。在潜意识中，我们都承认在任何情况下始终保持强大自控能力的人更加优秀。

阿尔贝特·凯塞林（Albert Kesselring）是一个多面手。没有哪个伟大的德国指挥官能在一场战争中完成如此多的重大任务。没有人能像他那样拥有众多毁誉参半的公众评价：最高指挥官！被判有罪的战犯！希特勒的走狗！客观的军人！……根据这些观点，凯塞林称得上是一个卓越的领导人、军事干预者、重刑犯、值得尊敬的对手、军事天才、难以捉摸的滑头、兢兢业业的老黄牛、靠不住的软骨头等等，不一而足。

既然这些事实都是毋庸置疑的，那么我认为真相在哪里并不重要，不过很显然，如果我不尊重凯塞林，尤其是他的为人，我就不会提笔写他。此外我认为，他在书中讲述的故事是对自己生活的反思，相比起法庭和评论家们给出的片面裁判，通过本书对他进行评价可能更加全面。他用朴实的语言讲述了他的所见所闻，没有遮掩，也没有谢罪，文风特点符合他的性格表现。根据他的描述，读者有可能会把他贬为一个对希特勒主义俯首帖耳的爪牙，进而全盘否定掉他所有的美德。我认为这种做法是不恰当的。

"微笑的阿尔贝特"，这个称号在战争期间就为我们所熟知，而并非来自1945年下半年中与我们一起工作的德国将军。他在战争后期开始指挥西线战事，我们最初的计划是针对一场真正的战争危机。几个月后，我们打探到他在纽伦堡（Nürnberg），又被我们两个年轻的西线军官——马欣上尉和斯科金斯上尉——带到位于阿伦多夫（Allendorf）的历史研究营地。在此时，德国人对这项工作已经逐渐冷淡。他们退出合作是由于在纽伦堡滋生了大量的诽谤。凯塞林刚刚离开了那个充满非议的中心，因此他持有的立场要么会让其他人永远反对这个项目，要么会引导他们理性行事。

他没有倒向我们这边，他对分寸的把握十分准确。他第一天到来的时候，微笑、庄重、平静，我们心中的天平很快就倾斜了。他对追求良知的人和冷若冰霜的人都产生了巨大的影响，这个意义甚至比他对意大利和西线战役历史所做的重大贡献还要重要。一方面这是由于他以身作则的熏陶；另一方面是他把温和的说教与坚实的逻辑进行了融会贯通。每当有顽固不化的人想要阻碍方案实施时，我们就把这一问题抛给"微笑的阿尔贝特"，而他总能把对方拉拢过来。

当英国人即将在意大利对他进行审判的消息公之于世后，这成了对他的影响力的一次重大考验。阿伦多夫的大部分人举行了罢工，他们停止写作，因为他们认为他受到了严重的不公正待遇。但是凯塞林在营里通过一些美国人搞不懂的技巧，说服他们回到了自己的简易工作台上。他身上有一种特殊的力量和尊严，尤其那些妄自菲薄自怨自艾的人更是深有体会。

在他被审判和定罪的时候，我已经回到了美国，重新开始编辑工作。我对判决的看法发表在 1947 年 5 月 10 日的《底特律新闻》(*Detroit News*)上，内容如下：

> 判决的结果似乎是，凯塞林在报复行为中越界了。但是界限在哪里呢？这在法律中并无规定。他履行了自己的职责，而军人的职责永远是艰巨的，有时甚至是残酷的。

> 不合格的军人可能早就放弃，或者不战而降。可以想象，不管是在军事上还是之后在敌人的法庭上，越明智的人越能判断采取什么样的报复行为才是最合理的。但我对此表示怀疑。

相反，我认为凯塞林是受累于当时已无可更改的局势，任何一位称职的指挥官，如果被置于此种境地，都不可能独善其身。

许多人也有同样的疑虑，怀疑这位敌军指挥官是否得到了必要的公平对待，这是这个世界上的善之根本。几位有影响力的领导人进行了激烈的抗议。但凯塞林始终置身事外，他以平静的心态面对死亡和公众的羞辱。我的一位同事曾给他写过一封表示遗憾的信，他回复道："这就像一场战斗。总有一天，指挥官会听取所有人的最佳建议，对所有的因素都进行权衡和把握。但是别忘了，要深入审视自己的内心。"

他在这本书中所讲述和总结的很多东西也体现着同样鲜明的基调。将军们喜欢使用冠冕堂皇的词句，但这往往不会反映出作者的内在思想。而说到凯塞林这个人，只要知道他的生活即为他的信仰就足够了。他的力量在很大程度上来自内心的平静，向外散发着真诚。

那么，如何将这些个人美德与他对纳粹德国的愚忠奉献联系在一起呢？军人忠诚的本质是什么？这是极其复杂的问题。一个军人是应该盲目地效忠他的上级，还是必须能接受职业范围以外的思想和行动？一种观点是，他们必须有自己的判断，因为义无反顾的结果也可能是变成恶魔的帮凶。另一种观点是，如果没有绝对的忠诚，一个军队系统就会变得混乱而无秩序。

对于凯塞林这样的人来说，不可能有任何中间立场，这也是他的天性。他不会像 7 月 20 日事件中的军人那样倒戈，不会像隆美尔（Rommel）那样性情乖僻，不会像伦德施泰特那样龟缩不出，也不会像古德里安（Guderian）那样反复无常。他的任务就是纵横沙场，他的职责就是坚持到底。这种目标的单一性在他体内催生出了一种适合任何伟大事业的、令人钦佩的力量。同样正确的是，秉持尽职尽责理念的军人，往往对于美德也有着不可动摇的信念。

凯塞林便是如此。也许从狭隘的美国视角来看，他的优点也正是他的缺点。然而，他所做的一切，正如他现在所叙述的职业生涯一样，都是他性格的体现。他在书末所写的一句话或许更适合作为开场白："我想对年轻人说，生命的意义在于努力做正确的事，而所谓的完美无缺，在这个世界上并不存在。"

我相信他的这种信念就像北极星一样指引着他。他的指挥才能不仅在他的对手心中留下深深的印记，而且定会被后来者们充分研究。他早已在内心深处战胜了自己，这一点使他始终能够以高昂的心态，从容面对在战后岁月中更残酷的考验，决无丝毫畏惧。

S. L. A. 马歇尔

欧洲战区历史研究部主任

1953 年 12 月于密歇根州底特律市

前 言

　　1952 年 10 月 23 日，我终于从监狱获释，不久就能获得完全赦免。正是我在高墙背后度过了这几度春秋，才让我开始读懂了生活之谜；换言之，我猛然惊醒，是这段岁月给了我反思人生的时间。在那时，我的思绪总是陷入对过去的回忆之中。我想让自己认清昨天，希望借此理解今天，并把握明天。

　　我监禁的第一年是在卢森堡附近蒙多夫（Mondorf）的美国集中营和纽伦堡的候审监狱中度过的，在那里我们唯一能做的就是偷偷瞄一眼美军的《星条旗报》（*Strars and Stripes*）。从 1946 年中期开始，我才得以研究军事学著作。此外，来自许多国家的报纸、期刊和书籍也帮助我更深入地了解当代事件和趋势。通过国外的出版物，我熟知了美国、英国、法国、瑞士、意大利，以及少部分苏联的思想。受到严格管控的德国媒体几乎没有什么内容，因此我很感激外国报纸的丰富多彩。虽然与外界隔绝，但我还是可以通过报纸接触到所有感兴趣的主题，而且我推测这些主题都得到了相当准确的报道。不过其中有很多内容让人读起来不舒服。新闻报道和编辑评论必须摆正动机，为真相服务，否则就是徒劳无功。然而，却有许多这样的"真实"报道让人读之反胃。

在这场大戏中，其他国家的主要演员都在根据个人记忆尽可能详细地描绘己方所扮演的角色形象，而在这里面，唯独缺失了德国角色的记忆。因此，历史学家们就失去了一个基本材料。许多人可能乐于了解，在这种或那种局势下，为什么要采用这个决策而不是另一个，这是如何做到的，以及是什么动机影响了方案的制定者，让他们不得不做出这些或大或小的决策。

因此，我决定提起笔来，贡献我的一份力量。我将尽量只谈论我参与过的事情，以及在发生时我或多或少地能了解到全貌的事件。

我会尽我所能来描述我当时所接触到的人物和环境。当然，我也知道，无论我多么追求客观性，到最后很可能仍是主观的，或至少会给人留下这种印象。虽然我试图证明我总是对的，但读者也没有理由来指责我。没有人在判断和行为上不会犯错，如果我发现自己犯了错误，就会坦率地承认。像我这种过了大半生的人，应该主动承担起自我反省和自我坦白的责任。写这样的书首先就需要坦诚，即愿意把自己当时的动机和行为写出来。到目前为止，我一直在逃避这一责任，我已经意识到之前的做法是错误的。

如果读者希望了解我的行为，就要耐心等我首先概述完我的个人背景。虽然篇幅不长，但也展示了军队生活并不仅仅是"扮成军人"即可，更要在身体和心理两方面付出艰苦的努力，并肩负起沉重的责任。

阿尔贝特·凯塞林

目　录

第一部分

战争与和平年代

（1904—1941 年）

第一章

在巴伐利亚皇家陆军和魏玛防卫军的服役经历

-------------------------------► ○————————○

（1904—1933 年）

慕尼黑的早年生活；在巴伐利亚徒步炮兵部队服役；
1917 年在俄国前线参与停战谈判；在巴伐利亚第 2 军和第 3
军任参谋；1918 年参与复员遣散工作，参与组建安全部队和
自由军团；1922 年 10 月 1 日调至柏林国防部。

我并非出身于军人世家。我的祖先曾在今天的下奥地利州（Lower
Austria）境内建造了"凯塞林城"（Chezelrinch），以抵抗阿瓦尔人
（Avars）和后来的匈牙利人（Hungarians）。1180 年，乌斯卡勒斯·凯
塞林骑士（Ritter Ouscalus Chezelrinch）首次使用了这个姓，从此凯塞
林家族（Kesselrings）便一直以骑士、贵族和教士之名享誉德国南方，
甚至跨境远播法国阿尔萨斯（Alsace）和瑞士。自 16 世纪起，我的直
系祖先迁居至下弗兰肯地区（Lower Franconia），从事耕种、酿酒和葡
萄种植。家族的一些成员也会选择教师职业，例如我的父亲担任拜罗伊

特市（Bayreuth）教育委员会委员，也属此列。

我在少年时期与我的大家族共同生活在菲希特尔山脉（Fichtelgebirge）的文西德尔（Wunsiedel）。1904年，在从拜罗伊特古典中学毕业后，我未曾为谋职而费心，因为我想成为一名军人。我感觉我天生就是一位军人，如今回首，可以无愧地说，我的身心已全部奉献给这个职业。因为我的父亲不是军官，所以我无法作为军校学员参军，而是以后备军官（Fahnenjunker）的身份，被巴伐利亚第2徒步炮兵团指挥官征召入伍，从此开启了我的军事职业生涯。我在该团一直服役到1915年，其间曾于1905—1906年在德国军事学院（Military Academy）学习，后于1909—1910年在慕尼黑炮兵学校（Artillery School in Munich）进修。

该团驻扎在梅茨（Metz），这是一座堡垒式的要塞城市，对于一名雄心勃勃的年轻士兵来说，也是一个绝佳的训练场所。这里的武器装备久经考验，训练十分艰苦。黑泽勒（Haeseler）元帅的精神以及紧靠前线的地理位置，都意味着作战效率优先。此外，阿尔萨斯—洛林地区（Alsace-Lorraine）的人民与德国人具有种族上的亲密性，这也强化了他们对德国统一的热情。我们经常探访普法战争的各个战场，包括科龙贝—努伊利（Colombey-Nouilly）、马斯拉图尔（Mars-la-Tour）、格拉沃洛特（Gravelotte）、圣普里瓦（St. Privat）以及对面的色当（Sedan）。我们纪念先辈的牺牲，这种敬意绝非廉价的武力崇拜。

梅茨周边同样名胜众多，景色诱人。谁会对摩泽尔（Moselle）山坡上的春花烂漫无动于衷？谁会忘却在布龙沃（Bronvauxtal）和蒙沃（Monvauxtal）这些翠谷中漫步的愉悦？谁又会吝惜几个法郎而不去尽享南锡（Nancy）和蓬塔穆松（Pont-à-Mousson）的美丽？当我们向摩泽尔河畔帕尼（Pagny-sur-Moselle）的法国海关官员递交通行文件过关时，他总会轻松地祝福我们："玩得开心点！"同样在我们原路返回时，他也会友好地打招呼："嗨，玩得怎么样？"这种欧洲精神让我们畅享其中。

然后所有这一切都在 1911 年戛然而止。即使单纯无害的过境通行也要上报到柏林（Berlin）和巴黎（Paris），而两国的外交部门都无法厘清状况，结果那些被误解的冒犯者往往落了个不愉快的下场。从此以后，要塞的警报时时长鸣，甚至有时会命令我的炮连迅速瞄向位于摩泽尔河畔阿尔斯（Ars-sur-Moselle）的王储堡（Kronprinz fort）。要知道梅茨西线的各堡垒〔如洛林堡（Lothringen）、皇后堡（Kaiserin）、王储堡、黑泽勒堡等〕距离相当之近，毫无疑问要追求速度至上。我们初级军官们经常在一起讨论，假如色当战争突然爆发，我们梅茨的守军无法确保在被全歼之前消灭所有法军。

在我参军的 1904 年，巴伐利亚第 2 徒步炮兵团是一个要塞炮兵团。我们训练操作各式火炮，既有 3.7 厘米转膛炮，也有 28 厘米迫击炮，但主要还是装甲炮兵训练，这符合我们战争动员的目标。我们要掌握精确射击要领，包括远程目标打击，还要学会操作侦察、观测和通信部队装备的新式玩意，甚至要训练气球观测，这却让我乐此不疲。我最喜欢气球飘流训练，这要求忍住呕吐反应，在狂风中驾驶一个系留气球长达数小时，甚至进行越野飞行。很快我便切身体会到，做好这件事需要一个强健的胃。

该要塞炮兵部队的组织定位是"战场中的机动化重型炮兵部队"，

这一建军思想来自德皇威廉二世（Emperor Wilhelm II）和要塞炮兵部队总监察长冯·杜立茨（von Dulitz）。于是我首次获得机会投身于一次重要的改革。这一改革的创举必须归功于我的上级领导，尤其是天才的巴伐利亚要塞炮兵旅指挥官冯·霍恩（Ritter von Höhn）将军。但是，如果没有全军在1914年的通力合作，这一举足轻重的新式重型炮兵部队也无法得以组建。虽然战争已难以避免，但进行这一改革并不意味着战火迫在眉睫。不过战争打断了这一新式兵种在和平时期的正常发展，并从组织结构和心理准备两方面缩短了必要的磨合期。

假如战争并未如期而至，重型炮兵部队可能也会失去成为有关单位梦魇的机会。我记得在1914年这支部队从洛林移防至比利时（Belgium）的时候，第6集团军总司令声称："现在战争的发展趋势是运动战，我们再也不需要重型炮兵了。"

此后我经常注意到这种出于本能反对任何创新的意见，人们还没有解放思想，破除偏见。这也充分体现了"惰性力量"的强大，甚至可以影响一流的睿智之人。

巴伐利亚战争部（Bavarian Ministry of War）要求，后备军官必须完成所有的入伍考核，而且与其他分配人员相比，还要在部队或军事院校完成一段较长时期的训练，才能委以任命。我们要遵循普鲁士传统，参加德国军事学院学习和相关的参谋培训。在"一战"前的巴伐利亚，要想成为一名参谋人员，也必须首先通过学院课程的学习。这种做法优劣参半，最后由于在战争中军官匮乏，才得到了调整。不过，在后备军官获得任命之前进行长期训练毕竟是有利无害的安排，因此在魏玛防卫军（Reichswehr）时期，这一培训阶段还得到了相当程度的延长。

1914年7月发生在奥地利的惨案使我们团在格拉芬沃尔（Grafenwöhr）炮兵训练场的后半程训练蒙上了不寻常的战争阴影。在全国总动员的命令下达之前，国家首先发布了"战争即将来临"的宣告，而这时我们各个炮连已经占据了梅茨西部前线的堡垒。在这几天以及整个第一阶段的动员时期，梅茨驻军的装备部署和人员调动都在有条不紊地进行，这也显示了前期参谋工作的卓越成效。

我一直跟随团部驻扎在洛林，直到1914年底的新年前夕，才调至第6集团军出任巴伐利亚第1徒步炮兵团总指挥官的参谋副官，我们参谋团队被整编进团部。从1916年至1917年底，我又调任巴伐利亚第3炮兵团总指挥官的参谋副官，并加入了他们的参谋团队。

在我最后一次离任之后，我被调至总参谋部，在东部前线担任巴伐利亚预备役第1师的参谋军官，并作为代表参加了在多瑙河（Duna）上进行的当地停战谈判。我的对手是一位俄国参谋军官，他的翻译是一位来自医护部队的将军。对方有两件事让我印象深刻：一是谈判者对于堑壕战的战术问题有着超乎寻常的兴趣；二是士兵委员会被指派来参加这场谈判。我记得很清楚，他们乳臭未干且愚不可及，却又经常介入具体事务的讨论，并为此扬扬自得，好像他们才是军中的老大。我当时想，这种事绝不可能发生在德国军队中。然而还不到一年，我的想法就被颠覆了。1918年个别部队在科隆（Cologne）的所作所为简直是那些俄国革命者的翻版。还是抛掉这些糟糕的记忆吧！至少我们应该庆幸，我们在1945年的表现并非如此。

1918年我在位于法国里尔（Lille）的第6集团军司令部担任巴伐利亚第2军和第3军的参谋军官，其间我与总司令、巴伐利亚王储鲁普雷希特（Rupprecht）殿下私交甚密。他经常设宴依次邀请我们，当然也善于引导席间的话题。无论涉及政治、艺术、地理、历史还是治国方略，他都能侃侃而谈。我们难以捉摸他对某些军政事务是否认同，因为他总会巧妙地避开各种隐晦的言辞。在"二战"期间，"消息圈子"里经常说我们在"二战"中的表现比"一战"显得"更有头脑"。这种说法似乎言过其实，但是据说我们的确在每一个重要的岗位上都部署了一名经验丰富的军人，他们都曾在"一战"中出色完成了参谋军官的初级培训。相比1914年时的指挥官，这些军人更加年富力强，与部队的联系也更紧密，其中还有许多王室成员，虽然并非严格意义上的"腓特烈后裔"（Fredericks），但是他们的模范精神、人文素养和综合能力都得到了广泛认可。要想对总参谋部的军官们进行评价并不是一件容易的事情。帝国总参谋部军官团曾在数据方面优势明显，并拥有更加统一的培训体系。但是在1939年，总参谋部的军官更像是直接持枪战斗的人——这种改良值得大书特书。他们在任何情况下都要服从作战指挥官的命令，这使得曾在"一战"中畸形发展的二元型指挥不可能再次出现。指挥官要对其本人的判断负责，当然随着局势的发展，也将对希特勒（Hitler）乃至盟军法庭负责。而这并非说明指挥官与其参谋长的密切配合遭到破坏，或者总参谋长的独立自主性受到限制等。

　　我在1918年曾想退役，但是我的总指挥官是个富有政治思想的人，他坚持让我留下，并安排我参加巴伐利亚第3军在纽伦堡（Nürnberg）地区的复员遣散工作。这项工作的负责人是一名政治代表，是一名年轻的律师，也是德国社会民主党（Social Democrat party）的党员。那段时期对于我来说非常艰难，工作压力甚至比战争年代还要沉重。除了复员遣散这一项工作，我还要参与组建新的安全部队和自由军团，并对它们在纽伦堡周边以及在慕尼黑和德国中部地区的部署进行组织筹划。工作本身让我乐在其中，因为它为我了解当时的革命事件打开了独特的视角，但同时我也曾在 1919 年初目睹了一群暴徒席卷杜特施赫伦（Deutschherrn）军营指挥部后的狂虐行径，让人非常痛心。

更让我悲愤难忍的则是我为之奋斗的事业居然换来的是一纸逮捕令，上面宣称我要为一起受社会主义分子影响的巴伐利亚第 3 军军部的暴乱负责。尽管我在 1945 年后的羁押期间多次受到有辱人格的待遇，但我仍毫不犹豫地将上述事件铭刻为我这一生最屈辱的时刻。

自 1919 年至 1922 年，我曾在安贝格（Amberg）、埃朗根（Erlangen）和纽伦堡担任了三年半的炮兵连长，其间我与部队官兵建立了密切的联系。当时正进行着大刀阔斧的改革，30 万人的军队将被裁减至 20 万人，然后再降至 10 万人，因此采取的措施是把我们这支适用于战场作战的大规模军队精简为一支较小的和平时期军队，即精英型军队（Führertruppe）。但是，我的工作让我学到了很多，并获益匪浅，而我也很荣幸能将自己的绵薄之力奉献给德意志的涅槃重生。

在 1922 年 10 月 1 日，我被借调至柏林国防部（Reidhswehr Ministry）工作，并被委以重任，担任陆军统帅部长的参谋长隶下的一级参谋军官。从 1922 年至 1929 年，我都在这个岗位上工作，负责魏玛防卫军中各个部门的训练、组织和技术等所有方面。我总是忙于经济、行政、国内法与国际法等方面的问题，另外还要处理协约国军事管控委员会（Interallied Military Control Commission）的问题。在工作中，我与部队局（Truppenamt）联系密切，该局是总参谋部中央办公室（Zentralstelle）的前身。因为我拥有曾在国防部和部队团部工作的独特经历，我还另行担任军队裁减委员会（Commission for Army Retrenchment）的委员。这是一项负责重组改编的工作，当我在 1929 年出任驻慕尼黑第 7 军区指挥官后，它仍然占用了我相当一部分精力。

　　我在柏林国防部再次短暂工作一段时间之后，被调至驻德累斯顿（Dresden）的第 4 炮兵团又工作了两年，并晋升为上校师长。随后我在陆军的服役生涯便走到了尽头。在 1933 年 10 月 1 日，我正式从陆军退役，转而出任航空部行政管理局（Administration Office of the Luftwaffe）局长，军衔为空军上校。

第二章

在魏玛防卫军中的光辉岁月

--------------------------------►--○-----------------------------○

在柏林总参谋部任参谋军官；来自冯·泽克特的培养；参
与德军的复兴；担任魏玛防卫军裁减委员会委员。

　　我在柏林度过的时光让我受益良多。最初我并不想来这儿，但是
我必须承认，它在随后的几年里逐渐吸引了我，并最终成为我心中的至
爱之地。因为我曾经身陷囹圄，所以我在这次调任之后，对柏林那几年
受到的悲惨待遇感同身受，这一点毋庸赘言。我热爱柏林以及这里的人
民，他们在工作中始终保持着开朗、干练、率真和热情的态度。我时常
在清晨拿出一个小时漫步在波茨坦广场（Potsdamerplatz）的一角，从
这个有利的位置可以敏锐地感受到这座城市苏醒时的脉动，静静地观
察人群从汽车站和火车站中进进出出。然而，当我在 1923 年那些糟糕
的日子中从兰克维茨（Lankwitz）步行前往班德勒街（Bendlerstrasse）
时，却是另外一种感受。或许是因为当时我只是一名诚实但却因此几乎

一无所有的上尉，我在战后失去了财产，而且部队的薪水也低得可怜。我身着便服，与我的妻子在泥泞中走上一个半小时，前往修道院剧院查看墙外张贴的"招聘广告"，然后再原路返回。不过我们甘之如饴，因为我们享受着周日前往马克州（Mark，今勃兰登堡）的短途旅行。像我这样的南方人会把马克州想象成什么样子呢？我钟情于那里的湖泊、森林和人民，甚至拥堵的清晨和落雨的夜晚，都成为我快乐的源泉——这种无忧无虑的惬意，涤荡了在我心头萦绕的军中难题。

从职业角度讲，在柏林工作的这几年对我来说也是种学习，其中最值得一提的是经常在我房间举行的辩论会。冯·泽克特（von Seeckt）中将也会经常出席，他善于聆听，然后做出总结，每次都能一语中的。这真是参谋与领导相处的典范啊！而且，在其他地方我也无法深入了解政治状况的内情，唯有在这里才可以聆听到冯·施莱歇（von Schleicher）将军的富有智慧和思辨的讲解。遗憾的是，在1932年的政治危机中他被推上了前台，以致无法继续留在幕后潜移默化地施加其影响力。同样，在其他地方我也无法对军队各部门中的问题进行细致入微的研究，尝试理解各部门的相辅相成和利害得失，在这里可以帮助我认识整个魏玛防卫军。我从海军技术人员和航空兵专家那里开阔了视野，逐渐形成了整合海军和陆军并组建新的德国国防军（Wehrmacht）的想法。

从1924年至1925年，我与陆军组织部普劳少校（Preu）合作撰写了第一本关于组建德国国防军总参谋部（Wehrmacht General Staff）的备忘录，此时我先前与军队中央办公室的密切接触就有了用武之地，彼时的经历注定成为我整个职业生涯的转折点。当一个人身居其位时，就要做好准备，他的言行举止将成为众矢之的。

魏玛防卫军的工作作风扎实勤恳，受一种团队士气的鼓舞，我们都在加快工作节奏，提高完成效率。我们作为无党派人士，游离于各个政党之外，并受到了冯·泽克特的精心培训，成为免疫左翼或右翼思想毒害的战士。我们的存在和言行还确保了德国在两次世界大战之间的时期，没有因为国内危机而发生流血事件。

德国国防军的非政治性质使其不经意间成为各届民选政府的政治支柱。关于士兵和指挥官是否参与政治的问题，后文再述。目前要做的，只是有必要说明一下例外情况，如发生在20世纪20年代的乌尔姆（Ulm）事件和慕尼黑事件就应得到强烈的谴责，并且在民族社会主义（National Socialism）出现的最初几年中，我们军人对其丝毫不予赞同。至于1933年我在德累斯顿所目睹的事情，在一位正派的公民眼中，只能不断提醒自己如果爆发血腥的革命，事态会更加恶劣，才能够稍加接受。

在1933年以前，我都在避免与这个党发生任何个人接触。他们在街道和游行中的言行举止让我厌恶。我记得同年在德累斯顿的一次军官会议上，帝国国防部部长冯·布隆贝格（von Blomberg）将军以一种牵强附会却不容回绝的演讲，辩称魏玛防卫军将效忠于民族社会主义政府。直到1933年10月底，我出任航空部执行总管，这时才可以深刻领会我们这个政体的按部就班，有条不紊，这逐渐改善了我对它的印象。关于这一点，我会择机再述。

由于魏玛防卫军在人数方面的限制，最高统帅部承担着一些特殊的责任。作为国家政权的保护屏障，它在传统上是超然于国际事务的，这也使得它可以远离公众，避开喧嚣，拥有更多的时间和机会来完成下一项重大任务，即把魏玛防卫军尝试打造成一支精英型军队。作为一名职业军官，我当时已于1922年借调至国防部工作，着手处理与陆军和平委员会相关的几乎所有问题，并通过众多事例认识到协约国军事管控委员会只在乎尽快完成裁军任务，而忽视了一个严峻的事实，那就是时间总会秋后算账。协约国军事管控委员会破产了，因为它在任务执行中完全不切实际。就此而言，每一个德国人，也包括协约国在内，都清楚只维持一支10万人的军队是不可能的，因为其他各国都没有按照《凡尔赛条约》进行裁军。我们军人不接受单边执行这个条约，并不是出于我们传统的"军国主义"，而是出于国家生存和地缘政治形势的需要。这里我要说明，当时在德国执政的是社会民主党，后来社会民主党与其他政党组成联合政府。他们认识到了有限恢复军备的正义性，并开始努力支持魏玛防卫军的建设。

那么，魏玛防卫军自己在忙什么呢？作为当时的一名执行主管，我可以给出答案。国防部的智囊们正集中精力总结战争经验，吸取在技术、组织和教育方面的教训，并制定新的作战、行政和技术方针。显而易见，"预算"是重点考虑因素。首要目标是在签订和平协议之后，我们的技术发展能与协约国齐头并进，并能在时机成熟的时候为德军装备现代化武器，从而实现复兴。训练中的两个目的是：首先，初步建立多兵种协同作战部队；其次，以军士和军官为目标来训练新兵。当时的政治环境迫使我们的行动被限制在"保卫德国"这个主要目标之下，因此，在东部前线和东普鲁士（East Prussia）地区建立要塞并组建一支边防部队进行防御就显得迫在眉睫。另一项在进行的工作是通过训练退役军官、军士和名额有限的短期志愿兵，来填补魏玛防卫军中巨大的空缺。总之，我在魏玛防卫军中的工作经历虽然短暂，但也足以显示当时的部队生活绝谈不上"安逸"二字。

我把相当一部分工作时间花在了军械部的重组上。通过整合制造和供应这两个部门，解决了他们之前一直存在冲突的问题。以总参谋部对未来战争的指导意见为基础，明确对武器装备的基本要求，然后由军械监察组下达命令，由试验站进行建设，由军械供应部进行订购。这些技术部门直接与工厂打交道。然后，工厂制作的样品将送到军械部下属的不同的试验场，仔细测试其是否符合部队的要求。如果测试通过，个别试验单位会继续在最严苛的作战环境中对这件武器进行极限测试，所有暴露出来的问题随后由供应单位解决。即使是外行人也能看出，从发出订单到大规模装备部队的间隔时间将长达数年，对于一些重型武器如大炮等，甚至会长达六年至七年。举例来说，一款新式大炮等到可以装备部队的时候，可能已经落伍过时了。从技术和财政方面看，这在和平时期是正确的工作方法，但是放在战时状态则应该舍弃。当然，违背现有体系会产生许多后果，而且通常也不会让作战部队满意。

在国防部核心岗位上工作的时候，我注意到办公室战争正在愈演愈烈，甚至威胁到了魏玛防卫军的发展。我认为有必要采取一些措施，因此请求进行一次普查。我的请求得到了批准，但糟糕的是，我居然被任命为魏玛防卫军裁撤与精简委员会的委员。尽管如此，我还是为自己制定了几个目标，包括：

把军人从办公室工作中解放出来，以提高战斗力；

扩大授权范围，减少上传下达；

逐步建立并扩充一支能充分发挥主观能动性的骨干队伍。

我的工作成效得到了多方面的评价。尽管数以千计的岗位被裁撤，相关军人也因此回归部队岗位，但是我很少关注强制性人员裁减，而是更在意在指挥和管理中呈现的新风貌。我经常听到某些官员又雇用了新人，以此表达对我的蔑视，我总是笑而不语。

我在部队的朋友们经常笑着对我说，我一定是裁减委员会中一个不寻常的委员，因为在航空部成立的时候，我也恰好破产了。我只能回答说，我在航空部行政管理部门工作的那几年，如果之前没有学过经济学的基础知识，可能就不需要那么审慎地花钱了。帝国部长沙赫特（Schacht）曾对我说，空军建设太费钱了，我承认他是对的。我告诉他，也许可以便宜一些，但是没办法更经济了，因为建设和维护的成本都是经过精心核算的。

第三章

转型空军

- - - - - - - - - - - - - - - ▶ ○- - - - - - - - - - - - - - - - ○

1932 年任职于驻德累斯顿第 4 炮兵团团部；1933 年 10 月
1 日调至航空部；1935—1937 年参加德国政治扩张；罗姆和弗
里奇事件；干涉西班牙内战。

1931—1933 年，我在德累斯顿工作，其后他们想把我调回柏林。
我在团里工作的时候很快乐，我的家人也和我一样热爱着驻地城市。我
一点都不想应召调回国防部，但同时我已晋升为上校军衔，我个人也期
待有些改变，当然这并不包括调至还处于萌芽状态的空军工作。

那是在 1933 年 9 月的一天，施通普夫（Stumpff）上校在一次军事
演习的跨昼夜训练中找到我。他通知我有新的工作安排，在即将成立的
航空部行政管理局任局长，这让我稍感兴趣，但是我并未表态。我想继
续留在陆军，并建议航空兵也就是后来空军的行政管理事务应该由陆军
管理。这件事情在当晚得到了解决。那天的晚餐质量很糟糕，但是招待

的却是包括外国武官和陆军统帅部部长在内的贵宾。席间中将冯·哈默斯坦男爵（Freiherr von Hammerstein）与我进行了如下谈话：

"施通普夫把你未来的工作安排告诉你了吗？"

"是的。"

"哦，你是否满意？"

我说"不"，然后开始进一步解释我的原因，这时他简明扼要地打断了我："你是一名军人，要服从命令。"

因为军队纪律的强硬性而怨天尤人，是没有丝毫用处的，我还是于 1933 年 10 月 1 日从陆军退役，然后开始担任航空军需部主管这个文员职务，这个部门后来发展成为帝国航空部。

我在此任上的时候，见证了 1935 年 3 月 16 日德军恢复平等地位的时刻以及 1936 年 3 月 7 日重新占领非军事区的行动。前者是我们长久以来魂牵梦萦的追求。对于我们来说，这似乎是对我们单边履行《凡尔赛条约》这个不公正事实的一种矫正。关于我们开进中立区的第一手消息，我是在当天上午收到的。纯粹从军事角度来看，我所得知的情况只可称为"什么也不算"。仅仅几个营与几架侦察机和战斗机进去走了一圈的行为，似乎更像是表明一种姿态。人们只能推测政客们确定它是成功的，并希望当初留下这个烂摊子的协约国能够认可这一步为既成事实。

正如上文所述，魏玛共和国的军官团曾受过精心训练，免受意识形态的影响。我们军事和政治在初级层面上很少交叉，这一点是极其成功的，偶有例外也只会反证这个规律。而且在魏玛民主政治下的办事方式经常令人不快，进一步加剧了这种隔阂。在民族社会主义的发展初期，我们高级军官也同样回避政治，这是正确的。我们只遵守一条指导方针，就是"军人誓言（military oath）"，而不会倒向左翼或者右翼。评论家们会发现，无论在德意志帝国还是在魏玛共和国，都很难找出一个军人走入歧途的例子，因为任何试图退出这个无政治圈子的行为都被认为是一种耻辱。

这曾经是无论老兵还是新兵都要接受的训练。但后来我们被调至空军，这支部队很快就成了德国国防军中公认的民族社会主义分子的大本营。

空军官兵与德国国防军其他人员一样都要发誓效忠元首（Führer）。他们认为自己要受到誓言的严格约束（难道誓言还有其他意义吗），并且会忠实地执行。空军总司令赫尔曼·戈林（Hermann Goering）曾经是一位飞行员和民族社会主义者，他的性格好大喜功，后来晋升为"帝国元帅"。尽管他的要求很多，但他也为航空部的将军们赢得了很大程度的行动自由并保护我们免受政客们的干扰。在我漫长的军事职业生涯中，我从未像在航空部行政管理局局长、空军总参谋长以及自 1933 年以来空军组建时期的指挥官职位上那样超然于外界的喧嚣。

作为空军，我们受益于总司令巨大人格魅力的保护，在各类社交圈子中都备受青睐，这其中就包括民族社会主义党。

我们曾与所有来自军队、政府和党内的杰出代表一起受邀作为元首的贵宾，参加纽伦堡节庆晚会和纪念农民的戈斯拉尔丰收节（Goslar Harvest Festival）等。我们也曾出席战争死难者纪念仪式、希特勒诞辰游行、招待外国贵宾的宴会以及德国国防军的所有重大活动。我承认我的所见所闻大都让我印象深刻，我也很赞赏他们这个卓越稳健的党派。

忘掉不开心的事并不难。当然我所融入的圈子并没有什么非常出格的表现，所以我也无从批评。谈论戈林的穷奢极欲可能有些争议，虽然这是有目共睹的，但即使我们没有在通常情况下默认他的这种嗜好，也没有办法要求他承担责任。因为如果我们问及这个问题，他会说钱是来自商人们的自愿捐助或者希特勒的私人腰包。例如，数年之后我曾听说那些昂贵优雅的生日礼物其实是由戈林身边的人精心策划的安排。总之，对于这一切我只是一个旁观者，因为当时我对柏林的迎来送往不感兴趣。而且有一天，戈林亲口对我说，他会在日后将他的艺术收藏捐献给帝国开设一个艺术博物馆，就像他曾捐献慕尼黑的沙克美术馆（Schack gallery）一样，这句话打消了我的疑虑。作为一个弗兰肯人，我对历代巴伐利亚国王酷爱艺术的历史很熟悉，这也有助于我理解戈林所说的米西纳斯（Maecenas）式的捐献行为。

没有哪位政治领导人试图把我们拉拢到民族社会主义党的行列中。对于他们来说，军队能派上用场，这就够了。既然我们已经宣誓效忠，那就可以充分地信任。戈林很清楚，如果我们能够避开所有政治影响，我们就只能处理他安排给我们的工作。对于任何涉及这一方面的重要事项，他都要亲力亲为。至于我们空军需要整体出面还是个体出面的问题，他通常先把问题交给国务秘书米尔希（Milch），后者会从最高执行层面认真研究我们的意见。这种方式避免了许多错误的决策，并增强了我们对戈林和希特勒的信心。有个令人惊讶的事实是，政治事件并不会向我们航空部的将军们传达（除了1945年我本人要参加的谈判以外），而空军各级指挥官和整个空军部队则更是被蒙在鼓里。和德国其他地方一样，我们这里也经常谣言盛行。我们对政治骚乱时期的谣言不以为意，这种态度无可指摘，除非指责的人从未接触过那种不择手段以制造恐慌的谣言工厂。回顾过去，我惊奇地发现我听过的谣言非常之少，或许是因为我来自属于"民族社会主义党"的空军并且和戈林关系密切，那些流言蜚语也对我避而远之。

我和我的同事只看表面就会全盘接受所有官方消息的行为是否太天真了？是的。但是我们是经过严格训练的军人，要求丝毫不打折扣地遵守官方报告，因此我们容易相信来自上级的内容。我也没有理由更改我的想法，尤其是戈林总是用一种非常坦诚和自然的态度来对待他所犯的错误，这让人感到他对自己的疏忽同样坦率。

可以举几个例子来说明这种态度。如 1934 年的罗姆（Röhm）事件，当时空军还只是跟在后面跑龙套：

我在总参谋部那里认识了冲锋队队长罗姆。军队与冲锋队之间关系不和，大家都说是因为罗姆贪得无厌。他与希特勒之间的友谊逐渐恶化，最终变成公开的敌对，甚至在我看来，一场针对军队和元首的政变似乎早就埋下了伏笔。在政变发生的那几天，我正飞往德国南部，主要依靠报纸和广播获取消息。我对谣言感到有些迷惑不解，但随后希特勒在国家大剧院向党内、政府和军队的高层人士做了详细报告。曾有谣言说戈林借助于政变的机会清洗敌人和对手，但以我对戈林多年的了解，我并不相信这些话。戈林的性格存在两面性：他既体贴周到、敏感细致，又残忍野蛮、冷酷无情。他在激动情绪下会变得野蛮残暴，但很快就像退潮一样冷静下来，而下一秒又会变得亲切和蔼，并且他的善心也常常让他做出令人意想不到的补偿之举。

再如 1938 年的弗里奇（Fritsch）事件：

面对大量秘密被披露出来，很难对我们当时的想法进行概括。尽管我与冯·弗里奇密切共事的时间已过去多年，但他一直是我以及其他所有出身自陆军的空军军官所钦佩的榜样，尤其是他的立身处世和军人操守。出于这个原因，我总是不屑于相信关于他道德败坏的谣言，暗自期待谣言自破，只是恶意诋毁罢了；或者能够拨乱反正，恢复他的名誉。后来我们空军军官也受到了谣言的诽谤，甚至有些谣言本身都自相矛盾。我想希特勒或戈林不可能坐视这位德高望重的军官受到如此难以忍受的恶意羞辱。戈林后来告诉我，他已经成功揭开告密者的真面目并为之欣喜若狂——我可以从他的眼睛中读出这种心满意足——这时的我百分之百确定戈林的双手是干净的。我想希特勒也是如此。他授命军事法庭主席、炮兵将军海茨（Heitz），在陆军和空军的总司令们的面前宣读了军事荣誉法庭的判决书。这其中发生了一系列离奇的偶然事件，但最终还是证明了这位陆军总司令是无罪的。我和多数同僚原本都希望看到冯·弗里奇官复原职并恢复名誉。我猜想不出希特勒为什么没有这么做，但可能存在一个原因，即他曾试图消弭弗里奇的对立情绪，但最终破冰失败。这种冷淡的关系使得冯·弗里奇与希特勒之间开展基本的工作合作都变得十分困难。前者是位典型的普鲁士军官，自幼耳濡目染，偏执于帝国军队的古老传统；而后者既不能掩饰他的奥地利血统，又不能无视造成他们隔阂的种族差异。

在 1939 年冯·弗里奇的死讯传到希特勒那里的时候，我和他正在华沙（Warsaw）城下。他的满脸倦容让我震惊。他慢慢登上观察所的长长台阶，表情沉重严肃，步履蹒跚，每走几步都要停一下。

在那个时候，是什么想法可能触动他了呢？

无论我们对政治事件的漠然态度是对还是错，我们都没必要为这些事伤脑筋。戈林独揽了代表我们去干预政治事件的权利，这也有利于我们开展工作。回顾过去，我不得不承认，我们对政治事件的漠然态度是错误的，尤其是我作为航空部主管期间，我必须接受批评，认错悔过。尽管如此，即使实际中采取了另一种态度，可能也不会带来什么不同。1936—1937 年，我担任总参谋长，虽然职权范围也涉及政治问题，但我的这种态度也并未产生什么特别的麻烦。当年十分平静，只有一件事例外，就是我们采取行动支持西班牙的佛朗哥（Franco）政权。

在 1936 年 7 月的一个星期天下午，我们收到了一份报告，发出者是一位住在国外的德国人，他同时也是纳粹海外分部的成员，报告的内容是佛朗哥的需求以及希特勒从拜罗伊特发出的指示。这让我十分头疼。德国空军刚刚组建了第一批司令部，还处于编队训练的初期阶段。少数已经成形的编队，如战斗机编队，装备的是我们自己生产的首批作战飞机——阿拉多（Arado）战斗机。轰炸机中队装备的是容克斯 Ju-52，尽管它们已经可以进行高强度训练，但是还不能指望它们参加实战。侦察机部队的情况可能介于两者之间，其最新型号正在进行测试。在 8.8 厘米高射炮方面，我们拥有一款非常优秀的火炮系统。在参与干涉行动中，人员安排还不算困难。我们有优秀的人力资源，他们热情饱满，值得赞赏。但是激情并不能取代战斗编队飞行训练。此外，关于西班牙战区的行动方案划走了我们最顶尖的资源，这给本土指挥部的训练工作带来了破坏。

另外，从行动中获得的战术和技术经验却是非常宝贵的，例如从柏林经罗马（Rome）至西班牙进行的远距离转场飞行训练。梅塞施密特 Me-109 战斗机的卓越性能也开始逐渐显现出来，使我们在战斗机方面长期处于优势地位。而 Ju-87 俯冲轰炸机的战场试验也吸引了人们对这款飞机的重视，它在 1942 年前一直是我们一件具有决定意义的武器。最后，使用 8.8 厘米火炮打击空中目标和地面目标的实践经验，促使我们不断提高它们的战术运用，并将其发展成为建制单位。

我们在国内却因此而面对着各种各样的困难，例如前线对人员和技术装备的需求直接影响我们的训练计划。但是我们还是渡过了难关，这是参谋、部队、工厂和民用航空运输部门通力协作所取得的成绩，他们应共同分享这份殊荣。不过施佩勒（Sperrle）元帅及其继任者冯·里希特霍芬（von Richthofen）和福尔克曼（Volkmann）可能会认为佛朗哥行动的胜利只是空军和陆军特遣队的功劳。

第四章

在航空部任职

- - - - - - - - - - - - - - - - - ► ○ - - - - - - - - - - - - - - - - - - - ○

在航空部负责行政管理工作；兴建新工厂和其他设施；

建立行政部门；与戈林和米尔希的关系。

和往常一样，我再一次幸运地获得了一个与人打交道的工作。我喜欢与人打交道。上文已经谈论过赫尔曼·戈林的一些情况。后面我还会用更多的篇幅来谈论他，但在这里只会涉及当时与他有关的部分内容。赫尔曼·戈林从一开始就非常清楚自己的毕生追求，就是创建一支在欧洲上空举足轻重的空军。按照他的计划进一步细分，他给我们布置了在我们看来几乎是不可能完成的任务。工作几个月之后，当截止的时间点来临，我们要向他报告这段时期内的工作进度，他总会不吝赞美之词，但随即又会加倍提出下一阶段的任务要求。即使任务看起来难以完成，却终究还是能达到预期要求。我们理解他赋予我们的这些挑战，尤其是知道他希望建成一个"前瞻性指挥部"，以此确保万一政府的政治行为出现反复，我们的武装实力仍能得以保持。

这项工作十分困难，因为在航空部和整个空军中曾参加过"一战"行动的军人非常缺乏，航空部内最重要的几个部门主管都不是空军。但是我们巧妙地向国务秘书米尔希学习航空事业的要领。我们很快意识到，一个不懂空军的人是不可能打造出一支空军部队的，这就像一个不懂骑兵的人不可能组建和指挥一个骑兵师一样。因此我们所有人都开始学习飞行课程，那一年我48岁。现在我们有了更多的话语权，但是还不够完整，例如老兵们就比我们这些大龄学生拥有更多的经验，而我们甚至还比不过那些新兵，尽管他们也是初学者。当然这也没关系，这只会促进我们更加努力地学习和工作。

我这一生中参加过很多种类的运动，并在不同阶段分别有一项运动让我感觉极其刺激，例如骑马、开车、气球飞行等。而今天我却不得不承认，如果我没有操作过飞机操纵杆，并因此失去了全面透彻地体验飞行员的经历，此生必定引以为憾。除了跳伞训练之外，我已经掌握了各个方面的第一手飞行知识，并体验了其中的甘苦得失。只有通过这种方式，我们才能理解空军士兵独有的生活态度，才能打造出一支对天空充满感情和热爱的军队。我们之间通过一种弥足珍贵的伙伴关系联系在一起，这样才有可能在短时间内推动我们伟大的事业走向成功。

我履新于1933年10月，此时行政管理部才刚刚设立。得益于之前我在裁减委员会的工作成效，我现在的同事都是业务专家并且易于相处，他们帮助我打开了局面。摆在我面前的第一项任务是做好预算编制的前期工作。经过几个月的努力，我们在实践层面上完成了对航空部和整个空军的费用概算。空军在需求和拨款方面向来为人所诟病于狮子大开口，但如果有人能细致入微地检查每一项预算条目，他可能就不会再提出非难了。我只在极其有限的必需范围内挥金如土。我时常安排有关当局人员乘机往返旅行，从心理和实际两方面向他们游说我们的计划，以此激发他们对空军需求的同情。这种三天至四天的旅行有助于一个人忘却办公室工作的烦恼和内心的思想斗争，无须大费周章就可以拉近我们之间的关系。我把这种工作方式定为一条指导原则。

我们讨论了在飞机制造中需要采取的新方案，招募了年轻一代中大部分的设计师和艺术家，从审美和社会两个层面全力保障空军的建设计划尽可能处于先进水平。而我们对制砖、水泥和采石等行业的大额订单也带来了贸易的复兴和失业率的下降。

我们以一种极端的方式打破了在军队建筑工程中要求整齐划一的旧式传统。我坚持认为建筑风格应该与周围环境相协调，建筑计划必须符合最新的空袭预警预防要求，大型建筑项目应该考虑经济因素，而国家不应该像干预私人建筑公司那样干预生活区的建设。对于航空部住房保障和建设部门所取得的成绩，不会有多少指责之声。无论希特勒还是戈林都没有对新的建筑风格施加影响。戈林唯一直接插手是关于德国航空俱乐部的内部装修和设计，它的地点位于普鲁士议会的旧址上。后来盟军充分利用了他们在住房选择方面的特权。克莱（Clay）将军无疑非常清楚他为什么要为他和他的参谋人员征用位于柏林—达勒姆（Dahlem）地区的空军第 2 军区总部，以及苏联人和东德政府为什么要接管航空部大楼和安道尔舍夫（Adlershof）大楼。这样的例子举不胜举。

我们对于航空工业的更新换代计划是在经济良好的环境中实施的，

至少当我在航空部任职期间是这样的。飞机和发动机行业主要由大量小公司构成。航空部认为他们有必要扩大规模，但是他们采取的是抵制态度，因为他们不相信这种繁荣能够长久持续下去，而由政府所做的保证在很多工厂主眼里只是一张废纸。

政府集中财力建造了很多伪装军工厂。而我的原则是让航空工业盈利，能够逐步积累资金并向政府偿还债务，最终尽快实现自由竞争这个终极目标。这一点也基本得到了国务秘书米尔希的赞同。另外，政府在个人工资和透支额度方面也进行了大幅度削减。此时整个航空工业正处于起步的阵痛期，我们这里没有什么吸引力，甚至偶尔还会被指责办事不力，这都是我们必须要承受的。值得欣慰的是，我们的个人操守没有受到质疑。这场行业间的斗争后来在航空部内部引发了技术部门与我的部门的纠纷。前者的观点很简单：要求为航空部工作的工厂都把产量提高到最大，不管这是否会带来混乱，只需要考虑空袭防护的问题即可。他们并不关心财务方面的情况。然而在这场纷争中，我们的部门则认为经济因素是第一位的，这会决定资本投资方向及其分期偿还方式。感谢财政部、经济部和德意志帝国银行的大力支持，如果没有大型银行出手援助，这个问题绝不可能得以解决，当然还包括在心理方面的影响。

在人情关怀方面，我们首先所做的是创建一个员工团队，涵盖了管理人员、法律工作人员、气象学者、工程师等各种职务的人员。如果我没记错的话，大概有60多种专业职位。核心团队是几名来自陆军和海军的人员，然后是由各个部门的志愿人员所组成的一个强有力的代表机构，其余部分是退役军官、不满足于私营企业的人员以及表现记录良好的雇员等。对于这样一种成分复杂的集体，首先要做的就是达成某种类型的统一。

在最初几个月中我们遇到的困难是偏远地区对于工人及其工作安排的大量要求，这也是设置临时机构带来的后果。我们通过相互理解而迅速解决了这些问题，后来在我多次视查中，尤其是偏远的建筑工地，我看到的只有满意的笑容，没有听到任何特殊的抱怨。当然，我们也尽最大努力让雇主们对我们的事业产生归属感，并在关心员工福利方面比任何人都做得更好。在这个方面，劳工受托机构向我们倾力相助。

"真正的军人必须从内心认可自己。"这句话同样适用于空军，甚至更加意味深长。不仅是空军官兵自己，还包括那些自豪地与他们牵手散步的姑娘们，都能证明我们已经成功地将这一信念植入每个空军官兵的心田中。面对"蝴蝶结军人"这个贬损的绰号，我们只会报以超然的微笑。空军官兵在平时和战时的工作成绩和牺牲精神都说明即使身着半平民化的制服，他们也一直保持着军人的精神气概。

年轻的德国空军在战争前期取得了辉煌的胜利，这是对德国空军在成立初期砥砺前行的最佳褒奖。

第五章

担任空军总参谋长

$\circ\!-\!-\!-\!-\!-\!-\!-\!-\!-\!-\!-\!-\!-\!-\!-\!\blacktriangleleft\!-\!-\!-\!-\!-\!-\!-\!-\!-\!-\!-\!-\!-\!-\!-$

戈林的总参谋长韦弗去世；1936 年 6 月，凯塞林担任空军总参谋长；参加西班牙战事；1937 年调至德累斯顿。

1936 年 6 月是个糟糕的日子，戈林派人召我前去，告诉我，他的首任总参谋长韦弗（Wever）将军在德累斯顿遭遇了一场致命的空难。当时他正驾驶一架亨克尔 He-70 飞机准备起飞。我作为他的同事和战友，对这个消息十分震惊。韦弗和我一样，最初也来自陆军。他曾在参谋工作中成绩斐然，后在团级军官任上依然功勋卓著，所以成为总参谋长职位的不二人选。很快他又成功地掌握了航空和空战的要领，并将戈林的意图有效转化为实践，能像运用公理一样在作战行动中正确运用它们，并使空军上下发自内心地接受与掌握。

今天我们比以往更加意识到韦弗对于德国空军意味着什么。我们非常缺乏高级军官，而他的去世使我们雪上加霜。我作为他的继任者，更有义务去称赞他，因为我正站在他的位置上，能感受到他稳健的作风和高超的技艺。也因如此，我无须另寻他法，只需要接过他传承下的重担就可以了。这帮助我在总参谋部以及众多监察人员之间很快就营造出一种相互信任的氛围。我的同僚既优秀能干，又忠诚地支持我的工作，这让我感到非常舒心。

如上文所述，"秃鹰军团"（Condor Legion）对西班牙内战的干涉行动带来了沉重的负担，严重影响了正常的组织工作，但是从长远来看还是值得的。随着一个中队接着一个中队前去接受战火的洗礼，等他们被召回后，我们的编队训练有了可喜的进步，仪表飞行也逐渐变成常态，而不再被认为是一种巫术。战斗机、俯冲轰炸机、轰炸机和远程侦察机中队都分别装备了 Me-109、Ju-87、道尼尔 Do-17 和 He-111 等机种的原型机。而近程侦察机和水上飞机部队起初还需要继续使用那些仍然耐用的老式飞机。高射炮兵部队装备了开创性的 8.8 厘米高射炮以及 2~3.7 厘米各型高射炮，而且对空情报训练也力图达到海军无线电报的标准。

在教导中队——后扩编为教导师，由天才的弗尔斯特（Foerster）将军指挥——内部设计了一个测试系统，涵盖了从技术到战术的各个方面，可以用于部队的选拔考评。对于伞兵部队，在施滕达尔机场成立了一支骨干队伍，它的要求是决不能变更，后续只需进行扩充即可。我和韦弗一同见证了伞兵部队的成长壮大，直到今天这仍让我自豪不已。他们在我的指挥下，成功地在荷兰执行了第一次空袭行动，并成为战无不胜的地面作战部队。他们拥有一位富有远见卓识的领导者——空军中将斯图登特（Student）。

在 1937 年，我与我的上级米尔希在空军工作和个人事务中产生了诸多分歧，因此我提出了辞职。因为我感到我在作战指挥方面也才能有限，所以我想同时退出现役。戈林接受了我的辞呈，但把我调至德累斯顿，任命为空军第 3 军区总指挥官。我的继任者是我的老友施通普夫，他曾经凭借高超的手段组建了空军的军官团，并像父亲一样对待他手下的军官和军士。米尔希继续担任航空部国务秘书和戈林的副手。我很佩服米尔希的技术知识、出色的组织能力和充满活力的工作态度，我们两个人之间早年的关系曾热忱友好，我很高兴我们的关系现在又逐渐回暖了。

当我离开柏林的时候，我深切感受到我收获的不仅有尊敬还有友谊，现在想来仍然非常感动。

第六章

在柏林担任第 1 航空队司令

-----------------------▶----○----------------------○----

　　1937—1938 年任职于驻德累斯顿空军第 3 军区司令；完
成建设西里西亚机场；评估捷克的"马其诺防线"；1938 年春
担任驻柏林第 1 航空队司令；占领捷克斯洛伐克；在德累斯顿
的社交生活。

　　自 1937 年中期至 1938 年 9 月底，我担任驻德累斯顿空军第 3 军
区司令，辖区包括西里西亚（Silesia）、萨克森州（Saxony）和德国中
部地区。自 1938 年 10 月 1 日起，我出任驻柏林第 1 航空队参谋长，负
责德国东部地区的防卫工作。这一地区的西线为易北河（Elbe），南部
为图林根森林（Thuringian Forest）和捷克斯洛伐克（Czechoslovakia）
的边境线。东普鲁士就在该防区内。另外，此地的沿海基地和岛屿基地
以及海军航空兵编队都由海军航空兵第 6 军区管辖，后者则直属于航
空部。

　　如此来看，我所负责的边境防区，在我履新之后的数月内，政治局势都将开始变得紧张。在 1937 年 6 月离开柏林之前，我首先向希特勒进行了报告。后受邀与冯·布劳希奇（von Brauchitsch）将军共进午餐，他受任指挥驻莱比锡（Leipzig）的集团军群。但无论是与希特勒的见面还是在午餐谈话中，我都没有得到任何关于针对捷克斯洛伐克共和国或波兰的政治或军事行动的消息。

　　我最大的心愿是让年轻的空军成长壮大，最终能够与陆军和海军不相上下，但当时这对我来说似乎还遥不可及。尽管我的军事职业生涯大都花费在参谋工作和部门办公等方面，但我内心还是向往野战团那样的工作环境。当我在如山的文件堆里"艰难跋涉"时，我总会寻找机会与别人交流一会儿，这样能给我的办公室工作带来一缕阳光。从某种程度来看，我想我现在做到了。

　　现在我终于有机会将我的理论知识运用到实践工作中。我是怀着兴高采烈的心态钻进 Ju-52 的机舱。飞机由我的驾驶员兼曾经的飞行教练策尔曼（Zellmann）驾驶，与护航战斗机组成三机编队，从柏林附近的斯塔肯（Staaken）飞往德累斯顿。

　　对我来说最重要的事情是会见我的下属军官和士兵们，聆听他们的意愿和抱怨，并向他们解释我对共同科目的看法。这需要占用大量的时间，同时会把办公室工作挤压到最少。我可以放心地把那些工作交给我勤勉能干的参谋长斯派达尔（Speidel）。我重点关注的是空战指挥军官的训练和与陆军联合作战中空军兵种的运用。在所有的大规模拉练和演习中，包括在波罗的海（Baltic）沿岸的高射炮实弹射击以及投弹演习等，我都毫无例外地出席，进行学习或者指导。我很高兴可以学到很多东西，又不至于仿效我曾经的一位准将。他曾经有一次在射击场上，教育一名部队军官如何以正确的方式完成他的射击科目。次日，在他又进行批评的时候，这位军官反驳了他的冷嘲热讽，说："我就是按照昨天您告诉我的方法来做的。"随即这位军官却受到了这样的指责："上尉，你是不想让我学习了吗？"

当一个新型兵种还处于发展阶段时，所有人都必须齐心协力。我们要学会倾听士兵们的想法，仔细加以思考，并肯定其中的优点，因为没有其他的办法可以使最终结果经受住仔细的审查和严格的考验。德国空军就是这样逐步走向成熟。尽管他们在首场战役（即波兰战役）中还略显稚嫩，但已足以独当一面。

空军是一个攻击型军兵种，因为能想象到的空战形式只有攻击。根据这个理论，除了防御空袭外，德国空军必须做好充分准备对捷克斯洛伐克的纵深进行战斗穿插，并把我们的作战机场向前推至边境附近。在 1937 年夏季，我所面临的任务是在巴伐利亚—西里西亚边境和西里西亚—捷克边境之间进行勘察，新建一座空军基地进行近距离作战，同时修建数座机场并配备必需的住房、技术设施、高射炮防空阵地和相应补给。当西里西亚机场在勘察和完工之后即会被用于针对捷克斯洛伐克的作战行动。考虑到西里西亚的狭长纵深，我们还可以在必要的时候把它们用于针对波兰的行动。持续数日的战斗演习增强了我们的信心，我们有能力完成赋予我们的任何任务。

我们都明白我们还处于摸索学习阶段，任何打击甚至是一场战斗都可能使我们遭受重大挫折或是阻断我们的发展。戈林和希特勒也都很清楚这一点。在 1938 年 5 月，当接到命令准备进军捷克斯洛伐克时，我和戈林都在思考，如果德国政府获得来自军方的支持越强大越坚定，就越有可能出现政治解决的情况。希特勒就以一种我们军人所不熟悉的方式，向我们的敌人展示了德国国防军的强大实力。尽管我个人认为有些不妥，但是我们所有部队都认为应该要努力达成上述目标。根据我所获得的照片判断，我并不认为捷克边境的防御工事称得上第二个"马其诺防线"（Maginot Line）。我丝毫不怀疑我们的陆军可以在进攻中一举拿下对方阵地，他们可以用空军的 8.8 厘米高射炮来射击他们的穿甲弹或破障弹，以此铺平道路。为了消除陆军的犹豫和疑虑，我们会将空降部队投送到边境线之后的雅杰恩多夫（Jägerndorf）地区，从后方打开苏台德区（Sudeten）的防线。一旦捷军指挥部得知自己同时受到来自北面、西面和南面的攻击，这必将给它及其部队带来瘫痪性影响，并因此极大鼓舞我们的士气。在 8 月的时候，我把作战指挥部移至位于劳西茨（Lausitz）地区的森夫滕贝格（Senftenberg），以更靠近我的部队。

1938 年 10 月 29 日在慕尼黑召开的四方会议的结果最终让我长舒了一口气，这将使双方都免于遭受沉重的损失。捷克边境的防御工事的火力和纵深都没有达到情报中要给我们的程度，它们可以轻易地被 8.8 厘米高射炮的炮火所摧毁。

空军部队的战略集结表明德国空军的思路是正确的，但是各部队的实力和技术现状还存在不足，我们在边境的空军基地也需要彻底的翻修。由斯图登特将军指挥第 7 空降师的一次作战演习显示，空降行动在战术和技术上是可行的，并有助于打开新局面。但是正如我之前所说，我们才刚刚起步。

在 1938 年春季，我受命出任驻柏林第 1 航空队司令。虽然我在德累斯顿过得很快乐，但我同样乐于回到首都。在德累斯顿我可以更加独立自主地开展工作而不会坐以待毙，但是在柏林，我只是希望在我更重要的新任职权范围内保留住一定的独立性。我的工作主要包括：

整合空军和高射炮兵为一支协调一致、灵活机动、有全局意识的部队，再纳编一支现代化通信部队；

对飞行部队进行教导，宣讲作战基本原理和空地支援理论；

落实空袭防御理念，提高民众对空袭防御的意识；

最后，在前线附近部署地面部队。

现在再回顾起当年建设之功，依然心潮澎湃。空军所取得的每一点进步都有目共睹，它正在朝着完善和备战前进。我记得首次在莱比锡和德国中部地区举行空袭防御演习，这些演习对我们掌握如何提高民众空袭防御能力以及如何使用防空炮提供了宝贵的经验。电子定位仪器的研发正在进行中，基础研究也已经结束，成效喜人。

关于在第三帝国和平时期的德军生活，我再补充几句。作为驻德累斯顿部队的总指挥官，我的社交圈子只限于军队人员，尤其是空军内部。私人宴请的规模不大，一般在各部队自己的食堂内轮流进行。无论是在富丽堂皇的空军学院食堂里，还是在空军通信部队的宴会上，已婚的老家伙们和年轻的小伙子们都会无拘无束地打成一片。我们极少在费用高昂的贝尔维尤酒店（Bellevue Hotel）或高档酒吧进行聚会。在周日或假期中，我们经常去城市周边的美丽乡村踏青游览。因为我们经常要执行任务或外出旅行，所以我们与当地民众的社交和聚会就不可避免地变得稀少。在我印象里，聚会人员并没有向我提出过任何不同意见。

作为一个在通货膨胀中丧失了财产，又在所有股票证券投机和交易中大败而归并由此一蹶不振的人，单凭微薄的薪水，我实在是无力承担起举办宴会的花费。但是我加强同事及其家人们彼此交流的努力，最终让我们之间的关系变得非常融洽，这一点我在 1945 年的诽谤案中体会颇深。

此外，除了与元首、帝国元帅和各位国务大臣的定期会晤，我也要出席在首都举办的其他政治活动，所有这些都让我不堪其扰。在航空俱乐部与外国武官和空军同行们沟通交流，是我的分内之事。我还要安排时间出席军界和科技界的聚会或者到剧院看演出。总之，对于一位业务繁忙的军人来说，真希望所有这些烦扰统统消失。我不得不每天午夜之后才能上床休息，这严重影响了我的身体健康；而且我要频繁出席各种公众场合；此外，我还必须掌握所有情况，承担所有责任，并要在下属面前表现得完美无瑕。

在 1939 年初，我们突然从冬季平和的战备训练中被紧急召回，转而开始准备可能针对捷克斯洛伐克的军事行动。我们没有时间思考我们的干涉行动是否正当或者必要，而那些迹象和谣言都在令人瞠目结舌地变成现实。戈林告诉我，正如指挥官最担心的那样，是捷克人的侵犯行为导致了当前形势的动荡不安，但是还有希望能兵不血刃地把局面控制住。这一次我们的战略集结依然要严格保持绝密，确保政治解决的实施。

举个保守秘密的例子。在发动入侵的前夜，我和我的妻子受邀参加一个设于加图空军学院（Gatow Air Academy）的小型聚会，主办者是奥托·冯·施蒂尔普纳格尔（Otto von Stülpnagel）将军。他在战后被羁押于巴黎的监狱，后在狱中自杀。我们像往常一样在半夜 11 点多的时候告辞。对于次日即将发动的军事行动，我没有向在场任何一个人给出哪怕一丁点的暗示。因此当第二天早晨收音机报道第 1 航空队已在其指挥官的领导下启程开往布拉格（Prague），所有人都感到十分震惊。那次报道并不十分准确，因为根据夜间与哈查（Hacha）总统的会谈，我们这次的入侵行动已变成了一次和平进驻。

在随后的几个月中，我经常往返于布拉格和捷克斯洛伐克境内其他几个驻扎第 1 航空队的城市。接管各个机场的行动非常顺利，其实也不存在什么接管问题，因为捷克空军自己主动解散了。现场发现的装备都残破不全或质量低劣，仅存的几架飞机也无法开动。

对于后续事态的恶化，我感到既惊讶又担心，似乎慕尼黑四方会谈所达成的解决方案并没有生效。更让我难以理解的是，这个方案显然会造成更大的摩擦，甚至可能由此引发战争。我们都认为这次入侵行为最初是由捷克人挑起来的，这个事实并不是虚假宣传的结果。我们甚至认为这次事件有可能是经过精心策划，目的是让西方列强找一个借口可以介入，从而能为捷克带来复兴。

我们根本不相信哈查是被迫签署条约的。作为军人，我们很高兴兼并捷克斯洛伐克没有产生恶劣的影响，并且惊喜地发现我们的边境安全也得到了强化。在这段时期之前、之中和之后，波兰人都与我们开展了善意的合作，这意味着波德两国的分歧将可以在某种程度上得以妥善解决。坦率地说，我们军方对于波兰人再次抱怨入侵行为深感遗憾。

尽管国防军已经为任何可能都做好了准备，但事实上的当权者，尤其是戈林，仍在努力避免战争。相关个别措施在纽伦堡审判中都进行了充分翔实的阐述。作为一个经历过那段紧张时期的边缘人物，我必须要讨伐一个人，即冯·里宾特洛甫（von Ribbentrop），是他不负责任地向希特勒提出了建议。我记得在戈林专列上发生过一件事，可以很好地说明当时的情况。那天我和戈林正在维尔德公园（Wildpark）车站等待"和平还是战争"的决定。很快希特勒的决定传来，即9月1日是决战的日子。戈林收到这个消息后立即狂躁不已地给冯·里宾特洛甫打去了电话。他在电话中咆哮道："现在你终于得到了你想要的！战争！都是你的错！"说完就怒气冲冲地挂掉了电话。

第七章

波兰战役

（1939 年）

1939 年 9 月 1 日 4 点 45 分，两个集团军群从南北方向同时发起攻击；9 月 5 日渡过维斯瓦河；9 月 16 日包围华沙；9 月 17 日攻陷布列斯特，苏联出兵介入；9 月 27 日，华沙投降；10 月 1 日波兰最后守军投降，波兰战役结束。

1939 年 8 月 25 日下午晚些时候，我在科沃布热格（Kolberg）机场的控制室给空军上校和中校们开会。之前希特勒已下令入侵波兰。这时我的作战局长进来说希特勒再一次更改了主意。入侵行动取消了。

听到事情有了转机，我们的兴奋之情溢于言表。我由衷地希望这场曾似乎注定爆发的战争最终得以避免。怀着轻松的心情，我钻进我的飞机驾驶舱，迎着夕阳飞向我的作战指挥部，它位于斯德丁（Stettin，今什切青）附近的亨宁斯霍尔姆（Henningsholm）。

我的思绪又回到了两天前，23 日那天希特勒在贝格海姆

（Bergheim）召见三军所有的总司令或总指挥官及其参谋长，并且没有提前发放会议议程。在召见之前，帝国元帅先和我们在党卫军军营内开了个会，他再次向我们询问了针对波兰的空战准备情况，并听取了我们的意见。戈林和我们谈论了一个小时，也没有谈及任何要孤注一掷动用军队的决定。当然，我们知道他仍在想尽一切办法来维系和平。

后续与希特勒的会晤是在接待大厅，从那里可以观赏到壮丽的山景，如此之近似乎触手可及。他沉着冷静地向我们发表了一个经过精心设计的长篇演讲，里面的细节在这里无须赘言，因为其中的内容已在纽伦堡公之于众了。我很高兴在其中没有听到任何关于最终决裂的话语，但按照希特勒的表述，这种事似乎非常有可能发生。有两件事让我非常担心，首先是与波兰战役的后果。英国可能会把我们用武力解决德波冲突当作一种无法容忍的冒犯，任何不考虑这个因素的计算都纯粹是乐观主义在作祟。因此戈林一直坚持致力于维系和平。其次我更大的担心还在于苏联的态度。尽管我认为，即使不做准备，德国空军和国防军都比波兰军队强大，但是德国的武装力量还无法与苏联的军事实力相抗衡。我对此忧心忡忡，但希特勒在演讲结束的时候对我们说，苏联会保持中立，而且两国已达成互不侵犯条约，这才让我心中的石头落了地。

当天晚上我思绪重重地飞回了柏林。我又重新回忆起"一战"爆发前的那几天，虽然我当时位卑人轻，战争的阴影只对我个人产生影响，但是我迟疑和紧张的状态与现在一般无二。

对于我们空军来说，战争就意味着空中作战。但是除了在西班牙获得的部分经验外，我们并无其他实践经验。我们充分发挥智慧来更新空战基础原理和战略战术适用规则，并牢牢掌握住它们。当时对于空战并没有国际规定可循。希特勒试图完全禁止空战，或者控制在单纯的军事目标上，结果都在国际会议中被否决。但是我们整合了我们自己的空军条例，我当时作为总参谋长也深入参与了它们的制定出台。其中规定的那些道德原则是我们的良知告诉我们必须要尊重的，包括仅限于攻击严格意义上的军事目标——对于这些目标的界定，只有在爆发全面战争之后才可以扩大外延——而对于平民和处于不设防城市（open town）中的目标是禁止攻击的。

我们曾设想过使用飞机对地面部队进行近距离支援，但对于空降作战或单一伞兵作战还没有预想过。我与北方集团军群总司令冯·博克（von Bock）进行了非常重要的讨论。作为一名曾经的陆军军官，我非常理解陆军的需求和担忧，因此经过简短的会谈就可以和他完全达成一致。我并不是冯·博克的下属，但是我愿意服从他所有关于地面战术方面的命令。我和他在西线和苏联都曾保持着密切合作。我们之间的观点也会出现分歧，这在所有战争中都不可避免地偶尔出现，但是因为我们彼此坦诚并在任何情况下都共同致力于做到最好，这让我们仅仅需要在电话中说几句话就可以取得一致意见。即使有时空军方面优势明显，我也会想方设法照顾到陆军方面。博克和我都知道我们可以互相信赖，而且我们的参谋长也堪称副手的典范，他们分别是陆军的冯·扎尔穆特（von Salmuth）和空军的斯派达尔。戈林作为空军总司令，与我的合作也很融洽。对于空军中将耶顺内克（Jeschonnek），我知道他是一个具有非凡洞察力和指挥才能的将才，他了解他的军官和士兵，能够在与戈林和希特勒打交道的时候沉着固执地为自己的观点辩护。

最后我决定和所有参谋及下属官兵们都谈一谈，他们有的平时在我的单位，后来已转隶至其他的空军司令部。与他们的谈话让我确信，大家已经做好了所有能做的准备，能够确保在快速猛烈的攻击中获取胜利。气氛非常肃穆但大家信心十足。他们知道自己将面对的是一支强大好战又训练有素的敌人，而且按照 1939 年的标准来看，他们也称得上装备精良。

波兰空军的战斗机无论在数量还是质量上都值得我们重视，但他们的轰炸机则落后很多。德波战斗机之比约为 500:250，而且德国拥有 Me-109 和 Me-110 战斗机。我们建议首先猛烈攻击敌方地面设施（如机场和停机坪）。这样也有助于防止波兰轰炸机对我后方基地进行破坏性袭击。德国空军目前还没有能力摧毁波兰的兵工厂，但是包括位于华沙的部分机场设施都可以作为轰炸空袭的目标。我们计划把这些目标放在次要位置，因为如果这场战争能够按照我们的设想迅速结束，波兰的生产能力将不再具有任何意义。另外，如果我们能在一开始就通过猛烈的攻击瘫痪波兰统帅部及其通信机构，如中央无线电发射站，那么将可以直接决定战局。最后，对于那些能够快速反击的波兰部队，我们将给予坚决打击，如果可能的话，战场将是在他们的兵营里。

战术空中侦察任务由第 1 航空队和陆军总部联合指挥的侦察机编队执行，目的是深入维斯瓦河（Vistula）沿线背后，提供敌方在后方范围内的实时调动照片。轰炸机编队也被赋予了一项特殊的任务，即配合海军袭击海尔半岛（Hel Peninsula），准备登陆作战。

我们的高射炮部队在全国范围内配备了大约 1 万门轻重型防空炮，隶属于航空管制区指挥部，集中保护空军的重点战术设施，如机场、连接东西的铁路系统以及中部各大重要工厂。至于协同陆军部队的防空团、大型跨单位混合编队等特定部队，在当时还没有组建。总之，我们的编队部署还远不足以适应面临的任务要求。[1]

要改善这样的局面，只能通过制定富有弹性的方针以及发挥个体编队和人员的主观能动性。第一天的行动效果坚定了我们的信心。航空照片显示，波兰空军遭受重创，全国总动员被遏止。目前已经开始对目标毁伤效果进行观测，对敌人后方区域的不定期空袭骚扰也着手开展。在接下来的几天，我们还执行了对陆军进行支援以及阻碍敌方战略集结和部队调动等紧急任务，发挥出越来越重要的作用。

波兰军队拥有高昂的战斗精神，尽管他们的指挥和通信已陷入混乱，但仍能对我们的主攻部队进行有效打击。这可以归功于波兰最高统帅部，也可以归咎于我们自己。德军在图切勒荒原（Tucheler Heath）战役中、在布楚拉（Bzura）战役面对波军的突破攻势时，以及在华沙附近的战斗中都遇到了一些危机，但最终都通过空军和地面部队的密切配合克服了，其中空军部队投入了几乎所有的近距支援飞机和轰炸机，进行了不顾一切的集中打击。在战斗中首当其冲的是俯冲轰炸机、战斗机和驱逐机，一天之内多次出动已成为家常便饭。[2]

在我负责的战斗区域中，波军几乎所有的作战行动都要经过华沙。我们也制定了相应对策，例如摧毁对方首都的交通枢纽。为了避免毁掉整座城市，我下令所有针对市内桥梁和火车站场的轰炸任务只能由俯冲

---

[1] 从数量上说，双方陆军实力是基本相当的——大约 50 个德国师对抗大约 40 个波兰师和 10 个骑兵师。德军在装备和训练方面占据优势，而相对应，波兰方面还没有进行充分动员。——原注
[2] 富勒（Fuller）在《第二次世界大战》（*The Second World War*）一书中写道，这场战争的决定因素不是数量，而是德国空军和装甲部队密切协同的快速推进。——原注

轰炸机和对地攻击机在战斗机和驱逐机的掩护下来执行。飞机投放了大量 1000 千克的炸弹，针对铁路枢纽的轰炸达到了预期效果，但是那些建造坚固的桥梁却能够承受住此类 1000 千克炸弹的轰炸，这也显示了空袭作战的局限性。我们直到战争后期才吸取了这个教训。

在那几个星期中，我本人也频繁飞行在波兰战场的上空，也曾多次飞过受到战斗机和高射炮严密保护的华沙城。我可以骄傲地说，我们的空军小伙子们都严格遵守了命令，尽量把空袭范围限定在重点军事目标上。当然由于散布规律，轰炸仍不可避免地波及了目标附近的一些民房。我经常在俯冲轰炸机中队空袭华沙返航后探望他们，点评他们的表现并检查飞机遭受防空炮火的毁损情况。其中有些飞机能够回来简直是个奇迹，有的机身上布满了弹孔，有的双翼都折断了，有的机底脱落，有的机身上开了个大洞，甚至有的控制装置仅剩几根细线吊着。非常感激寇本堡（Koppenberg）博士和他的工程师们，他们制造的如 Ju-87 等飞机直到 1945 年在苏联战场上仍堪大用。

战争临近尾声的时候，我们再次集中兵力进攻华沙。在祖克尔托特（Zuckertort）将军的重炮部队的配合下，空军司令部努力摧毁了所有抵抗，以图尽快结束战争。我们协同作战，在几天内便达到了预期目标。9 月 27 日，空军司令部的任务主要是攻击炮兵射程之外的目标或火炮毁伤效果不好的目标。联军指挥官布拉斯科维茨（Blaskowitz）理所当然地为此感到骄傲。1939 年 10 月 6 日在一次总结会议上，希特勒称炮兵部队起到了决定性作用。但我必须代表空军指出，波兰战俘对于俯冲轰炸机的恐惧已深入骨髓，而且华沙城内的大量目标都是在空袭中被摧毁的，这些都可以证明空军在这场胜利中发挥了重要作用，并且在后期巡视城市中更能直观地了解到这一点。

在华沙城投降的那一天发生了一件事，让我们可以简单窥探希特勒的心理。他曾下令野战厨房车准备伙食，在停机坪上开饭。而布拉斯科维茨则认为在这样的时机应该举办一次大型宴会，于是就额外多搬了一些桌子和长凳摆放到机库里，桌子上还铺了纸桌布并装点了鲜花。结果希特勒大发雷霆。他斥责冯·布拉斯科维茨在试图让他改变主意，然后没有吃饭就离开了华沙，带着他的副官飞回了柏林。事后证明，从那以后布拉斯科维茨便失去了信任。

当时我们认为苏联在战争结束时的介入毫无必要，更不用说随后就发生了苏联战斗机向我部所属飞机开火的军事摩擦。要是单纯体谅苏联人而忍气吞声，我们本已难以做到，而更让我们恼怒的是，苏联人几乎毫无诚意，他们甚至向我们隐瞒至关重要的天气预报。在这次联合作战中，这便是两国临时组合给我留下的第一印象。

经过几周的战争，波兰人已经彻底失败，整个国家都已陷落并处于军事管制之中。这场战争证明了，至少在空中战略方面我们是正确的。然而，我们的数次危机和失败也显示了我们还需要做出更大的提升才能在将来战胜更加强大的敌人。

陆军部队时刻需要来自空中的支援，这就意味着我们要有更加密切的配合以及执行更多近距支援任务，尤其是对于俯冲轰炸机、战斗机和驱逐机编队而言。当然我们也需要更多的轰炸机，并由此对生产数量和训练质量都提出了更高的要求。

总体来说，所有新型飞机，如 He-126、Do-17、Me-110、Ju-87、He-111、Ju-88、Do-18、He-115、Ar-196（后 3 种为水上飞机）等，都

经受住了战争的考验。但是，即使速度最快的飞机也还是显得太慢了，有效射程和武器配备也不够多，装弹数量也太少，这些都向技术人员们提出了更新更迫切的要求。

高射炮部队获得的表现机会不多，但是它们参加了协防炮兵部队的作战行动，充分证明了自己的能力，并在地面战斗中获得了一致认可。随着受重视程度的提高，现在要对它们进行扩编，还要把它们混编进更大规模的部队中进行协同作战。

在帝国总理府邸（Reichs Chancellery），我和其他几位部队总司令一起获得了骑士铁十字勋章（Knight's Cross of the Iron Cross），并由希特勒亲自颁发。我认为这是对第1航空队所有空地人员的卓越表现进行的褒奖。我想我可以不带任何夸大或贬损地说，对于陆军和海军的行动，如果没有空军作战，就无法实施闪电战，而且我们的伤亡将数以倍计地增加。我也可以用名誉担保，就我所见，我们德国人在整场战争中都体现了骑士精神，甚至也尽我们所能保持着人道主义精神。

我在这场战争中投入了全部的精力和注意力，对于发生的其他历史事件只是略有了解。例如英国和法国注定要做出的宣战，这些事件并没有立刻吸引我的关注。我全身心地致力于快速结束波兰战役，其他这些事件只会让我的意志更加坚决。我利用一切时机告诉我的官兵们，只有我们在东线快速摧毁波兰的抵抗，才能把急需的兵力派往西线，这才是我们对西线同志们最有意义的支援。

我离开波兰战役最后一个总指挥部所在地柯尼斯堡（Königsberg，今加里宁格勒），飞过第一个总部驻地亨宁斯霍尔姆，回到柏林与家人团聚。家里幸福温馨的氛围，终于让我紧绷的身心都放松了下来。

第八章

休战期

- ▶ -

（1939年冬至1940年）

继续驻守波兰北部；重组国内防御；调任西线第2航空队司令。

读者可能有兴趣了解到，作为第1航空队司令，我其实并不知晓西线的战略集结，也不知道希特勒的作战计划。我正忙于把我的各支编队分开部署在我原来的辖区和西线几个空军司令部的辖区——第2航空队驻在不伦瑞克（Brunswick），第3航空队驻在慕尼黑。首先要做的是让他们得到休整和补给。当时我对国内制订计划时的犹豫不决以及希特勒与陆军总司令之间的紧张关系一无所知，这些都是我在战后才听说的。这种绝对保密的做法源自希特勒的独断专行。对此可能有正反两种看法，但在我看来，这样做的好处是各级指挥官都被迫把精力放在自己负责的单一事务上。依我对军事史的研究，同事之间的意见、担忧、建议和批评会对高级指挥官产生巨大的影响，这曾让我颇感震惊。在我看来，视野过宽会影响思维的深度。能够不受其他前线战事的影响是一件非常让人开心的事，那些问题只会让我分心。我对那些听从我的建议并恪尽职守的官兵深表敬意。

当然这里面可能有些夸大其词，而不幸的是，在整个"二战"期间，这种所谓的夸大实在是太普遍了，并且带来了灾难性的后果。但在1939年冬天至1940年期间，我很高兴不需要关心西线战事。我为处理辖区内的各种紧急军务忙得不可开交。现在的版图已经包括了波兰北部，这就意味着近年曾部署在东部边境省份的空军基地必须要向东移至波兰境内，并要对原有的波兰设施进行改造和扩建。我把这项任务交给了比内克（Bieneck）将军，他曾是"一战"中的老飞行员，现任波兹南（Posen）管制区指挥官。在我多次飞越波兰的过程中，我很高兴看到各地设施如雨后春笋般涌现出来，截至1939年底已建成了首批飞行员训练学校、托伦（Thorn）轰炸机学校和华沙飞机修理所等。在波兰增设各种培训机构有助于缓解德国的空间压力。随着德国空军强大编队的进驻，该区域内的空袭防御网也得以全方位覆盖，这反过来也维护了波兰国内的安全稳定。

在我先前的空军司令部辖区内，空袭防御建设现已成为重中之重，因为来自英国和法国敌机的空袭迟早将变成心腹大患。首当其冲的是柏林、包括马格德堡（Magdeburg）和莱比锡在内的德国中部工业区、布雷斯劳（Breslau）及其周边煤矿区，以及各大港口，尤其是汉堡（Hamburg）和斯德丁。此时处于相对次要位置的是东普鲁士的港口和捷克的工业区。

按照我的习惯，我喜欢亲临现场检查所有问题。在我看来，很多空袭防御就像飞机预报演习，而很多高射炮防空演习则像是火力控制练习。我在节庆期间对各个单位进行了突击检查，对辖区内防御状况的总体印象是，我确信我们已不再是乳臭未干的新手，但是还需要时间提高，随着空中打击技术的发展，我们的防御也必须实现进一步发展。

在 1939 年最后一个季度，耶顺内克第一次向我提出，他打算重建德国本土防御体系。他渴望整合国内所有的防空和空袭防御兵种并成立一个统一的机构。我们深入细致地探讨了其中所有的优点和缺点。这个新设想非常好，并且也可能是利用最少资源而实现最大防御的唯一方法。日后担任帝国空军参谋长的施通普夫将军和高射炮作战专家魏泽（Weise）都支持我们的建议。戈林也表示同意，并做出指示。尽管他更擅长利用下属为他办事，但他偶尔会在灯红酒绿之余支持一下对德国空军颇有益处的建议。例如，对高射炮部队进行扩编，组建高射炮师和高射炮军，就是戈林的个人想法，而且在实践中颇见成效。然而，高射炮部队仍然隶属于各空军司令部，受空军总司令指挥，这种安排在本质上是不适当的，因为这会危及统一指挥原则，除非空军甘愿充当副手。

在 1940 年 1 月 12 日，我作为柏林空军总司令，像往年一样向帝国元帅表达我们的生日祝福。在随后举行的午宴上，帝国中"有头有脸的人物"悉数出席，我很高兴有这样的场合可以阐释空军的一系列问题。两天前曾有人私下传言戈林和希特勒之间爆发了一次冲突，但没有人知道原因。当得知我与戈林的会晤被提前一个小时，我猜想可能会与这件倒霉事有关。结果我猜对了。我在之前或之后都没有再见过戈林如此沮丧，这也体现出他的一些性格问题。不过他的这次情绪消沉事出有因。原来是一个空军中尉在比利时实施了迫降，而机上有名乘员携带着我们的一份作战计划草案。那么多人中偏偏出事的是个空军人员，即使戈林的神经再粗大，也接受不了这个事实。这个事件带来的危害难以估量，而且目前还没有获得明确的报告，我们还不知道那个飞行员究竟烧掉了多少内容，又有多少内容被比利时总参谋部得到，并最终落入英法两国手中。

空军中将文宁格（Wenninger）曾任驻伦敦（London）空军武官，是我们空军在比荷卢经济联盟的代表官员。他在我之后赶到，但也没有带来令人完全满意的解释。当天我们没有一个人怀疑，等待那两个倒霉蛋的将是军事法庭的审判。但此时此刻，就像在第一次战争中一样，运气还是站在我们这一方。简单来说，就是敌人并没有意识到这次泄密的重要性，而且我们也很快对整个计划进行了修改。

但最开始我还必须接受针对所有空军指挥官的一顿痛骂。戈林一直在思考第 2 航空队中是否有人能够力挽狂澜。他把原指挥官费尔米（Felmy）中将和参谋长卡姆胡伯（Kammhuber）都发配至荒原，又把我们其他人都狠狠训斥了一番，并布置了额外的任务。到我的时候，他咆哮着说（没有比这更合适的词语了）"你来接手第 2 航空队"，停顿了一下，"因为我没有其他人可用了"。

虽然他谈不上友善，但至少还算坦诚！

会晤之后便开始午宴，其间，我给继任第 1 航空队指挥官的斯通普夫简单介绍了一下那里的情况。

对我来说，两次战争之间的平静就此结束。次日早晨，也就是 1940 年 1 月 13 日，我和我的飞行员策尔曼开着我的 Ju-52，冒着严寒飞往了明斯特（Münster）。在那里，第 2 航空队已经在宏伟的空军通信部队营地里建立了作战总指挥部。我原来的参谋长斯派达尔也随我一同前往。

第九章

西线战役中的第 2 航空队

- ◀ -

西线战略集结了 A、B、C 三个集团军群，其中由 A 主攻（即由冯·克莱斯特的装甲集群在阿登高地进行突破）；1940年 5 月 10 日 5 点 35 分，开始进攻，在荷兰实施空降作战；5月 11 日夺取埃本埃马尔要塞；5 月 14 日荷兰投降；5 月 17 日—24 日，德国装甲部队突破至海峡沿岸，发动阿图瓦、佛兰德斯和敦刻尔克包围战；5 月 28 日比利时投降；6 月 4 日，英国远征军完成敦刻尔克大撤退；6 月 5 日，B 集团军群进攻塞纳河和马恩河下游地区；6 月 9 日，A 集团军群进攻埃纳河上游地区；6 月 10 日意大利参战；6 月 14 日，C 集团军群进攻莱茵河上游前线；6 月 14 日占领巴黎；6 月 16 日贝当组建新的法国内阁；6 月 22 日签署法德停战协定。

在空军的大力支援下，我们的集团军群曾在波兰的广阔战线上，摧枯拉朽般迅速击败了波兰军队。眼下在西线战场上，面对处于优势地位的两大强国，我们能否战胜呢？陆军和空军已经在波兰战场上通过浴血奋战给出了答案，而且更重要的是，他们接受了足够的经验教训，取得了极其巨大的进步，这是我们的敌人望尘莫及的。我深信，经过战前的休整，这些经验教训已经转化为现实的战斗力，而我们在武器装备上的差距也得到了有效弥补。从西线列强在过去四个月的反应来看，他们的犹豫不决似乎也可以解释为懦弱无能。

当我接替费尔米中将的指挥位置后，我发现部队的战备情况取得了长足的进展。敌人方面仍然保持着静默，而我们已出动过相当多的侦察机，并多次执行打击运输船只的行动。

当时第 2 航空队的编制如下：

第 2 通信指挥部；

第 122 远程侦察机中队；

第 4 大队，指挥官凯勒（Keller）中将；

第 8 大队，指挥官冯·里希特霍芬中将；

第 9 大队，指挥官寇勒尔（Coeler）中将（自 1940 年 5 月 23 日起）；

第 1 大队，指挥官格劳尔特（Grauert）中将（自 1940 年 5 月 15 日起）；

空降大队，指挥官斯图登特中将；

第 1 战斗机联队，指挥官奥斯特坎普（Osterkamp）将军；

第 2 高射炮军，指挥官德斯洛赫（Dessloch）中将；

第 6 航空管制区（明斯特），指挥官施密特（Schmidt）中将；

第 10 航空管制区（汉堡），指挥官沃尔夫（Wolff）中将。

　　第 2 航空队的任务是支援配合冯·博克将军的 B 集团军群，该集团军群下辖冯·屈希勒尔（von Küchler）将军指挥的第 18 集团军和冯·赖歇瑙（von Reichenau）将军指挥的第 6 集团军。同时航空队还负责配合卡尔斯（Carls）上将指挥的海军北方司令部。

　　接下来的几天里，我主要忙于交接工作并派出飞机收集信息。我第一次拜访集团军群总部，是因为我感觉彼此之间的交流过于松散，不符合我的习惯。冯·博克对于我接替费尔米的职务感到很惊讶，但是也为我们能够再次并肩战斗表示由衷的高兴。作战计划在 2 月中旬实际下达，尽管我们认为计划很可能还会再有修改，但我们已经没有足够的时间进行讨论。我向冯·博克重申了第 2 航空队的编制结构和任务要求，告诉他我们状态良好，不会让他失望。我提出了两个细节问题：（1）在进攻的第三天，第 18 集团军的装甲部队必须要配合斯图登特部在鹿特丹（Rotterdam）城内或附近地区的空降行动；（2）在运输机牵引滑翔机编队空降到阿尔贝特运河（Albert Canal）上之后，陆军先头部队要能够紧密衔接，因为空降部队兵力有限，在夺取桥梁之后难以守住。

　　冯·博克表示他并不能完全确保鹿特丹战斗会严格按照计划推进，但是我直截了当地跟他说，空降部队的命运以及整个集团军群的作战行动，全都依赖于他的装甲部队能否准时到达。他向我承诺，他会在力所能及的范围内付出最大努力。我也向他保证将从空中全力配合他的行动，以减轻他履行承诺时的难度。为了避免与第 18 集团军的先头部队失去联系，他们的左翼部队需要向前推进。而第 6 集团军的一部分任务是需要配合左侧的冯·伦德施泰特集团军群进攻法国的主攻行动。

　　我发现第 8 航空大队总部与第 6 集团军和赫普纳（Hoepner）装甲

军之间关系密切，这一印象在后来对第 6 集团军军部的拜访中也得到了确认。第 6 集团军的参谋长是保卢斯（Paulus）将军，他后来在斯大林格勒[①]（Stalingrad）战役中名震一时。我对他的印象尤其良好，因为他头脑冷静，对于即将到来的较量能够做出清醒的判断。由他来配合喜怒无常的冯·赖歇瑙，至少不会出什么岔子。

第 4 航空大队的定位是配合攻坚战的要求，执行远程作战任务；支援远程空降部队，压制敌方机场的地面力量；以及观察和应对敌军在后方区域的调动等。

第 9 航空大队仍在组建之中，正在接受航空布雷的训练。计划将于 1940 年 4 月底或 5 月初参加作战行动。

第 122 远程侦察机中队已经在海上多次派出侦察架次执行任务，这是一支优秀的队伍，战绩突出。我们对于它的任何损失虽然可以接受，但是非常令人遗憾。

空降大队下辖第 7 航空师、第 22 步兵师、航空运输编队、滑翔机编队等。我在它的总部发现了一份由希特勒草拟的详细战斗和战术方案。斯图登特中将在科赫（Koch）上尉、维茨莱本（Witzleben）中尉以及其他幕僚的大力协助下，已经着手开展细致谨慎又富有想象的准备工作，以完成这些艰巨的技术和战术安排。我个人对于空降作战缺乏经验，我会首先进行大量的学习，然后才大胆提出我的建议。而至于战术问题，我想我还是能够插嘴的。我很高兴地注意到，第 22 步兵师的少将师长冯·施波内克伯爵（Count von Sponeck）是一个观察敏锐、精

---

① 斯大林格勒于 1961 年改名为伏尔加格勒。——编者注

力充沛、处世灵活的人，他对航空问题也有着良好的判断力。冯·施波内克伯爵后来在克里米亚（Crimea）战役中因不服从命令而撤退被送上军事法庭，在战争临近结束时被枪杀于盖默斯海姆（Germersheim）。据我所知是希姆莱（Himmler）或希特勒草率下达的命令，然后仓促执行的。

奥斯特坎普将军曾经是第一次世界大战的"雄鹰"。他的任务是指挥他的战斗机群为陆军提供近距离支援，并对执行空降任务的容克斯飞机在飞行中和空降后提供保护。这对飞行技巧、组织能力和敏锐的战术素养都有很高的要求，对我来说又是个全新的领域。

第2高射炮军因为组建匆忙，还面临着很多困难。德斯洛赫将军曾经在骑兵部队和空军服役，对于陆地战有着丰富的经验，能够带好这支部队。然而，将高射炮兵混编至行进纵队时却出现了问题。因为没有指挥官喜欢自己的队伍被分割打散，又没有人想走在高射炮部队的后面，但是所有人又希望在关键时刻高射炮部队能够挺身而出。对于这个问题，我只好亲自出手干预，最终形成了一个不尽如人意的解决方案，但多少算是一个败笔。

在走马观花地视察了各个部队总部之后，我便开始投入到紧张的工作中去。在2月至5月初的几周内，我一直忙于在地面或空中组织参谋会议、修改完善计划或开展作战预演等事务。我们还决定投入巨资对He-111（第4轰炸机联队）和Ju-88（第30轰炸机联队）进行更新换代。所有人员和编队都在为首次作战行动进行着艰苦训练，并与陆军完成了最后的磨合。1940年5月8日，我在空降大队召开了最后一次作战部署会，并解答了所有的问题，与会者是所有独立部队的指挥官。对我而言，通信部署显得有些过于烦琐，尤其是因为斯图登特不愿意第 22 步兵师过于独立地行动。这次行动的指挥掣肘很多，因为希特勒和戈林都在插手。例如摧毁埃本埃马尔（Eben Emael）要塞的装甲炮台，就是用希特勒独创的"空心装药炸弹"。他们还赋予了斯图登特很多特权，而斯图登特也没有客气。而且行动一开始，空军司令部作为空中行动唯一的中枢指挥部门，当然也要全程参与进来。

如上所述，斯图登特想要在前线亲自指挥这场战役。如果最初就由他在后面的作战总部进行调兵遣将，然后由他来接手整个战场指挥权，这可能是个好主意，因为两支空降师可以方便地从统一的前线总部那里接受指令。当然第 7 航空师可能需要充实自己的作战队伍，但这也并非不可能解决。除此之外，还有其他一些让我苦恼的事情。尽管 Ju-52 飞机也有自己的优势，但是它们作为运输机已经严重落伍了，例如它们没有防弹油箱，而且它们更多作为临时任务机型，在装甲和航程方面也非常不足。前往空降区的这几个小时要求精确到分钟，几百英里的飞行也要求战斗机持续提供护航。而 Me-109 的航程太短，这简直是不可能完成的任务。但最终奥斯特坎普和他优秀的飞行员们成功完成了这一任务。

另外，我们在方案中设计了对荷兰各处机场的轰炸将与空降行动同步进行，但在实践中发现难度很大。最要命的是，在 5 月 9 日晚上，空军总司令突然像发精神病似的下达命令，为了防止敌方舰船意外靠近，要求两个重型轰炸机中队在荷兰沿海上空执行任务。命令到达的时候我正好不在场，而我的作战参谋长虽然担心这条命令可能会影响我们空降行动的准时实施，但是他无法提出反对意见。

西线战役第一阶段

最初的行动都是按照计划执行的。我一直等到首批捷报传来之后才舒了一口气，包括夺取阿尔贝运河上的桥梁，占领埃本埃马尔要塞，对位于穆尔代克（Mordijk）的马斯河（Maas）大桥和对鹿特丹机场两地的准时空降，并最终实现多军种联合占领等。

各种报告接连不断地涌来，例如 Ju-52 编队对在海牙南部海岸的空降行动发来了几个含糊不清的报告，某空中运输机联队的联队长口头报告称，在鹿特丹到海牙的公路上降落后遇到了来自敌人从空中和地面的进攻，以及在鹿特丹机场附近的空降行动遭遇了激烈战斗并损失了大量的飞机和人员等，这些消息让空军总司令和我都无法了解到全部情况。后来我的作战参谋长派出了一架侦察机收集情报，这才让我们对鹿特丹的战事做到了心里有数。空降大队的消息来得很迟，他们一直在频繁地使用无线电呼叫支援，但是没有向我们报告第 22 步兵师的情况。

目前由空中侦察了解到的现实问题是对海牙机场的攻占行动失败了。在 5 月 13 日早晨，斯图登特持续在呼叫轰炸机支援，要求轰炸在鹿特丹市内的敌人坚固据点和各个伞兵部队在控制桥梁前遇到的敌人火力位置。经过研究讨论，支援飞机于 14 点出动并成功完成任务。1940年 5 月 14 日，德国乘胜占领荷兰。

荷兰人对此义愤填膺，在战后对空军元帅和我本人都提出了许多指控，在纽伦堡法庭上反复陈述，激烈程度堪比我们的战场行动。在轰炸机起飞之前，戈林和我在电话中激烈争论了几个小时，讨论如果要按照请求实施攻击，该怎样执行。最后我反复告诫轰炸机联队指挥官要特别留意战场上设置的灯光和信号，时刻与空降大队保持无线电联系。然而在斯图登特早晨呼叫支援后，我们的无线通信就被切断了，以致空军司令部无法继续获取鹿特丹周边的战况消息，这让我们焦虑不安。而且这还可能增加我们的轰炸机把炸弹投到自己军队头上的风险。我们和集团军群司令部都不知道这个时候斯图登特已经开始与荷兰方面进行谈判，也不知道他已严重受伤，目前由装甲军指挥官施密特将军代为指挥。我作为一名经历丰富的老兵，既做过炮手也做过飞行员，在战斗最为紧要的时候出现通信中断，这种事对我来说并不陌生。因此我对联队指挥官的提前告诫，也许能成功避免第 2 轰炸机中队对城市进行轰炸。

这名联队指挥官对这次行动的报告如下：

当时我从普茨（Putzier）少将那里接到任务后，率领第54 轰炸机中队支援斯图登特将军在鹿特丹外围的部队，并消灭市内指定区域的荷兰军队。敌军正利用马斯河上的桥梁进行纵向射击，阻遏了斯图登特的部队向前推进。为此，我把轰炸目标的位置都标注在地图上。

在临近起飞的时候，我从空军司令部收到一条消息，称斯图登特已经呼吁鹿特丹守军投降，如果鹿特丹在我们进攻途中就宣布投降，我们必须更换攻击目标。在这种情况下，德军将在市外的马斯河中小岛上发射红色信号弹作为信号通知。为了顺利执行任务，联队被平均分为两支机群。因为城市上空的浓烟让可见度变得很低，而我们又必须不惜任何代价去攻击地图上标注的那些目标，所以尽管敌人有防空部队，我们还是选择在 2000 英尺的低空进行攻击。我负责领导右翼机群，因为没有看到马斯河中小岛上有任何红色信号通知，所以决定执行轰炸。

炸弹极其精准地落在目标区域。防空火力在第一波炸弹投放之后就几乎完全停止了。联队指挥官赫内（Höhne）负责领导左翼机群，他注意到了岛上的红色信号弹，于是改变航向去攻击第二目标。

当我向普茨将军电话报告空降行动的时候，他问我是否看到了马斯河中小岛上的红色信号弹。我报告称右翼机群什么也没看见，但是左翼机群看到了几个。然后我问他鹿特丹是否攻陷了。他说与斯图登特中将的通信再次被中断了，显然城市还没有攻陷，联队还需要立即起飞继续执行同样的任务。

联队第二次起飞，但在途中就收到无线电指示被召回，因为鹿特丹已经陷落。总而言之，我把这次任务定性为一次战术行动，也就是运用空军支援地面部队作战。

考虑到这次事件在国际上的重要影响，我认为从客观角度对它进行描述可能更合适，尽管它与我所设想的存在差异。在国际法方面，我想补充一点，根据我在鹿特丹对空降人员的个人询问，对于城市守军的轰炸并不违反《日内瓦公约》，这与炮火支援是一样的，都在战术容许范围内。炸弹准确命中了目标。后来出现的破坏主要是因为油料而引发的大火。而在战斗的间歇时间内，那场大火本来是可以得到有效控制的。

有意思的是，第 7 空降师在西线战役开始的时候尚未完成所有训练，因此只有部分空降部队可以参加战斗。最终参加空降作战行动的部队由 4500 名空降兵组成，其中 4000 人空降在荷兰，500 人驾驶滑翔机降落在埃本埃马尔要塞附近，其他部队则通过容克斯飞机和水上飞机到达。

5 月 13 日中午，第 8 航空大队被调至第 3 航空队（隶属于伦德施泰特的集团军群），以支援克莱斯特（Kleist）的装甲部队渡过马斯河。仍然留在第 2 航空队的部队主要是第 4 航空大队和第 2 高射炮军，它们还要负责向第 6 集团军和第 18 集团军的左翼部队在通过运河流域的艰苦战斗中提供增援，遏制法国坦克部队的进攻势头，并支援我军与英国远征军在鲁汶（Löwen）和阿拉斯（Arras）的战斗。这些行动严重消耗了我们的人员和装备，把我们的实力大幅降低到原来的三成至五成。各个编队都被调至靠近前线的机场，但这并没有大幅提升每日的飞行架次，因为人员和装备的损失折抵了这部分效果。

在比利时军队投降之后，出于对所有飞行编队的考虑，我希望英国远征军也能尽快步其后尘。因为装甲部队与空军之间的卓越配合效果，我相信凭借德军在战略上的优势及其机动部队的实力，要实现这一目标也就是数日之功。

尤为让我惊讶的是，我的司令部居然接到命令，要在没有陆军配合的情况下全歼剩余的英国远征军。这难道是对我最近一系列胜利的奖赏？空军总司令肯定已经充分注意到，最近三周内我的空军部队昼夜不停地执行任务，现在已是强弩之末，更何况这项任务即使交给生力军也难以完成。我明确地把这一观点报告给戈林，告诉他即使得到第 8 航空大队的增援也无法完成这一任务。耶顺内克中将告诉我他赞成我的观点，但是戈林不知何故已亲自向元首保证他的空军可以扫清英国军队。可以理解，希特勒的头脑中思考着太多的作战行动，所以同意了戈林这个不切实际的建议。戈林难辞其咎。我向戈林指出，现代化喷火战斗机已经出现，这将使我们的空战行动变得更加艰难，代价也会更大。最终也正是喷火战斗机保障了英法军队撤过海峡。

　　然而我的疑虑并没有改变这一任务部署。这种拒绝体现的是一种愚蠢的倔强，还是内心的软弱呢？我们那些损失惨重的编队得到了部分增援，大家竭尽全力地去完成任务，甚至凯勒中将也亲自带领他的联队参加了战斗。所有的编队都疲惫不堪，但每天出动的飞行架次比以往多得多。结果，喷火战斗机也开始不断加剧我们的损失。糟糕的天气使得飞行充满风险，甚至导致我们自己都无法坚持胜利的信念。海面上漂浮的残骸碎片、沙滩上散落的装备物资和来自返航战斗机、攻击机和轰炸机飞行员的第一手报告，都会让人对我们飞行员的尽心竭力以及对英国人的超常努力、聪明才智和勇敢无畏致以崇高的敬意。我们在1940年的时候并不知道逃出生天的英法联军总数能达到今天所说的30万人之众。我们当时认为能有10万人就算不错了。希特勒在做出决定的时候也许有其他的考虑，例如地形复杂或长途奔袭的坦克需要维修等，但是无论原因是什么，这个决定都是一个致命的错误，其使得英国有能力重组武装部队。

　　从1940年5月10日至6月4日，战争推到海峡沿岸只用了三个多星期，消灭了荷兰和比利时以及英国远征军，进展之快令人难以置信。我们在对陆军空前的支援行动中损失了近450架飞机，但在空中和地面上共摧毁了 3000 多架敌机，击沉击伤相当数量的敌方军舰，并击沉 50 余艘、击伤 100 余艘商船和小型船只。

西线战役第二阶段

战争进入了第二阶段。5 月 29 日，攻陷里尔前夕，元首在康布雷（Cambrai）机场控制室里召集右线各支部队的总司令，向他们传达下一步意图。首先，将军们对于过去数周的作战行动进行了简短总结，希特勒特意向全体官兵表达了他的谢意。他用词慎重而且严肃，提到了他很担心法国的主力部队可能会从侧面发起猛攻，因此要求我们对机械化部队迅速进行重整。他对当前形势的总结是冷静理智的，警告大家不要过于乐观，并非常细致地指明了时间和地点。我们最终怀着轻松的心情离开，感觉他对下一步作战行动已经做了仔细的思考并注意到了所有困难。根据我们对法国的作战经验以及我方战绩，我们并没有把这些困难太放在心上。值得注意的是，这次谈话中没有提到任何入侵英国的事。

随着敦刻尔克（Dunkirk）战役落下帷幕，一系列的重整计划开始在南方展开，在此期间空军司令部不断接到支援请求，而那些行动进一步消耗了我们的有生力量。我们最初的任务是为 B 集团军群在索姆河（Somme）和塞纳河（Seine）下游地区提供战术空中支援，并为部队调动提供掩护。冯·克莱斯特和古德里安的装甲部队从北方机动至海峡沿岸，再掉头向南和东南方向，驶向索姆河和埃纳河（Aisne）流域。任何一个能像我这样从空中和地面都观察到这一壮观场面的人，都会抑制不住地为德国陆军司令部的机动能力和德军的训练水平而感到骄傲。不过，能够在白天顺畅无阻地进行如此大规模的调动，则要完全归功于我们所掌控的空中优势。

在索姆河北岸的先头部队总部，我看到了第 4 集团军和霍特（Hoth）装甲集群在突进作战中摧枯拉朽的胜利，也目睹了第 16 和第 14 装甲军在亚眠（Amiens）和佩罗讷（Péronne）的艰苦战斗，然后它们将再次重整，编入伦德施泰特的 A 集团军群。同时，我们的飞行员集中攻击了公路和铁路上的法国部队，不断摧毁桥梁，极大加速了法军在战场上的溃败继而宣布投降。在这些高空或低空的战斗中，尽管我们的飞行员们都尽力只攻击军事单位，但仍有平民因为混入军队之中而被击中，这永远都是一个令人悲伤的回忆。

我们同时还承担着其他重要任务，即使是在恶劣的天气状况下也要升空。在占领海峡沿岸后，我们频繁出动，成功摧毁了在港口中聚集或沿着海岸线向南部署的英法舰船，沉重打击了英国在海上的运输线。在 1940 年 6 月 5 日之后的 20 天内，我们共击沉 2 艘轻型军舰和大约 30 万吨各型商船，重伤 4 艘军舰和 25 艘商船。在针对铁路运输线和火车站的攻击行动中也取得了类似的战果，例如在布列塔尼（Brittany）地区的雷恩（Rennes）及附近区域，一天之内就击毁了 30 列火车。在 1940 年 6 月 3 日一次大规模突袭巴黎空军基地的行动中，100 多架法国飞机被击落，并且三四倍于此的飞机则被摧毁在地面上。这一次行动充分展现了我们精心设计的战术方案——首先通过多次改变航向误导对方，然后低空接近，再分别展开高空、低空攻击和俯冲轰炸。

我们的作战行动速度之快，令人难以置信，直接导致了法军在极短时间内迅速崩溃。1940 年 6 月 22 日双方签署停战协定，战争在事实上结束了。当我听说某些部队开始遣散复员的时候，我对希特勒现在就结束战争的期待并非是毫无根据的，因为我知道他的行动依据既来自政治远见，也包括对英国人的一种私人情感，后一点是我个人注意到的，而且在以后表现得更加明显。我记得在 1943 年与希特勒的一次会晤中，当我评价到英国人的军事胜利时，他直直地看着我的眼睛，说道："当然，他们也是日耳曼民族。"

　　尽管我们对于投降协定喜出望外，但是也没有忘记审时度势。我们执行的方针路线是正确的，在波兰战役中吸取的经验教训也已经在实践中得以应用并成效显著。最后的胜利证明了战争计划是正确的，它在落实方面符合最初的设想。B 集团军群和第 2 航空队的密切配合已成为经典范例，同样经典的还有我们在重整和集结过程中的战术机动。空军在近、远程编队和高射炮部队的组织结构方面也已证明是非常正确的。集中优势空中力量进攻一点是我们取得胜利的关键，即使在艰苦的条件下也是如此。

第十章

转折前夕

o - ◄ -
（1940 年夏）

准备进攻英国；凯塞林亲自侦察海峡沿岸；晋升元帅。

有句古老的谚语说道："胜利之后也要快马加鞭。"而希特勒一直在违反这条金科玉律。令我们军人感到不可思议的是，即使他确信存在外交谈判的可能性，他也会在战争结局明了之前就先行裁减部分军队。尽管据推测，希特勒在当时无论如何都不愿意与英国交战，也没有打算把战火烧向东方，但是他和所有人一样肯定都知道，只有拥有了强大且随时能战斗的军队作为后盾，才是进行外交谈判的最佳时机。但即使空军齐装满员，也还达不到这个条件。更何况直到 1941 年 10 月初，飞机、高射炮及其弹药的生产才达到最大产能，而在之前的战斗过程中就已经显示出空军对于全局具有重要作用但其补充部队却严重不足。众所周知，飞机生产无法一蹴而就，因此要提高战斗力或研发新型号，其前期准备工作开始得越早越好。最后，我们这些前线指挥官也猜不透希特勒要如何与英国人达成协议，就这样日复一日又周复一周地等待，却一无所得。我们唯一可做的事情就是让部队在日趋紧张的海上空战氛围内尽可能地得到休整。

当我转而开始密切关注战事的时候，我从第 9 航空大队那里得知了很多事情。他们的任务几乎就局限于这个战场范围之内。我和他们优秀的指挥官寇勒尔中将进行了会谈，并走访了他的编队，发现这位老水手非常了解飞行并且富有想象力，他已经参加到这场游戏之中。布在海里的大网已经张开。这个大队里的重型编队，除了监控整个英国东部沿岸的交通运输外，还负责在航线和港口出入口布设水雷，通过高空轰炸和鱼雷袭击等方式攻击盟军舰船。我们的鱼雷轰炸机都是与海军同时行动。这也可以理解，因为海军航空兵虽然隶属于海军，但它们从不归海军指挥。不管怎么说，我们空军司令部一直受制于一个事实，即我们从没有研发出一种适合空军战机特点的鱼雷。我们的确曾于 1940 年提出要求生产适合高速机动飞机使用的鱼雷，可以在高速飞行中进行投放，但是我们似乎应该给海军施加更多的压力。不过，我们要向鱼雷机飞行员表达崇高的敬意，他们以大无畏的精神驾驶着老旧的"铁盒子"——我说的也包括 He-111——冒着防空炮火的枪林弹雨低空突入，投放鱼雷，掉头离开，让战舰只能望空兴叹。

水雷给我们带来的帮助更大，这也是海军的作品。每一种武器迟早会被找到应对办法，我们布设的水雷也不例外。虽然敌人发展反制措施在意料之中，但我们可以不断研制新的型号，一旦他们找到了应对某种水雷的办法，我们就生产另外一种。这些水雷让许多舰船葬身海底，并一直封锁海峡直至战争完全结束。[①] 基于这一原则，我们从磁性水雷到感音水雷都轮番使用了个遍。

尽管在政治上有所进展，空军司令部还是批准在比利时和荷兰组建航空管制区指挥部。同时，空中侦察和监视部队得到了扩编，更加严密的通信网络也在组建之中。一旦这些前线管制区指挥部完全组建起来，我们感到就更有希望应对未来注定来临的对英国的大规模空袭。

这项工作的真正意义直到 7 月中旬才展现出来，当时我们接到命令，开始做好对英国的空战准备。因为海峡沿岸生长的庄稼影响精确观察的效果，为了让轻型编队更好地执行任务，我亲自升空进行侦察。管制区指挥部及其下辖的劳工营已经在 8 月初确保每个机场都可以正常使用，弹药和油料储备也足以供应大规模进攻之用。虽然高射炮部队和空军通信部队仍然需要时间才能就位，但是各中队正好利用这段时间适应自己的机场，等待第一波进攻的开始。

当我们在匆忙紧张地完善计划的时候，武装侦察机已经开始执行战斗任务，在最近的港口和海峡之内攻击英国的船只。这项任务的成功实施主要由第 8 和第 9 航空大队以及芬克（Fink）上校带领的第 2 轰炸机联队负责，并得到了奥斯特坎普所辖战斗机和攻击机的大力支援。在这段时期内，我们能做的只有破坏来往英国的海上运输线。但更重要的意义是，这些轰炸行动可以看作对未来行动的一种练习，并有助于我们完善空海战争的作战理论。

英国的军工厂经常受到我们空袭，尤其是位于雷丁镇（Reading）

---

① 据第 9 航空大队报告称，截至 7 月 31 日，共击沉 95 万吨各型舰船。——原注

的维克斯—阿姆斯特朗（Vickers Armstrong）飞机制造厂。但是我们与英国人空袭汉诺威（Hanover）、多特蒙德（Dortmund）等德国城市不同的是，我们并不空袭英国城市。敌方的威灵顿轰炸机在进入占领区上空时遭受了严重损失，导致它们被停用了一段时间，而英国战斗机则一直没有走出低迷。

1940年7月19日我来到国会大厦（Reichstag）。希特勒在国会大厦的演讲使我们放下心来。他说了很多事情，包括把我晋升为元帅。我们认为他的和平建议是认真的，并在思考英国接受的可能性有多大。当时我并不知道许多陆军军官并不认同空军元帅可以与陆军元帅相媲美的观点。直到今天我仍然坚信，如果希特勒在西线战役结束之后不曾思考过和平的可能性，我们是不可能被晋升为元帅的。

我既是陆军军官也是空军军官，在战争后期同时掌握空军和陆军集团军群的指挥权，因此我认为我有资格点评一下两个军种各级指挥官的任务完成情况。如果以战果作为评价标准，毫无疑问空军在战略和战术两个方面都在陆军作战行动中充当了重要的角色。海军战略是空军战略的榜样。在这两个军种中技术问题都显得比陆军更突出。无疑，空中作战需要深厚的知识和详细的计划，尽管领域不一样，但是绝不比陆军所需要的简单。同样无须质疑的是，空军如果参与陆军作战行动或者参加海上战斗，必须对所有军种的基础知识都要有充分的掌握和理解。

战果会显示出一名军官是否有资格晋升元帅，没有人会询问他的出身，也不会考虑他来自陆军还是空军。但是我想对所有空军元帅们提一条建议：不要只是在一个方面擅长，而是要学会结合三军的特点进行思考和领导。

第十一章

"海狮"行动与不列颠之战

··········◄·····················

　　登陆英国的可能性；昏庸的计划；德国空军的部分实力；

对方空军的实力；第一阶段，1940 年 8 月—9 月；丘吉尔与"海

狮"计划；第二阶段，1940 年 9 月—1941 年 6 月；空袭伦敦；

空袭工业目标；执行轰炸任务的原则；德国空军在进攻苏联前

的权宜之计。

"海狮"（Sea-lion）行动的目标是登陆英国，但是在前期准备工作
中也体现出我们对实施这场战争缺乏计划性。无论在政治上还是军事上
都没有做好对英国开战的周密准备。即使在 1939 年秋季已经决定发动
西线攻势的时候，也有确凿证据显示我们从未考虑过准备登陆英国。我
们想当然地认为德国国防军最高统帅部（O.K.W①）和希特勒是极度缺乏

---

① 英译版注释将 Qberkowmando der Wehrmacht（O.K.W.）解释为德国国防军总参谋部，
我国习惯译为德国国防军最高统帅部。——译者注

远见的，或者当时希特勒还没有预想到对西线强国的闪电战胜利。但即使如此，完全没有登陆英国的念头对于每个军人来说都是不可思议的。希特勒在每次战争之前都会非常谨慎仔细地检查备战情况，并就此预测可能的结果。所有了解这一点的人都能从他在面对英国时的犹豫中得出结论，希特勒希望避免与之发生大规模冲突。在我看来，他一直抱有希望，期待英国能够伸出手来，建议和平共处。但同样地，忽视加强战备永远是一个严重的错误。此外，希特勒和德军总参谋部一直在谋划大陆战场却畏于跨海战争，这个观点可以从海军上将雷德尔（Raeder）那里得到证实。如果陆军不愿意对英国采取行动，海军是选择断然拒绝的态度。然而，我们空军的将军们，包括帝国元帅，却是在积极思考这个问题。我们空军官兵经常因乐观主义而备受批评，但这种更加积极的态度——注意我用的是比较级——却是符合我们的一贯精神。

不入虎穴，焉得虎子！迄今为止的战争走向肯定直接决定着最后的结局。三场战争的胜利已经证明了德国国防军的强大实力。英国远征军在战场上已经被一扫而光。要想重整旗鼓至少需要数月光景。英国皇家空军也遭受重创，它们的战斗机在9月6日那天几乎被消灭殆尽，同时被摧毁的还有许多机场，包括那些地势绝佳的也不例外。英国没有对地支援轰炸机，而"威灵顿"等中型轰炸机则在多次出动之后遭受了重大损失。总之，他们现在能用的轰炸机部队单靠高射炮部队就可以防御住，并将迟早成为德国战斗机的囊中之物，我们对此已经期待很久。对付英国的战斗机部队，只需要合适的战术就可以把它们驱逐、重创或摧毁。此外我们还有空降部队可以通过运输机牵引滑翔机的方式实施空降作战，向对方雷达站采取攻击、爆破或其他方式瘫痪其功能，从而使其在本土防空中无法为战斗提供引导。从传统意义上讲，英军是无法获得制空权的。很简单，因为他们没有足够的空中打击力量来抵抗我们的进攻机群。如果我们可以投入行动的话，他们的一切都将被摧毁。

空军无法单独应付英国本土舰队。要完成这一任务，需要海陆空三军投入全部兵力才能实现。我们需要特别重视对水雷和重型岸炮部队的运用。英国离岸海域已被密集布设水雷，而且在短时间内无法清理干净，海峡内能够被英国本土舰队用于机动的水域范围受到了极大的限制。在当时我并不理解我们海军对于海岸炮兵部队的态度，并随着我在地中海战斗经验的积累变得越来越不理解。的确我们必须要压制住敌方的海岸炮兵，通过跨海峡炮击或空袭，甚至使用烟幕，都可以起到良好的效果。但是想在发起攻击的时候，在攻击线路及其附近区域内英国所有海岸炮兵都一声不响，实在太不现实。

这种想法让我想起了我在 1942 年与意大利最高统帅部（Comando Supremo）的一次会晤，当时意大利海军也提出，要在马耳他岛（Malta）开展登陆行动，首先要以摧毁海岸炮兵为前提。我回答说这可能难以实现，然后继续说我曾见过很多次攻击，敌人的炮火并没有被完全压制，但已不会影响行动取得胜利。即使我方一两艘船被击沉——这并不意味着船员都会牺牲——也是可以接受的损失，我们为的是获取一场能够决定战争走向的胜利，进而夺取整个战争。

另外，我对我们的西贝尔渡轮（Siebel ferry）也抱有很大的信心。我个人曾乘坐过这种渡轮，而且它们部署的数量之大足以轻松集结起大量部队。在 1940 年的时候，我还没有参加未来那几次经典战例——例如在图卜鲁格（Tobruch），单用 8.8 厘米火炮就重创了 4 艘英国驱逐舰中的 2 艘，再如在安齐奥—内图诺（Anzio-Nettuno），拥有厚重装甲的战舰也被相对弱小的海岸炮兵轻易驱离——但是我已十分确定，如果我们大量使用装配三门 8.8 厘米高射炮和轻型火炮的西贝尔渡轮，就能极大增强我们的防空体系并且保护我们布设的雷区不被扫雷舰清除。它们也可以在海峡之中保护航道，抵抗英国轻型军舰的攻击。我清楚海军并不喜欢这些最初并非基于单纯海军用途而设计出来的船只，但是这并不妨碍它们可以作为优秀的交通工具帮助我们运输部队渡过英吉利海峡，其中就包括这种由天才工程师西贝尔（Siebel）设计的渡轮和我们的工兵突击艇。它们在很多战场上证明了自身的价值，例如在墨西拿海峡（Strait of Messina）、在西西里岛（Sicily）与突尼斯城（Tunis）之间的海峡等。

关于"海狮"行动中最引人注意的一点是，德军在荷兰空降行动中所收获的经验完全被无视，从而被设计成一次没有空降部队支援的行动。如果计划合理，空降部队和滑翔机部队本来可以瘫痪海岸进攻前线上的防空系统和雷达基地，还有可能夺取可以空投 1～2 个空降师机场。

如果我们能像在荷兰和比利时所做的那样，对艾塞克斯（Essex）、肯特（Kent）和萨塞克斯（Sussex）进行大范围牵制性轰炸，将有可能迷惑英国统帅部、防御部队和普通民众，这样也会极大地改善战争全局。但无论如何有一个前提条件必须要达成，这个条件并不是要如何降低英国的军工产能，而是我们要比以前下定更大的决心。

我不仅向戈林详细说明过我的观点，还向第 9 集团军总指挥官布施（Busch）将军和其他精明能干的海军指挥官们也说过。但是核心目标还不明确。在备战的几周内，我越发肯定这场行动不会启动。与我们前几次战争的备战过程不同的是，这一次在空军内部没有开过一次会议，没有与大队长和其他指挥官们一起讨论过具体的细节，更不用说与最高统帅部或希特勒本人了。我在作战总部与戈林或其他受命负责"海狮"行动的陆海军指挥官讨论海峡局势，也只是非正式会谈，并不具有任何约束性。甚至我对当前针对英国的空袭行动与以后的登陆计划是否有关还是一头雾水，各空军指挥官们也没有收到任何命令。关于我的航空队应该取得什么样的战术结果或者做什么准备与陆海军进行配合，都没有任何明确的指示。这一点尤其让我沮丧，因为根据我在 1940 年 8 月 6 日得到的口头指示，我大体猜到两日后进行的空中打击将是"海狮"行动的前奏。但是战斗才刚开始几天后，它的进展方向就与那些指示开始背道而驰，并且一点都不符合一场登陆作战应有的样子。此外，每位指挥官有自知之明，根据我们当时的装备情况，一场持续 5 个星期的空战（1940 年 8 月 8 日—9 月 15 日），即使是在最有利的条件下，也必然不可避免地出现对于执行登陆行动来说是不可容忍的损耗。情况之所以愈演愈烈，是因为没有明确对人员轮换和物资的补充是否很快可以安排，或者编队是否能在几个月内都保持巅峰状态。

要实施一场登陆行动，必然需要首先通过猛烈的打击摧毁岛上的防御体系，然后由齐装满员的空军进行突然袭击。然而，就这一点来说，当时禁止我们空袭伦敦附近的空军基地，这种错误导致了我们从一开始就没有巩固住制空权。另一个问题是，我们是否需要在那段特殊时期内重点压制英国靠近欧洲大陆最近的几个港口。即使我最开始不乐于接受启动不列颠之战的行动命令，我与帝国元帅之间的多次会谈也提升了我对顺利实施"海狮"行动的信心。我很难想象之前为了打击错误目标而被消耗的那些空军编队，居然没给我们带来丝毫收益。然而，要想理解"海狮"行动的前因后果，只能假设最高统帅部对登陆行动的想法始终不以为意，只是作为心理安慰剂，因为在政治上或军事上还存在很多疑问，导致他们无法下定决心。我不得不同意英国军事历史学家富勒的观点，他写道，"海狮"行动一直处于酝酿中，却从未实际谋划。

对英国的空战也受累于"海狮"计划的不靠谱。每个有见识的人，包括希特勒，都能看出，单靠空军无法让英国屈服。因此，德国空军没有完成这个不可能完成的任务，并不值得大书特书。同样对于我们空军指挥官来说，尽管我们可能暂时取得了一些空中优势，但是如果我们不占领全岛，我们是不可能保持住这种空中优势的。原因很简单，英国有大量空军基地、战斗机或发动机工厂在我们轰炸机的航程之外。同样的道理，我们也只能攻击到他们少量的港口。战斗机的航程限制增加了我们的困难。因此，我们并不怎么喜欢听到"海狮"行动被淘汰或被推迟的消息，而这样的谣言在 9 月初的时候就已经出现了。我们的反感无可厚非，因为所有人都明白，在当前严峻的形势下，此后对英作战的全部压力都将落在空军身上。

毫无疑问，对岛内外目标开展经济战是空战战略的一个重要组成部分。如果精心策划目标设定，是可以取得令人满意的结果。但它从一开始就是作为一个被淘汰的行动的替代方案，并且这个行动涉及面极其广泛而三军却都没有专门为此准备，因此它就成了一个糟糕的权宜之计，漏洞百出。

　　第 2 空军司令部和第 3 空军司令部现在都接受了一项他们可能永远无法有效完成的任务。他们既没有足够数量的飞机，也没有航程够远的飞机。正如 1939 年我们在准备尚不充分的状态下参加了针对波兰的战役，现在我们也正在装备不齐的情况下开始一场广泛的经济战争。可以肯定的是，我们确实让英国人在岛上的生活变得更加艰难，但是我们无法切断英国的经济命脉。

　　最初计划发动"海狮"行动的日期是 1940 年 9 月 15 日，当时的德军实力被英国的作家们大大夸张了。例如丘吉尔就声称德国有 1700 架战斗机。这个数字是不准确的，可以从年度产量统计方面进行核对。1939 年生产[①] 的大约 450 架战斗机已经在 1940 年 8 月报废，同样在 1940 年生产的总共 1700 架战斗机中，有大约 600 架已经在荷兰、比利时和法国等早期战斗中因坠毁或下落不明而报废，另外大约 400 架截至 8 月尚未交付。因此我们能形成战斗力的战斗机数量最多为 1700 － 1000=700（架）飞机。如果我们再把 9 月以来组建的两个 Me-110 驱逐机联队（共 200 架飞机）计算进来，我们所拥有的全部战斗机类型的飞机数量总共达到了 900 架，而非丘吉尔所说的 1700 架。

　　根据政治和军事因素的不同考虑，1940—1941 年针对英国的空战可以分为两个阶段。

　　第一阶段从 1940 年 8 月 8 日持续到 9 月 6 日，包括为计划于 9 月中旬发起登陆行动而进行的空战准备阶段，换句话说，也就是摧毁英国

[①]　这些数据摘自鲍姆巴赫（Baumbach）的著作《为时已晚》（*Zu Spät*）。普勒茨（Ploetz）在其《第二次世界大战史》（*History of the Second World War*）（比勒费尔德出版社，1951 年）中称第 2 空军司令部和第 3 空军司令部的全部实力为 1361 架轰炸机和 1308 架战斗机。很可能后面的这个数字包括了上文中提到的未被交付的 400 架战斗机。——原注

的防空体系，同时持续攻击商船，扼杀补给线，瘫痪空军装备生产。具体措施包括使用强大的战斗机编队进行空中突防，不定期运用战斗机或低空攻击的方式袭击英国东南沿岸的空军基地，以及派出由不同类型轰炸机联合组成的空袭编队在战斗机护航下轰炸机场或工厂，等等。对于攻击英国东部和南部海上补给线的任务，一直由俯冲轰炸机和战斗轰炸机执行，同时也会对接卸港口开展骚扰空袭来破坏接卸作业。但是我们禁止实施对平民的恐怖袭击。

在最初几次交火后，英国战斗机在占据优势的德国空军面前损失惨重，从此退避三舍，并且英国部分地面设施也后迁至我方战斗机的最大航程之外。我们还曾利用小规模轰炸机编队诱使英国战斗机再次升空，但后来连这种战斗的机会也变成一种奢求，因为对方已严令禁止参加任何战斗，这让我们无计可施。我们所面临的困难并不是击落敌方战斗机，而是找出敌人来战斗，在加兰德（Galland）、默尔德斯（Mölders）、奥梭（Oesau）、巴尔塔扎（Balthasar）等编队中，我们拥有很多王牌飞行员，被他们击落的战机数量不胜枚举，都已转化为他们功勋的证明。

双方的飞机被击伤或击落有着不同的结果。在不列颠岛上空跳伞或迫降的英国飞行员将会落在他们本国的土地上，从而得到护理疗伤并可再配备新的飞机，他们迟早能重返战斗。而一架德国战斗机如果降落在敌国境内，则相当于彻底损毁了。一名德国飞行员在飞机被击中后，还有可能落入海中，但这也往往意味着死亡。虽然我们的空海搜救队会立即采取救援行动，而且我们还有空海救援浮标发挥着作用，但这仍然难以避免人员损失。因为这两种安全措施虽然有红十字会的标志并且受国际法保护，但是却不受英国的承认。[1] 在这里值得说明的是，无论是在英吉利海峡还是在地中海，我们都会理所当然地派遣我们的空海搜救队去救助英国飞行员。

尽管英国人采取了规避的策略，我们的战斗机仍然取得了引人瞩目的战绩，但也付出了巨大的代价。英国方面除了在最初交战中损失的大约 700 架飓风战斗机和喷火战斗机外，又损失了约 300 架飞机，而同期德国方面损失的战斗机、轰炸机和侦察机总数也达到了接近 800 架之多。我们出现如此高的损失数量，原因便如上文所述。对利物浦（Liverpool）、伯明翰（Birmingham）、考文垂（Coventry）、泰晤士港（Thameshaven）、赫尔（Hull）等地的飞机制造厂，以及查塔姆（Chatham）、纽卡斯尔（Newcastle）、希尔内斯（Sheerness）等港口进行的航空拍照显示，空袭收到了令人满意的效果。至于俯冲轰炸机和战斗轰炸机针对运输船只的作战行动，我可以时常从我的作战总指挥部中观察到，它们也取得了辉煌的战绩，尽管受限于单座飞机的有效航程，但也远超前几个月的成果。对于空中布雷行动的胜利次数统计，各方结果不一致，但英国人认为数量非常之大，这也与我从第 9 大队收到的定期报告内容一致。

尽管我们在 9 月初的一段时期内曾在局部地区取得了空中优势，但

---

[1] 丘吉尔曾这样阐述过英国的观点："德国的运输机虽然带有红十字标志，但它们在 7 月和 8 月海峡上空的空战中，一直成群结队地出现。我们并不认可敌方这种搜救被击落飞行员的方式，为了避免他们再次返回并轰炸我们的平民，我们可以在可能的情况下自己搜救他们，并把他们关为战俘。但对于所有德国的救护飞机，英国战时内阁严令战斗机必须将它们迫降或击落。"
关于这条命令的正义性和可信性，可能存在正反两种观点。但如果有人像我一样目睹过英国飓风飞机无视国际法而疯狂攻击德国救护飞机或落入水中的人员，那么可能就只剩下一种看法了。——原注

是当我们开始空袭伦敦地区后，就无法再将优势继续保持了。不过可以肯定的是，我们在不列颠岛之外的地区仍然能像平时一样自由行动，这也显示出英国轰炸机组人员的严重不足。他们作为抵抗登陆行动的防御力量显得过于弱小，并且威灵顿轰炸机的战斗力实在太差，而德国的防空部队又过于强大且经验丰富。

作为"海狮"计划的前期工作，我们空袭英国的第一阶段计划显得有些考虑不周。德英两国的作者们都说，德国空军在第一轮战斗中就失败了，或者因没能取得空中优势而最终导致登陆行动被迫取消。这种批评言论其实是错误的。让我来简要说明一下。绝对意义上的空中优势，指的就是制空权，只有双方空军通过进行实力较量才能决出胜负，而这在事实上并没有发生。英国皇家空军自身采取的战术实在称不上是实力或优势的体现，他们的飞行员在一定程度上更像是专业守门员。

我们在第一轮空中战斗的结果绝对是大获全胜。在最初，敌方被击落了大量飞机，而我们的损失完全在可承受范围内。对方的防御体系残破不全，初始的战斗也充分体现了我们在战术上的优势。直至在后一阶段的战斗中，双方才算是打成了平手。

对军工厂、港口、补给站和军营的空袭是符合登陆行动想法的。而且也取得了显著的心理威慑效果，并在实际中打击了敌方的经济。

德国空军部队有能力在一场登陆行动中出色完成任务，但其条件是登陆行动的策划者们能够采取必要措施来取得真正的空中优势，不要开展任何部队遣散工作，保证整个空军在战争爆发之时都能够齐装满员。我们需要这些条件都能够得到完美落实。

英国人的战略就是动用所有的技术知识和新型装备，单纯地固守本岛。他们曾派出少量轰炸机对法国沿岸地区进行过几次夜间空袭，但这无关大局，反而暴露出他们的轰炸机部队在真正应对登陆行动时很可能难当重任。英国对德占区空军基地的空袭就像是挠痒痒，但他们对德国城市和平民的恐怖袭击则是一个更为严重的问题。

这场争夺天空的战斗在一开始就翻开了空军战略的新篇章，值得每一位空军指挥官用最认真的态度加以重视。我本人被禁止直接参加针对英国的空中战斗，所以我一直在尽力履行我作为指挥官的职责。我会在空袭机群飞离海峡沿岸时跟着它们，这有时会妨碍到作战行动。然后我会与返航的官兵们一起讨论，反复推算空中可能出现的各种变化。我迫切希望能够与这些小伙子们的看法达成一致，并据此下达新的命令。但是我察觉到，我的这个习惯有时会招人厌烦，因为编队时常从北方或南方我的监管区域以外的机场起飞。即便如此，我仍相信通过我的监管有效减少了损失情况。因为当我发现某支编队不够严整，我会发出无线电信号命令他们返回基地。很显然，无论是此时还是整个第二阶段，他们的眼中钉已不是敌人，而是我这个指挥官。

*　　*　　*

根据丘吉尔的演讲《最光辉的时刻》（*Their Finest Hour*），英国不得不做好应对登陆行动的准备，因为据说德国肯定会冒险发动。然而，这个行动最终因为"德国未能统治天空"而被取消。丘吉尔认为这个行动的主要反对力量来自德国海军，因为它们曾敏锐地意识到这个作战行动的难度。"……按计划本应达成的作战条件是获得海峡上空的绝对空中优势,但这并未实现。"我同意他的观点。雷德尔成功地将所有反对意见都详细报告给了希特勒,意图推迟这次冒险行动,甚至是彻底取消。显然,他做到了。总之,似乎一切都是空军的错。然而我本人能够从我位于格里内角(Cape Gris Nez)的指挥所中连续几天对整个海峡进行观察。我没有看出任何敌方获取空中优势或对方海军持续威胁海峡的迹象,这一点也可以从我的飞行员们那里得到证实(还有个例子可以表明,此后英国飞机曾在西西里岛和突尼斯城之间的水域袭击过我们的渡轮、驳船等小型运输队,但由于我们强大的防空火力而无功折返)。

如果希特勒真的想实施这个计划,他就该像丘吉尔那样用心处理好每一个细节问题(在登陆挪威时希特勒就是这么做的,并且从这一方面上看,他们两人的性格有些类似),并将他的意志施加于三军。如果那样的话,就不会有这么多模棱两可的命令让各级指挥官们争论不休,左右为难。

对于英国政府充满激情地提振全岛防御潜力的行为,仅值得我给予口头表扬。我的观点立场来自我对登陆计划的亲身经历,如下文所述。防御工事和其他障碍物的军事价值是无可争议的,但是不能过于滥用,特别是在无法长期有人驻守的时候,反而会产生不利后果,因为它们有可能会成为敌人先头部队如坦克、巡逻队或空降兵的依托点。虽然我赞赏英国人民展现出来的高昂士气和奉献精神,但我无法相信像英国国土警卫队这样的组织能有多少战斗力,尤其是他们的武器装备还十分落后。即使是他们的正规军坚守阵地,也摆脱不了成为炮灰的命运,就像德军在1944—1945年的遭遇一样。德国人民冲锋队(Volksturm)的名号吹得很响,但即使他们的装备好于英国国土警卫队,最终也一败涂地。这样的部队去参加战斗难免伤亡，因此对它们的使用要非常慎重。我军发现最好的办法是征召退伍老兵补充进前线部队中。虽然英国国土警卫队的斗志昂扬，但也实在无法让人高估他们的防守实力。

在整个这段时期，英国人无力组织起 15 ～ 16 个精锐师投入英国南部战场，以应对一场运动战。而且在面对一支百战之师时，战斗经验的重要地位是无可取代的，其后备部队的调动也会受到空降打击或空中袭击而变得延迟甚至停滞，进而遭受重大挫折和损失。因此我坚持与丘吉尔相反的观点，至少截至 8 月中旬，如果经过充分准备，进攻是肯定能取胜的。而此后能否获胜，则更依赖于空军战斗和空降作战是否顺利。

当然，我们面对的最大威胁还是英国本土舰队，这需要集中德国海空军所有力量才有可能应对。但这很难实现，因为德国海军的态度一直犹豫不决。不过，这个硬骨头还是可以通过周密计划和严格落实啃下来的。我们可以采用很多办法，如在海港出入口利用飞机和舰船密集布雷，大规模派出潜艇，使用海岸炮兵和烟幕配合驱逐舰、鱼雷艇和西贝尔渡轮等，都可以战胜这个实力强大的对手。在这些行动中，海军和海岸炮兵的作用大约占六成，空军占四成。

我连续观察英国空军的行动达几个月之久，对此我可以总结一下我对局势的看法，并且这些见解直至 9 月也仍然适用：

1. 在荷兰、比利时和法国北部，制空权毫无疑问仍在我们手中；

2. 英国空军的日间轰炸因为损失惨重已被叫停；

3. 他们的夜间轰炸最初是针对海岸附近兵力薄弱的目标，后来开始针对机场，但都效果不佳；

4. 尽管我们为配合"海狮"行动而构建的高射炮防御体系尚未完

工,但英国针对海峡沿岸各大港口的空袭并没有造成严重的损失,这一点在德国海军的报告中也是如此;

5. 英国针对德国城市的夜间空袭越来越频繁,但并没有造成大的物质损失,也没有带来什么恐慌。

如果登陆计划能够得以实施,只凭英国皇家空军当时的状况,是无法遂行它所承担的多样化任务的,包括空中侦察、反击空降和登陆部队、摧毁补给线、阻止德国护航舰队进入法国港口,以及为英国驱逐舰提供战斗机护航等。明眼人一下就能看出,上述任务已远远超出英国皇家空军的能力范围,更何况他们还要攻击有重兵把守的德国机场、海峡港口或海峡水域,打击空降部队,并且守卫本土、保护海上运输线等。这注定会为我们的战斗机、驱逐机和高射炮部队增添更多的战绩。至于轰炸机,我实在想不出这些英国近距离支援部队在规模和性能都有限的情况下,能带来多大的破坏,尤其是我们的空军和海军以及港口高射炮部队共同构成了密不透风的防守体系。重型轰炸机的威胁则有所不同,迄今为止它们已多次攻击过德国腹地的目标,但即便如此,我们的高射炮和夜间战斗机部队也有能力把他们的行动约束在入侵区域内,损失也能控制在可承受范围内。

总之,这项任务可能会很困难,甚至无比艰难,但并非毫无希望。任何事业都存在风险,都需要经过周密计划、坚决执行和一些乐观主义精神。丘吉尔站在防守的角度已经充分达成了这些条件。但我想说,德国指挥官们也是如此。

*   *   *

对英空战的第二阶段是从 1940 年 9 月 6 日—1941 年 6 月，也是登陆计划的终结阶段。我们的主要任务现在变成了遏制英国国内生产和补给进口，根本目的是延缓其装备生产，并开启全面的经济战。同时进行的还有"报复性空袭"。

从我们任务性质的转变中，人们可以看到一些端倪，即"海狮"行动已被宣判死刑，随之而去的还有被我们错过的有利战机。登陆行动从 9 月中旬开始被无限期推迟，直至 1941 年春也没有任何起色。

当希特勒下令对伦敦进行报复性空袭的时候，新的作战理念显然与登陆计划相冲突，因为轰炸的目标是从经济战的角度进行选取的。

我们所采取的空袭策略、机群实力配比和目标选取，都会根据天气状况、敌人防御实力和我方训练与装备情况进行调整。而德国空军司令部则做出了相反的决定，这虽非无稽之谈，但我们的力量没有得到集中，取得的效果也很不明显。我个人信奉"集中优势兵力"的理念，因此对于这些命令头疼不已。改变目标的做法迄今备受争议，但在 1940 年秋至 1941 年春的大环境下，我们也只能被迫接受。除了个别情况，我们都不得不执行上级强派下来的、不容改变的武断命令。很显然，我们应当根据目标的重要性进行选取，通过连续攻击把它们夷为平地，再密切观察是否有重建迹象，然后袭击工人、摧毁工地。但如果首要目的是经济战的话，那么可采用的办法就相当有限了。我们需要部署四引擎轰炸机，因为它们具有航程远、爬升能力强、速度快、载重大和火力强等特点，而且我们没有远程战斗机可以为深入敌方腹地的轰炸机编队护航。最后，我们最终还是得看天行动，但在这几个月中多变的天气就成了很大的问题，例如我们对某个目标进行有效攻击之后，会因为持续的大雾、下雨或阴天而无法实施后续攻击。如果能再次实施一次突然袭击，往往只需付出微小代价便能获得最佳成效。但如果英国能够快速做出反应，迅速部署战斗机、防空火力等防御力量，或在目标上空和攻击线路上提前集结战斗机群，那么我方损失很快就会超出可承受范围。此时为了避免因敌人察觉我们的意图而致德国空军于死地，我们将不得不改变我们的目标、时机或攻击手段。

在第一次针对伦敦的军事设施实施大规模空袭时，戈林也到现场进行了观摩。随后我们又接连进行了几次小规模空袭和夜间空袭，都取得了决定性的胜利。戈林从他的作战总部中直接看到了这些行动，他对从天而降的空降部队和最后的空袭效果尤为赞叹。然后他亲自添油加醋地向全国人民大肆吹嘘了一番，这种炫耀对我个人及军人身份来说都是件无聊的事。

为了实现我们的目的，除了全身心的投入外，我们还需要一点运气。在鸡蛋孵出之前就数小鸡是错误的。例如在第二天我们就迎来了非常糟糕的天气，天就像没亮一样，严重影响了我们的作战行动，削弱了空袭效果。我们对伦敦的空袭贯穿整个 9 月，几乎每天都会出动不同类型的编队进行日间或夜间轰炸。这次和之后的空袭目标主要是大型军工厂，其次作为备选目标的有港口设施和各类装备工厂，都取得了大大小小的胜利。主要的目标城市除了伦敦这个战略、交通和贸易中心外，还包括南安普敦（Southampton）、朴次茅斯（Portsmouth）、利物浦、伯明翰、德比（Derby）、查塔姆等地区。空袭主要局限于英国南部地区，因为行动必须要有战斗机护航，但 Me-109 战斗机的航程非常有限。而使用 Me-110 双发驱逐机进行护航或单独使用轰炸机执行轰炸任务的提议又被否决。Me-110 速度太慢，并且机动性也很差，甚至它们本身也需要战斗机护航。在当时和之后，战斗机护航行动遇到了很多特殊的困难。浓密云层使得密集编队飞行变得非常困难，甚至都无法保持队形，而对此我们还没有相应的辅助仪器。在视线受阻的情况下，护航的战斗机群往往因为力有不逮而使轰炸机编队暴露在危险之中。与我们相反的是，天气状况不会给英国战斗机带来太多麻烦。因此在云层中我们采取的最好办法是把两三个能够协同战斗的飞行员编成小组飞行。

我们与第 3 空军司令部协商相互配合行动：对于不同的目标，我们可以同时攻击或交错攻击；对于共同的目标，我们则可以全天持续不断地进行攻击。我们的编队还包括携带炸弹的战斗机和驱逐机，这更让英国防空部队一时分不清状况。

同时，英国对德国平民的恐怖袭击也变得更加频繁，但无论在物质上还是心理上都没有产生太大的影响。空军中将卡姆胡伯领导的夜间战斗机部队在敌机进攻路线上不断进行袭扰，并逐渐跻身成为德国纵深防御体系中不可或缺的一环。

墨索里尼（Mussolini）提出也要参加对英国的战斗，并派遣了一支航空大队过来。我们对此表示欢迎，但心中也存在疑虑。德意两军合作的一大亮点，就是空军之间亲密的战斗友谊。虽然对意大利空军的情况没有定论，但我仍确信意大利的飞机不足以对抗英国的现代化战斗机，甚至连飓风战斗机都赢不了。意大利轰炸机不适合白天行动，但随后在执行夜间轰炸任务时，又发现他们在仪表飞行方面的训练十分

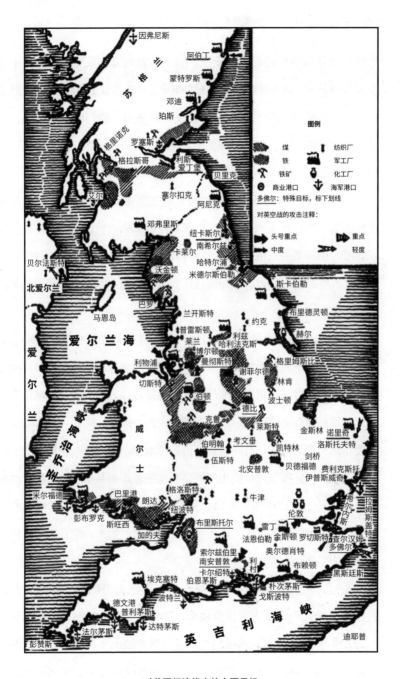

因弗尼斯

阿伯丁

蒙特罗斯

邓迪

珀斯

苏格兰

格里诺克
罗塞斯
格拉斯哥
利斯
艾尔
爱丁堡
贝里克

塞尔扣克
阿尼克
邓弗里斯
纽卡斯尔
南希尔兹
卡莱尔
哈特尔浦
沃金顿
米德尔斯伯勒

贝尔法斯特
北爱尔兰

斯卡伯勒

爱尔兰海

巴罗
马恩岛
兰开斯特
布里德灵顿
普雷斯顿
约克
赫尔
莱兰
利兹
哈利法克斯
博尔顿
曼彻斯特
格里姆斯比
利物浦
谢菲尔德
切斯特
林肯
伯顿
波士顿
德比
克鲁
莱斯特
金斯林
诺里奇
伯明翰
考文垂
凯特林
洛斯托夫特
剑桥
伍斯特
北安普敦
贝德福德
费利克斯托
伊普斯威奇

爱尔兰

圣乔治海峡

威尔士

米尔福德
朗达
格洛斯特
牛津
伦敦
哈里奇
拉姆斯盖特
马盖特
巴里港
纽波特
斯旺西
加的夫
布里斯托尔
雷丁
法恩伯勒
金斯顿
罗切斯特
查尔汉姆
多佛尔
彭布罗克
索尔兹伯里
南安普敦
利村
奥尔德肖特
布赖顿
黑斯廷斯
埃克塞特
伯恩茅斯
卡尔绍特
朴次茅斯
戈斯波特
德文港
普利茅斯
波特兰
达特茅斯
法尔茅斯
彭赞斯

迪耶普

英吉利海峡

图例

煤		纺织厂	
铁		军工厂	
铁矿		化工厂	
商业港口		海军港口	

多佛尔：特殊目标，标下划线

对英空战的攻击注释：

头号重点　　　　重点
中度　　　　　　轻度

对英国经济战中的主要目标

欠缺，而且缺少相应的仪器设备。后来意大利编队参加了几次攻击赫尔港口设施的小规模行动，之后就回国了，这才让我如释重负地舒了口气。他们的损失似乎远超过他们收获的战果。他们的指挥官福吉埃（Fougier）中将是个非常精明的人，他意识到了这一点，因此一直在争分夺秒地加紧训练。

英国防御力量的基础是火力强大的防空弹幕，但这并不能成为决定性因素，核心其实一直是本土防御战斗机部队。意识到这一点后，除了继续使用轻型轰炸机编队进行空袭外，我向戈林建议了另一种使用重型轰炸机空袭的方法，我敢保证这样会以更少的兵力和代价获得更大的战果。

这标志着新一阶段战斗的开始，要求我们的轰炸机飞行员把全部的技术和胆识淋漓尽致地发挥出来。我们并没有放弃使用重型轰炸机编队进行空袭的做法，但也逐渐从追求大规模轰炸效果转为对发电厂等核心工业目标进行定点空袭，以此遏制英国的生产力。实施各种行动自然需要非常周密的计划，有时我会亲自进行审核。每次都会设置一个至多个备选目标，以保证无论发生任何情况都能轰炸到某个重要目标。尽管空军小伙子们对这样的空袭很感兴趣，但这并不是一个非常成功的行动。这种见缝插针的攻击可能确实产生了袭扰的效果，但几乎不可能迟滞英国的生产。

不过，所有这些作战行动都是采取突然袭击的方式，因此我们在任务执行过程中付出的代价较小。后来，我们针对军事目标的大规模行动主要体现在不间断地空袭伦敦、重点城市如利物浦、曼彻斯特（Manchester）、朴次茅斯和考文垂等港口和军备中心，以及各个空军基地等。同时开展的还有轻型轰炸机编队护航任务和集中布雷行动。

尽管我们竭尽全力，但无论是大规模集群行动还是个体行动，整体效果总是不尽如人意。但是在这样一个糟糕的冬天，所有重心都放在经济战上面，并在这项任务中越走越远，还能指望我们能有多大收获？如果需要我们对英国这个战争机器造成真正毁灭性的打击，就应该改变一下战术方针。因此在 1940 年 11 月，我们转而开始执行夜间空袭。

空军总司令亲自指挥第 2 和第 3 空军司令部的对英作战行动，并得到驻扎在挪威的由施通普夫指挥的第 5 空军司令部的配合。这种做法涵盖了海上攻击和夜间空袭等多种任务形式，也向我们清楚地表明了德国空军将为这一战法孤注一掷的决心。任何没有经历过这一切的人无法想象当时的情形，飞行员们有的耗光了最后一滴汽油才返回基地，有的驾驶着单引擎飞机横跨了长达几百英里的海面。很显然，我们要向这些在这天寒地冻的战场上冒着英国夜间战斗机的枪林弹雨执行任务的机组成员致以最崇高的敬意。

在这些轰炸任务中，最基本的原则包括：（1）根据目标在英国战时经济中的重要程度来进行选择；（2）大规模轰炸后继续实施骚扰空袭以阻滞清理工作；（3）不予攻击没有经过航空照相、精准地图和最新情报确定坐标和军事价值的目标；（4）向所有编队和独自执行任务的人员下达详细指令，并根据情况由各大队、司令部或空军总司令部进行审查；（5）精选轰炸机组人员预先飞越目标上空进行目标侦察和指示，这类似于后来英国著名的"探路者"中队。敌人的反击力量每周都在变强，而距离、导航和天气也给我们的行动增加了难度。

但我们还是逐渐适应了所有这些变数。如果无线电设备工作正常，那就一切还好；如果设备出现故障，那么对于所有地面人员来说，引导返航轰炸机在狂风骤雨或浓雾中降落到合适的机场都将是一次心惊肉跳的经历。他们会竭尽全力使用好每一个技术辅助手段，却无法确保每次都能成功。有时为了挽救飞行员会放弃飞机，这种时候机组成员往往选择跳伞，而飞机将以机腹着陆的方式降落在海岸沙滩或飞向德国中西部地区，甚至远至新勃兰登堡（Neubrandenburg）。有趣的是，曾有位飞行员在布鲁塞尔（Brussels）上空跳伞之前稳定好了机身，结果飞机又向前飞行了大约350英里，直到佩勒贝格（Perleberg）或施滕达尔（Stendal）附近才因燃油耗尽而坠毁。

那几周对于我们来说是段艰苦的日子，但对于陆军和海军来说，除了潜艇部队和一些轻型船只外，他们都得到了休整，为扑朔迷离的未来做着准备。德国空军不遗余力地打击英国本岛的生产能力，阻遏其重整军备。我们把重点放在港口和工业中心上，虽然目标繁杂众多，但我们总能做到有所侧重。

在整个这一阶段，天气是一个决定性因素，但是我们的作战行动没有中止过一天。我们的出动次数在8月和9月达到了顶峰，然后持续下降直到1940年12月，在1941年1月至4月间又再次上升，随后又大幅下降直至6月。根据行动报告和航空照片显示，战果相当丰硕。不过和盟军后来犯的错误一样，我们高估了轰炸所带来的效果。毫无疑问直接命中的部分被炸掉了，航空照片对此显示得很清楚，但即使是重型炸弹也不足以把整个区域摧毁。燃烧弹就要好一些，成千上万枚燃烧弹投放到广阔的目标区域，燃起的大火可以把遭到重型炸弹破坏但未被摧毁的目标烧个精光。

然而，防御与进攻总是并驾齐驱，就像人们连龙卷风都已不再畏惧。对方所有人都团结起来，动手参与支撑加固或清理废墟的劳动，这在以前是不可思议的事情。在当时，大量使用高爆炸药消灭全部有生力量的行为和持续反复攻击单个目标的行动同样都是极为罕见的。因此，所有期盼摧毁英国战争潜力的念头似乎都只是一厢情愿。

事后证明，要想在战术上压制一个内部强大坚韧且有广泛深厚战争潜力的国家，需要连续数年夜以继日地实施猛烈攻击和恐怖袭击才可见效。像 1940 年轰炸考文垂那样的突出战绩是少有的特例。在纽伦堡国际军事法庭开庭之前，我曾接受过关于考文垂空袭的讯问，这座城市的毁灭在英国引起了极大的愤慨。我解释说，考文垂被称为英国的"小埃森市"①，我们在目标地图上精确标注了其所有军备工厂的位置。空袭的巨大胜利一方面要归因于其距离太近，我们的轰炸机可以在一个晚上往返 2 ～ 3 次；另一方面在于极其有利的天气条件、辅助导航的目标指示，以及对投弹瞄准器的应用。但即使是精确轰炸也会带来不可预料的后果，这在大规模袭击中是无法避免的情况，让人非常遗憾。大火和浓烟严重影响了我们瞄准的精确度，而在任何轰炸中都必然出现的弹片四散的情况在此时变得更加失控，并因此波及了本来绝不会成为目标的临近区域。作为一名军人发表反战言论可能会让人半信半疑，但绝不应该质疑他内心的真诚。因为最重要的一点是，这个充满责任感并熟悉现代武器的军人完全理解整个战争所带来的危害。

① 埃森（Essen）是德国重要的工业城市。——译者注

我需要提醒读者的是，德国政府曾希望通过国际法禁止实施空战，却最终被否决，所以对那些负责这次空战的人员进行指控是错误的。我要在这里重申，尽管德国空军总司令曾在个别战例中命令对平民实施恐怖袭击，但是这些命令都被各空军司令部做了更改，他们只对军事目标实施了攻击。我可以明确地指出，首批次针对不设防城市进行的空袭是由英国皇家空军实施的，这一点也得到了英国战争历史学家们的证实。此外，德国统帅部只在万不得已的情况下才会实施报复性空袭，例如 9 月对伦敦的空袭。

在长远的政策中（这些政策甚至最初对我也是保密的），将会逐渐减少针对英国的空袭，而我则肯定要在即将开始的对苏作战中负责一个重要方向的空军司令部。我很荣幸，从那时起我在跨海峡作战行动中获得了更多的机会来研究休整问题和天气变化，但是德国空军的重担并没有得到缓解，直到 1941 年 5 月之后才有了明显的松动。

在 1940 年 12 月 24 日、25 日和 26 日 3 天以及新年前夜，我下令中止出动飞机对英国开展行动。我曾设想过对方也会有相同的举措，但是很遗憾我错了。我经常抱怨自己太过屈从于人性，这一点我无法完全原谅自己。虽然我是以反人类罪名被判处死刑，但我可以理直气壮地说出这些话，并无惧于任何反驳。

年末的时候我获得了几日的休假，这也是我在整个战争中唯一的一次休假，但是并没有享受到我所期待的放松，因为英国对我辖区内的德国城市持续实施了大规模空袭轰炸。我停止休假飞往荷兰，在那里与卡姆胡伯、法尔克（Falck）上校等夜间战斗机高级指挥官们进行了重要的会谈。对于夜间战斗机联队，我给了他们两个选择，要么从基层开始进行重组改建，要不就干脆解散。我许诺会尽量满足更多的个人需求，但也坚持认为，一旦改革能够推行下去，必然会取得可观的成效。

事实的结果也是如此。此次会议之后，我便与夜间战斗机部队时刻保持着联系。他们的指挥官包括组织者卡姆胡伯、具有丰富作战经验的法尔克，还有众多一流的飞行员，如夏彦-威廷根施坦因亲王（Prince Sayn-Wittgenstein）中尉和后来成为我们夜间战斗机王牌飞行员的斯崔伯（Streib）上尉等。很快，这支部队就作为一支强大的防御力量而名声大震。我作为"夜间战斗机之父"经常受邀参加各种军务或私人的重要场合。同时，技术发展也迈出了重要一步。地面雷达设施可以完美地显示敌机的来袭，而探照灯与雷达的配合也更加亲密无间。探照灯部队保障了我们在"亮夜之战"中大获全胜，而在飞机上装备雷达也使我们赢得了"暗夜之战"的胜利。这个大队成立后不久，英国夜间空袭飞机便开始更倾向于经跨海路线接近，这支新型防御部队的战斗力由此可见一斑。

尽管英国在1941年前对德国的空袭持续了数月之久，给空袭地区带来了人员伤亡和短暂混乱，但是实际效果不足为患。另外，即使敌人的损失巨大，他们也能够轻易地缓过气来。他们加紧了对我们在荷兰和比利时航空管制区内地面单位的夜间空袭，但这似乎也可以证明我们对英国的攻击非常有效。敌人的这些做法又一如既往地失败了。在天好的日子，英国人不敢实施任何日间轰炸行动，只会派遣一些战斗机巡逻，偶尔能赢得一些遭遇战的胜利。我们英勇的第1大队指挥官格劳尔特中将就是在这样一次战斗中身亡的。敌机越是避开德占区的上空，我们的防空炮兵们就越是紧张不安。在 1940—1941 年的圣诞节和新年期间，我去奥斯特坎普的部队视察。当我的座机在一阵小雪中准备降落的时候，突然受到一阵 2 厘米防空炮火的"热烈欢迎"。我气得七窍生烟，随后他们向我解释称之前收到报告显示有一架英国轰炸机接近。我并不怎么相信这个解释，也不信任这些冒失的防御部队，肇事者都是些高射炮兵。无独有偶，1942 年在突尼斯城附近，我驾驶的"白鹳"式侦察机也被意大利高射炮兵误以为是一架英国战斗机并向我开火。幸运的是，炮手们过高地估计了我的飞机速度上限。

这场空中战争，无论是在构思还是结果上，真的都是失败的吗？

西线地面战斗的快速结束，令德国统帅部始料不及。这已经是第二次凸现出他们的计划缺乏远见性。这种走一步看一步的做法是件非常糟糕的事，既没有谋划下一步行动怎么做，又没有构思终极目标是什么。无论希特勒对待英国态度的背后究竟存在什么动机，我都很确信在那几个月中对不列颠岛实施攻击是种欠缺慎重考虑的行为。就在这种背景下，我们开始了对英国的空战。这是一场让我们一无所获的战斗，反而暴露出我们毫无目标的异想天开，而这种空想无益于作战的实施和对胜利的追求，事实也是如此。在这其中隐含着一个无可争议的道理，即在很多情况下，结果确实与期待大相径庭。然而，考虑到德国空军当时的发展状况以及能够持续参加空战的飞机数量，尤其是要看到极端恶劣的天气环境，要说德国空军在不列颠之战中是"失败"的，实在是一个很有争议的话题。

正如上文所做的阐释，从历史角度看，难以证明"海狮"行动的取消是因为德国空军没有完成自己的使命或是因为英国的防御体系坚不可摧。如果是这样的话，对英国持续不断地空袭轰炸就不会在"海狮"行动被取消之后还持续了 9 个月之久。事实上是因为"海狮"行动缺乏完整的规划，德国空军的行动只能作为暂时的权宜之计，等待下一幕大戏——对苏战争的开启。对于我们的战绩，公平地看，应该说就算我们还没有达成目标，但我们已经确实非常接近了。这种说法不偏不倚，尤其是对那些对比过德英 10 个月空战与盟军对德国 3 年大战的人来说，更是如此。

总之，在这场英国战役中，两个势均力敌的对手都展现了他们最高水准的实力，互有胜负。

第十二章

苏联战争

1941 年 6 月 22 日，由北、中、南 3 个集团军群发起入侵；北方集团军群通过波罗的海诸国进攻列宁格勒[①]，南方集团军群进攻乌克兰；中央集团军群当时包括 2 个（后来增至 3 个）步兵集团军和 2 个装甲集群，7 月初结束了比亚韦斯托克—明斯克包围战；7 月 16 日占领斯摩棱斯克；8 月初包围在奥尔沙—维捷布斯克地区的苏联军队；8 月 9 日—19 日，戈梅利之战；9 月 9 日—19 日，协同南方集团军群参加基辅包围战；10 月 2 日—12 日，联合 3 个步兵集团军和 3 个装甲集团军对莫斯科发起迟到的进攻，参加在维亚济马—布良斯克地区的双重包围战。11 月 2 日，古德里安在图拉进攻受阻；第 4 装甲集群在莫斯科前的莫扎伊斯克进攻受阻；苏联首都的危机。

---

① 列宁格勒于 1991 年改名为圣彼得堡。——编者注

　　"巴巴罗萨"（Barbarossa）行动是为准备进攻苏联而制定的代号，属于绝密。没有任何信息泄露出去。对于即将发生的事情，参谋人员和各个部队全都被蒙在鼓里。曾有一两个月，我也认为我的参谋人员不应该总是忙于这方面的工作。1941 年 2 月 20 日，在戈林亲自指示下，一支小范围的计划参谋团队在柏林附近的加图空军学院成立了。此后这支团队的领导者洛贝尔（Löbel）上校时不时会向我报告进度或咨询意见。1941 年初我飞往华沙与那里的总司令冯·克鲁格（von Kluge）进行会晤，并对其辖区内的地面部队部署给予进一步的指导。我在 5 月返回后又去东部对我空军司令部的备用机场进行巡视，发现建设工作明显受到天气和复杂地形的影响而进度缓慢，事实上在 6 月初的确难以完工，只能在"巴巴罗萨"计划更改后的发动日期 6 月 22 日前及时完工。另外通过检查，我感到戈林派给我的部队实力不足，难以满足集团军群所需的支援要求。后来在巴黎北部戈林的专列上，我在他的参谋长、我的老朋友耶顺内克的支持下，与戈林进行了激烈争执，终于有所收获。他向我保证至少会满足我一直坚持的对增加飞行人员和防空火炮的最低要求。在他谈到我并不是唯一向他要人要物的将领的时候，我可以理解戈林激动的心情，因为我们毕竟还要继续同英国战斗。但是我坚持己见有三个原因：第一，我从两场战役中认清了地面部队非常需要空中支援；第二，我很怀疑随着人员的急剧减少，对英空战还能持续到什么时候；第三，我相信我的坚持会为我们空战实力的增长带来新的助推器。

　　1941 年 6 月 12 日—13 日，我离开海峡沿岸，回去参加希特勒关于"巴巴罗萨"计划的最终会议。官方声明中显示我仍会留在西线一段时间，这个说法是为了让世界相信大批的德国空军仍然在凯塞林元帅的领导下进行着对英作战行动。

我在上文中曾提到，准备实施闪电战的时候，希特勒在波兰战役前夕告诉我，苏联与德国已达成互不侵犯条约，当时这让我心中的石头落了地。那时候是 1939 年 8 月 23 日，而现在已经是 1941 年中期了。在这短短的两年中，形势急剧变化，现在的我是否已经卸掉了曾经压在我心头的担忧？迄今为止，欧洲大陆强国已经从盟军的防线上溃败，而英国军队在敦刻尔克撤退之后再也恢复不了大规模作战的实力，英国皇家空军也无力参加大型作战行动。我们的北部由法尔肯霍斯特（Falkenhorst）的部队和驻扎在挪威的施通普夫空军部队防护，南部由隆美尔的非洲军团和意大利军队防护。最近一次的闪电战已经肃清了敌人在巴尔干（Balkans）前线的军队。美国的军事介入是个问题，但看起来更像是遥远未来的事情。

因此在 1941 年南北方向的现实危险性都已经大大弱于 1939 年。那么这时就应该要进攻苏联吗？希特勒在 6 月 14 日向将军们作了最后的演说，重申了苏联战争的不可避免性，如果我们不想在难受的时候被苏联人进攻，那么我们现在就必须发起攻击。他再一次提醒我们，因为种种原因，苏联和德国的友谊看起来没有可能持续下去。例如，两国在意识形态领域内存在对抗是不争的事实，而且仍然难以从根本上消除；同时，苏联在波罗的海沿岸和西部边境上的各种动作，怎么看也像是战争动员；以及苏军对边境居民的挑衅行为日益加剧，不断向边境附近地区调遣部队，并且在国内大规模兴建军工厂，等等。

在苏联边境 200 英里纵深区域内，1939 年 9 月驻扎了 65 个苏军师，1939 年 12 月变成了 106 个，到了 1940 年 5 月则有 153 个和 36 个摩托化师，总兵力估计达到了 189 个师。苏军的兵力部署有一个非常明确的中心——在比亚韦斯托克（Bialystok）突出部驻扎了大约 50 个师，这似乎显示了他们要进攻的意图。而且，苏联空军的地面单位设施也大张旗鼓地兴建在靠近边境的地区，摆出了一副积极进攻的样子。

希特勒的观点是，苏联人会对我们先发制人，这在我看来毫无疑问是正确的。克里姆林宫（Kremlin）会轻易捏造出借口然后就发动突然袭击。时间掌握在他们的手里，他们在把握时机方面是个好手。我从德国空军工程师那里得到的报告称，他们近期曾前往苏联，发现苏联人已经开启了一项大规模兴建工厂提升军备的计划，这将导致我们很快就会落后于他们。不幸的是，戈林和希特勒曾认为他们联想过多。我相信到了今天，只有不可救药的乐观主义者才会相信，苏联会在与波兰的战争结束后就满足了现状。

如果当时一场战争已箭在弦上，那么在 1941 年的军事状况是怎样的呢？不利的方面是，计划进攻的日期已大大延迟，尽管这一缺点可以通过降低战争预期而在一定程度上得以缓解。有利的方面是，通过两次大型战争和两次小型战争，我们已经积累了丰富的经验，而苏军在这一点上则相去甚远。我们军队的老兵们，对于行军打仗已经了如指掌。在 20 世纪 20 年代的时候，我们研发的坦克飞机就已经追平了苏军，而从那时到现在，我们又获得了多年长足的发展和丰富的实践经验，相比之下苏军在芬兰战争中则表现得脆弱不堪。至于空军，我对我们的飞行员有着百分百自信，而且对于需要第 2 空军司令部配合的冯·博克集团军群也没有任何担心的必要。

打仗绝非易事，危机可能一个接着一个，后勤补给问题也必然会遇到很多意想不到的困难。但我们的目标——把共产主义驱逐出西欧——难道不才是最重要的吗？才是让我们应该不顾一切去完成的吗？希特勒在《我的奋斗》（*Mein Kampf*）一书中称两线作战是一个危险的错误。但至少我个人认为，这并不能表明他已经忘记了自己在这个问题上的观点，从而没有意识到自己陷入了两线作战的危险境地。或许是因为他在内心深处一直在思考"中心打败四周"的方式，他相信择机摧毁苏联之后能够让他及时转回头来，再集中全力打败来自西部的威胁。但是有一点是确定的，他绝对没有计划通过地中海沿岸国家来给苏联一记沉重或许是决定性的打击，这些地方甚至也能同时在英国的软肋上给予致命攻击。他太执着于大陆思维，从而异常悲剧地低估了地中海区域的重要性。

1941 年 6 月 15 日或 16 日，我乘机降落在华沙北部一座修葺一新的机场，亲眼感觉到我们总部内部的组织工作在新的参谋长赛德曼（Seidemann）将军领导下进展迅速，参谋人员和作战部队大都已就位，其他部队如冯·里希特霍芬领导的第 8 近战大队正从克里特岛（Crete）赶来的路上。各个机场上的飞机排列得非常拥挤。如果在面对苏联的空袭时，我们良好的伪装工事、完善的飞机报告制度、强大的高射炮部队等防御措施仍不能做到高枕无忧，这些飞机也完全可以把其危害降到最低。

虽然每位指挥官的职责在名义上看起来很轻松，但实际上压力很重。证据便是，当时我非常能干的通信部队高级军官赛德尔（Seidel）博士在冲突开始之后不久便自杀了，显然他已无法再继续承受职责的重压。他的继任者是曾经的驻莫斯科（Moscow）空军武官阿申布伦纳

（Aschenbrenner）上校，对此安排我十分满意，因为他非常了解苏联人。正是由于他灵活的风格和敏锐的控制，空军司令部才能始终掌握住局势。

通过多次驾驶双体双发 FW-189（福克·沃尔夫）侦察机进行侦察，我逐渐熟悉了苏军集结区域的范围和纵深，并首次体验了暴风雨的威力。即使巴尔干地区的部队没有迟到，我们也要因为这狂风骤雨而被迫推迟进攻的日期。空军司令部早已下令对行动严格保密，因此在前线附近的机场中，飞机只能选择低空飞行。在 6 月 20 日之后，克里姆林宫已经开始幻想局势不会继续恶化，所以对停在机场上的苏军空军进行战术突袭将更具有打击效果。

我与中央集团军群总司令冯·博克元帅的会晤没有浪费多少时间。我们彼此很了解。当我于 6 月 21 日晚返回与他讨论一些彼此可能都产生的疑问或想法的时候，正好发现他的情绪与之前各次战争中的表现相反。他当时情绪很低落，一直在沉思，表现出一位负责的指挥官在等待决战开始的样子。我再次感受到那种同道中人在如此境况中偶有思想相通的欣慰。在这场充满变数的战争中，我打算与集团军群总部建立更加密切的沟通，并安排一名出身陆军的德国空军参谋军官来保持联络。这名军官需要在每天晚上向我的司令部报告一天之内的"陆军形势"，讨论次日可采取的对策，并听取相应的"空军形势"，以便能详细地报告给集团军群总部。

作为空军指挥官，我会对陆军的机动进行大范围的调研，并从航空大队（空军联络部队）和高射炮军那里听取直接报告。有时我会发现这些报告与来自陆军总部的报告相去甚远。在每天晚上的形势分析会上，我都会对陆军形势报告进行点评，并指示我的传话人于贝（Uebe）把我的点评内容传达给集团军群总部。如果是紧急情况，我还会亲自或者让我的参谋长打电话给冯·博克进行交流。冯·博克知道我这并不是要教训他。我发表意见都是作为一名搭档应尽的本分，我们是一条线上的友军，无论处于顺境还是逆境，都会出于共同目的而随时准备提供帮助。每天早晨，通常在晚上还有一次，我都会与空军参谋长耶顺内克进行详细会谈，讨论当日的安排和次日的计划，以便促使戈林在元首主持的形势分析会上为空军争取更多的利益，并将之用于军事意图的实现上。在个别战事中，如斯摩棱斯克（Smolensk）或莫斯科，这种联系有助于把我个人的具体用兵方案传达到决策制定最高机构中。而本章的主旨就是：陆空两军合作的范例。基于这样的默契，我指示我的空军将领和高射炮将领们要在不违背我的要求的前提下，把陆军的需求当作我的命令，除非空中局面极度恶化导致如此服从命令已经不切实际或者有害无利。我和我的指挥官们都能够切实配合陆军的想法，对于所有合理需求都能尽心尽快地完成，对此我们引以为傲。

苏联战争的目标在命令中很明确，就是摧毁苏军在白俄罗斯境内的势力，也就是从边境线到第聂伯河（Dnieper）之间的区域。因此我们主要的重心就是，由冯·博克的集团军群进攻苏军的集结区域，通过闪电战摧毁对方，使他们来不及突出重围，逃回到广袤的东欧平原上。同时也要把苏军轰炸机赶回到第聂伯河东岸的后方基地，这样它们就再也无法对德国本土进行空袭。我从空军总司令那里得到的命令主要是夺取空中优势。如果能够获取空中优势，就继续对陆军部队尤其是装甲集群在与苏军作战时进行支援。但如果再有更多的命令，则会带来不必的损耗，因此在收到时就要坚决抵制。即便如此，这个主要任务在我看来，显然也无法立即完全实现，只能一步一步地完成。

至于第 2 航空队当前可用的兵力，我在上文中说过我曾坚持争取最低限度的需求，现在已经开始逐渐得到了满足。除了空军司令部直属远程侦察中队外，还包括：

第 2 航空大队〔指挥官勒尔策（Loerzer）〕，包括 1 个侦察中队、2 个轰炸机联队、1 个俯冲轰炸机联队、1 个下辖四中队的战斗机联队、1 个驱逐机联队、1 个通信营、1 个专门战时编制的航空管制区参谋团队。菲比希（Fiebig）指挥的第 2 近距离支援航空司令部就从这些部队中进行抽调组建。

第 8 航空大队（指挥官冯·里希特霍芬男爵），包括 1 个侦察机中队、1 个轰炸机联队、2 个俯冲轰炸机联队、1 个对地攻击机中队、1 个战斗机联队、1 个驱逐机联队、1 个通信营、1 个专门战时编制的航空管制区参谋团队。

第 1 高射炮军（指挥官冯·阿克斯特黑尔姆）
后来增设
第 2 高射炮军（指挥官德斯洛赫）
　　　　　　　　　　　　　　　　　} 各包括 3 个至 4 个高射炮团

波兹南航空管制区（指挥官比内克）

战斗打响之时设在黎明时分，这一决定是出于地面战术需要，毫无疑问，但是不符合空军的要求，因为这一时间意味着单引擎战斗机和俯冲轰炸机无法编队飞行。这对我们来说是个巨大的难题，但我们还是设法克服了它。

借助于精准的航空照相，我们成功地在前两天保持住了空中优势。

在空中和地面被摧毁的敌机数量据报告达到了 2500 架之多，对于这一数字，帝国元帅甚至在最开始表示拒绝认可。但随着我们的推进，他对此进行了审查，然后告诉我，我们的报告只比实际数字多了 200 架或 300 架。从第二天起，我就密切关注由苏联腹地飞来的苏军重型轰炸机。在我看来，攻击这些毫无战术队形、垂死挣扎的飞机，几乎是一种犯罪。它们隔着一定的时间和距离一架接着一架地飞来，一头扎进我们战斗机编织的罗网，这简直就是纯粹的"谋杀婴儿"。苏军轰炸机群的根本基础就这样被摧毁了，后来在整场战争中，苏军轰炸机事实上再也没有出现过。

经过前两天的战斗之后，俯冲轰炸机部队对敌方前线军队进行的攻击，逐渐从其他空军司令部的编队中获得了大规模扩编，执行的任务包括：瘫痪敌方空军，这项任务无须其他任何部队再来执行；支援装甲部队和步兵部队，扫平局部抵抗力量或清除敌人的侧翼威胁，这项任务主要由俯冲轰炸机和对地攻击机中队执行；消灭或遏制苏军增援前线或撤出战斗的企图，这项任务由俯冲轰炸机、对地攻击机、战斗机、轻型轰炸机或其他所有适合的部队执行；破坏敌人的铁路输送行动；以及不间断侦察行动。在发起进攻几天后，我独自驾驶 FW-189 侦察机安全飞越了苏军区域，这也证明我们在前两天对苏联空军的攻击效果有多么彻底。

在布列斯特—立陶夫斯克（Brest-Litovsk）地区的战斗一直持续到6 月 24 日，我们用一枚 2500 磅的炸弹轰开了对方的堡垒。同时装甲集群也继续向前推进，为取得明斯克（Minsk）和比亚韦斯托克战斗（6月 26 日—7 月 3 日）的胜利铺平了道路，共俘虏了 30 万名敌军，但这并未完全消灭其中所有武装力量。当我们大量装甲部队开往第聂伯河和"斯大林防线"（Stalin Line）时，决战的时刻逐渐明朗，而第 4 集团军和第 9 集团军的非机械化部队只是在一点一点地加厚包围圈。这场战斗给口袋中的苏军带来了重大伤亡，并策应了德国装甲集群为横渡第聂伯河的机动作战。

由冯·里希特霍芬航空大队支援的第 3 装甲集群于 7 月 9 日占领了维捷布斯克（Vitebsk），由此为在斯摩棱斯克北部和东北部地区成功开展作战行动获得了一个有力的跳板。苏联的公路网络十分落后，道路残缺不全，而间歇性的恶劣天气更进一步阻碍了我军的机动。苏联战区的真相由此可见一斑。即使是全履带车辆，包括坦克以及大部分供给车辆，都必须依靠主干道，这一现状倒有助于向部队警告前方的困难。

第聂伯河沿线的战斗（7 月 10 日—11 日）表明了苏联抵抗力量正在减弱，但也体现出他们拥有数目庞大但参差不齐的后备军。

德国空军在这些成功的战斗中发挥了决定性作用。我们的编队集中攻击了沿公路、小路、铁路向前方或后方机动的苏军部队以及他们驻扎的营地。后来俯冲轰炸机、对地攻击机和战斗机对前线沿岸区域的各处防线进行了低空攻击。我们的地勤单位在向前推进中遇到了比陆军更加突出的困难，因为我们的地勤人员机动性不够，并且没有足够的履带车辆。此外，除了少数已投入使用的机场外，其他未受陆军部队直接保护的机场都需要进行勘察和整修。

6 月 23 日，空军司令部将指挥部移至布列斯特附近的一个火车站中，以更好地掌握战事动向；并在 7 月初再次移至明斯克东部的一个汽车运输指挥所，方便与部队保持密切的联系。

战争爆发的前几周内，我们难以置信地攻占了大片领土，但很快进攻可持续性这一问题就要摆到桌面上来了。我支持集团军群，力荐现在已经实施几周的歼灭作战应该继续推进到第聂伯河对岸，一劳永逸地消灭苏联西方面军。但是，最高统帅部并没有充分认清当前的局势，因而没有立即给出一个肯定的结论，当然这种犹豫不决在当时对于前线来说还并不明显。

战斗在斯摩棱斯克包围战（7月中旬至8月初）中达到白热化，我们取得了重大的胜利，再次俘获了30万名俘虏，但还没有取得决定性胜利。如果我们能够堵死斯摩棱斯克东面的缺口，结局也许会具有决定性意义，但当时最高统帅部没有理睬戈林和我提出的紧急建议。在几天之内，大量敌军在夜幕下穿过了几英里的狭窄间隙，那里有一条在小山谷中流淌的溪流，地面植被掩盖了他们的行动。如果我们的对地攻击机能够在白天坚持不懈地攻击，限制住这种渗透，那么苏军就无法如此充分地利用晚上的时间了。我猜测超过10万人逃出包围圈，他们将来成了苏军新组建部队的核心力量。后来我们在对抗这些部队时失利——我记得仅仅是在7月30日—9月5日爆发的叶利尼亚突出部（Jelnia salient）战役就让我们损失惨重，需要为此过失负责的并不是前线的德国军队及其指挥官。我们的部队，包括德国空军，都已超负荷工作，而且远离补给中心，实在是无计可施了。

所以，最贴切的字眼便是：前进，战斗；战斗，再前进。差不多在一个半月的时间里，我们向纵深推进了接近500英里，这还是在天气有时极端恶劣的情况下。我们参与了与敌军撤退部队以及从后方调来的苏联生力军的正面战斗，参与了德军多次对陷入不同包围圈中苏军的

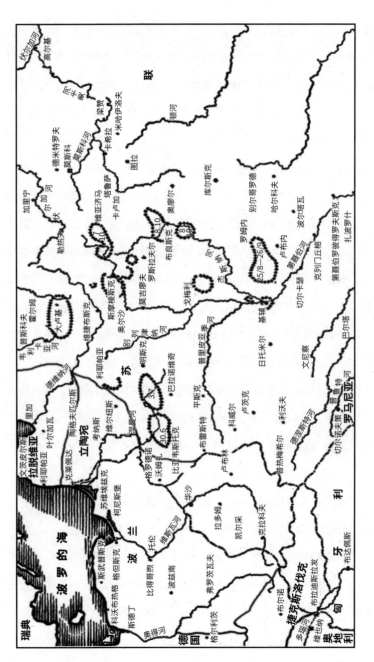

1941 年下半年对苏军的包围

进攻，参与了围剿游击队的行动（却导致他们表现出来的实力越来越壮大），也参与了对低空飞行、装甲厚重的苏联对地攻击机的战斗，这些飞机在苏联空军序列中是以单独编队形式出现的。任何想脱离前线休息片刻，甚至是喘口气，或者进行常规装备维护等正常愿望，都变成了一厢情愿的奢望。

敌人向德国集团军群毫无防护的右翼进行迂回机动，这给我们出了个新的难题。从 8 月 1 日起，我的空军司令部便开始为位于罗斯拉夫尔（Roslavl）地区的古德里安装甲集群提供空地支援和高射炮防护（俘虏 3.8 万人），然后几乎同时为冯·魏克斯（von Weichs）将军指挥的第 2 集团军在戈梅利（Gomel）附近发起的战斗提供支援（俘虏 10 万人），并在 8 月底全力出动，协助清除位于大卢基（Velikiye Luki）以东、斯摩棱斯克和伊尔门湖（Lake Ilmen）之间低地区域内的残余苏军（俘虏 3 万人）。指挥这些战斗的指挥官，包括在戈梅利的冯·魏克斯、在罗斯拉夫尔的古德里安、在大卢基的施图姆，他们都取得了令人难以置信的胜利。我们空军也获得了骄人的战绩：在很短的时间内摧毁了126 辆坦克，数千辆机动车辆和 15 座桥梁，更不用说给苏联前线部队带来的惨痛伤亡。

在这些战斗打响的时候，我就把我的指挥所搬到了斯摩棱斯克，我军轻型编队的作战基地坐落在"沙塔洛夫卡（Shatalovka）—斯摩棱斯克—维捷布斯克"沿线。但同样在这条线上，对于重型轰炸机编队来说，我们所能做的只有尽量创造起飞的机会。而对于"巨人"重型运输滑翔机，则是第一次投入使用，从奥尔沙（Orsha）运送补给到沙塔洛夫卡。我们俘获了苏军的机动车辆，感觉很适合越野行动，于是开始装备与使用当地的车辆。我们的地勤单位甚至凭借所俘获的苏军坦克，打退了敌军针对机场的坦克突袭。

在 1941 年 8 月间，我们这些位于中部前线的指挥官们一直在焦急地等待"如何"以及"何时"继续向莫斯科方向发起进攻。我们的部队整天都在无所事事地踢石子，而令我们极为恼火的是，最高统帅部在经过一番犹豫不决之后，居然让我们把主攻方向转向南方，这一天是1941 年 8 月 21 日。

关于在 9 月初转而向南进攻布琼尼（Budjenny）的集团军群，可能存在两种意见来解释其必要性。事实上，冯·博克的中央集团军群和我的航空队中大部分兵力都集中在朝向南方的战线上，我们又进一步建立了一条南方战线，这样就可以协助冯·伦德施泰特集团军群顺利包围布琼尼的部队。经过 4 个多星期（8 月 28 日—9 月 26 日）的战斗，布琼尼的军队以及整个基辅（Kiev）的命运都已走到尽头。冯·克莱斯特和古德里安的装甲集群于 9 月 13 日在基辅以东 125 英里处会师。我们俘获了超过 65 万名俘虏、接近 1000 辆坦克，以及超过 3500 辆机动车辆。

如果我对第 2 航空队的决定性表现忽略不提的话，那将是对德国空军不公平的。如果没有强大的轻型战斗编队，包括之前被划归到南方第4 航空队的几支编队，那么整个战斗的局面将必定变得更加艰难，因为苏军已经吸取了之前交战的教训，几乎完全压制了我们在白天的通信。恶劣的天气使得空军无法以密集编队飞行。我们的机组人员展现了高超的技能，战绩之一就是把战场区域内的铁路网络完全切断。其中在一小段铁路线上拥堵了二三十列火车，随后它们就被驱逐机轰成了碎片。到了战斗的最后几天，对方开始改用公路，但很快也成为我们所有编队的目标；当敌军上路的时候，立即就会受到我们无情的攻击直至毁灭。

1941年8月21日，当我们接到命令向基辅方向发起进攻，关于叶利尼亚突出部战斗的争论便结束了，它似乎已被忘却。无线电通信已经建立，飞机和炸弹也装配完毕，由此轰炸机编队的准备工作完全结束，此后远程轰炸机的主要目标将是莫斯科的政府机关、军备工厂和通信中心。其他目标还包括位于沃罗涅日（Voronezh）的大型飞机制造厂、位于图拉（Tula）和布良斯克（Bryansk）的工厂、位于布良斯克已挤满火车的铁路编组站等，这些仅仅作为天气恶劣或临时改变战术时的备选目标，通常由战斗机单独执行空袭。

对莫斯科的空袭行动让我忧心忡忡。飞机被击落就意味着牺牲，苏军防空炮火和探照灯部队的实力之强，让我们这些即使参加过英国空战的飞行员们也要绷紧神经。并且随着时间的推移，苏联防空战斗机也开始越来越多地出现在天空中，不过幸运的是，它们只能在白天出动。战斗的结果并未太过超出我的预计，然而考虑到目标规模庞大，我们的军队实力还是不太够用。眼花缭乱的探照灯干扰了我们的行动效果，而为了携带更多的燃油，炸弹重量也必须大幅减少。但在多年之后，当我于1945年在蒙多夫战俘集中营接受审问的时候，一位担任翻译的苏联妇女突然提到了"德军轰炸带来的可怕场景"，我很庆幸，这改变了我当时的想法，维护了我们英勇的飞行编队和机组人员的形象。无论如何，持续的空袭除了带来巨大的物质破坏外，还为后续瓦解这座城市做好了铺垫。很可惜，最终没有攻陷它。

8月和9月上半旬的天气复杂多变，我们一直在集团军群的两翼进行连续不断的攻击，日子很快过去。我和冯·博克都认为，第4集团军和第 9 集团军所占领的阵地并不适合冬季作战，尤其是我们对面的敌人正以肉眼可见的速度不断增强。如果打算在这样的前线上再一次凭运气作战，并不是一个长久之计。能够开展一次成功的围歼战也许可以大量消灭苏军兵力，确保我们在冬季的战术行动。至于该战胜利之后是否能够向莫斯科方向推进，则取决于我们军队的实力和状态，当然更重要的是天气这个未知因素。

在 9 月 15 日开始继续准备新一轮的进攻，但大家的士气已经消退了。赫普纳将军是我从梅茨时期就结交的老朋友，他现在指挥着第 4 装甲集团军。他似乎受到北方集团军群战果较小的影响，显得信心不足。我向他解释过两次，中央集团军群的情况完全不一样，让他认清有一个非常难得的突破作战和迂回作战的机会正摆在他的面前，并向他保证加大空中支援力度。他逐渐恢复了信心。当我在战斗期间去拜访他的时候，他一直都保持着笑容。

至于我自己所辖的各个编队，战术体系很明确。高射炮军的主要任务是对地攻击。他们参与右翼的主攻行动，当作支援和突击炮兵使用。空地支援战斗机的作用早已经过战火的检验，他们的任务是为陆军部队轰开一条道路。重型轰炸机则主要用来封锁敌人的后方区域。在近期大多数战斗中，我们很少观察到敌机的行动，但相比之下，这一次它们在南方战场上空表现得非常活跃。

右翼的战斗影响着整个战役的发展，我们共俘获了 65 万名敌军，算得上又是一次"常规"胜利。9 月初，第 2 装甲集团军在南方遭遇了非常糟糕的天气，并因此破灭了经图拉向莫斯科进行大范围迂回机动的打算。可怕的天气阻碍了空中支援行动，雨雪交加的环境使原本就布满弹坑的道路变得泥泞不堪，再经过重型全履带车辆的碾压破坏，直接结果就是使部队的机动能力大幅下降，直至 10 月 5 日他们都几乎在原地停滞不前。我们曾经试图使用高射炮牵引车来运送单人飞机，但却因为牵引绳或履带时常断裂而作罢。当第 2 装甲集团军的补给耗尽的时候，空军只能采取空投的方式来对其部分部队进行保障。由于陆军部队没有任何过冬物资，所以他们在身体和精神上承受的压力变得越来越大。

从此之后东线的各场主要战斗急转直下。装甲集团军指挥官古德里安将军作风硬朗、处事坚韧，从魏玛共和国时期就是我的老友，但眼下这种形势以及日渐严重的精神压力已经远远超出了他的能力范围。

鉴于这种情况，我认为我们的战略进攻目的已经难以实现。本来之前我们占尽优势，但糟糕的天气彻底扭转了这一切。地面部队的状况惨不忍睹，才刚刚 11 月初就已经遍地霜冻，而官兵们却没有配发任何冬装。苏军的西伯利亚（Siberia）部队现在开始崭露头角，他们拥有大批非常适合这种环境的 T-34 坦克和对地攻击机。

本来对于赫普纳和古德里安的装甲部队来说，横扫莫斯科甚至更远的地方也是小菜一碟，当时我对这一点深信不疑，但是雨神朱庇特（Jupiter Pluvius）换了另一种安排。苏军因此有时间在莫斯科西部构建起一条稀疏的防线，并把最后的预备队全部派了上去，甚至还包括工人和学员。他们英勇战斗而我军深陷泥潭，最终我们的攻势被遏止了。

在 10 月的时候，苏军西伯利亚师还没有赶到前线。有一点我至今迷惑不解。根据我们的远程侦察，尽管报告称苏军的公路机动非常频繁，但是我绝对没有收到关于远东苏军战略集结的任何警报。但是在10 月底我们收到苏军铁路运输大幅增多的报告，这一报告本应该直接警告德国国防军最高统帅部加以注意的。他们也本应该在 11 月中旬就下令撤退并构建一条冬季防线，至迟也不能晚于陆军报告西伯利亚部队到达前线之时。

然而，德国国防军最高统帅部受到基辅、布良斯克—维亚济马等包围战胜利的激励，下令继续进攻莫斯科。这一命令让人忧心忡忡，尤其是那些主要负责执行的指挥官们。如陆军元帅冯·克鲁格只是受到前线部队不屈精神的鼓舞才逐渐提起精神，而赫普纳在与我一次私人谈话中则透露出他对这一计划非常沮丧。克鲁格抱怨赫普纳在指挥部队的时候优柔寡断，但听起来很勉强，底气不足；赫普纳向我解释说他的部队实在是物资匮乏。转机出现在 11 月底，我和我的航空队参谋人员撤离了苏联前线，乘火车回到柏林，几天后第 2 航空大队的参谋人员也回来了。

我意识到我们将不得不在苏联战场上度过这个冬天，当即申请冬季装备供给。我的运输主任带领各个办公室高效运作，没耽误几天就把物资运到了。我们还获得了芬兰人的帮助，他们指导我们建造了专门的加热装置，可以确保我们的飞行编队即使在最严寒的天气中也能随时出动。在我离开的时候，我感觉我的部队已经装备齐全，可以适应这个冬季的作战了。

是不是德国空军不够强大，无法挽救已经疲惫不堪的陆军，或无法加快向莫斯科推进的速度？对此，第 2 航空队用数字进行了回答：在6 月 22 日—11 月 30 日，共击毁 6670 架飞机、1900 辆坦克、1950 门火炮、2.6 万辆机动车辆、2800 列火车。但是，自 1939 年 9 月 1 日至 1941 年中旬，连续不断的出击已经严重消耗了我们的实力，而苏联秋季的天气变幻莫测，大雨、浓雾、严寒轮番上阵，将我们彻底吞噬。

在布良斯克—维亚济马包围战之后，敌人方面实施成建制的机动已非常罕见。我们没有观察到精锐的西伯利亚师的集结，或者他们没有采取这样的方式。苏联的抵抗变得零星分散，小型地堡分布得到处都是，这让我们高速飞行的飞行员们几乎无法认清和攻击它们，尤其是在能见度很低的天气中。

现在 T-34 坦克已经开始大量出现在战场上，它们甚至能够在最糟糕的地面上行驶。这个问题让我们的对地攻击机飞行员非常头疼，它们必须舍命飞越森林、树丛和村庄去攻击它们。陆军部队也频繁呼叫支援保护，要求消灭那些超低空突袭的苏联对地攻击机。我们必须出动肃清它们，但往往效果不佳。高射炮和反坦克炮的战果非常好，远超以往。事实就是这样，尽管遇到了非常棘手的困难，我们仍奋力从空中去攻击那些苏军坦克，不过我们确实难以给它们带来毁灭性的打击。

为了应付所有可能的危险，我们向前移至毗邻前线的机场，大约是沿奥廖尔（Orel）—尤赫诺夫（Yukhnov）—勒热夫（Rzhev）一线。即使如此，我们的胜利也微不足道。实力再强大的空军都无法挽救饥寒交迫的德军前线，无法对隐藏在冰雪之后的敌人给予致命一击。那对于一支已经精疲力竭的空军，还能指望战局好到哪儿去？

*　　　*　　　*

双线作战本身是一个错误行为而不被广泛接受，但以很多人的观点，这并不必然导致战争的失败。因此我们必须自我反省，在苏联战争中凭借我们有限的部队，能否在 1941 年底前占领莫斯科并摧毁苏联的军事力量，也就是摧毁苏联军队、军事中心以及位于其欧洲部分的军备工厂等。但这个问题的立足点，必须是希特勒已经采纳了这一战略规划。我非常了解这个核心因素，并确切地知道我们最大的敌人是什么，即变幻莫测的糟糕天气和泥泞不堪的道路网络，尤其是在 1941 年，否则毫无疑问我们已经占领了莫斯科。不过，因为狂风骤雨的天气及其糟糕的后果在苏联战区内司空见惯，所以难以得到足够重视。但如果希特勒之前没有浪费几周时间进行冗长的思考和各种小型战役，我们仍有可能实现最初的目标。如果我们在 9 月初斯摩棱斯克包围战结束之后稍作休整就继续攻打莫斯科，我认为我们会在冬天之前或在西伯利亚部队到达之前就把莫斯科攻陷。那样我们就完全有可能在其东面抢建一座综合型桥头堡，遏制苏军袭击我们侧翼或向其前线运送补给。占领莫斯科还具有决定性意义，可以使苏联的欧洲部分与其亚洲部分完全隔断，并且在 1942 年完成夺取列宁格勒（Leningrad）、顿涅茨煤田（Donets basin）、迈科普油田（Maikop oil fields）等经济中心的任务也将如探囊取物般容易。

但即使以此计划作战，我们还是不能对布琼尼元帅的基辅集团军群置之不理。在那条战线上的战斗会非常激烈和重要，但并不足以对整个战争起到决定性影响。另外，夺取莫斯科会瓦解苏联最高统帅部，解散苏联政府部门并切断其与远东地区的联系。在 8 月底或 9 月经过适当的休整和必要的重组，继续向前进攻莫斯科，是严格按照既定战略目标的做法，也是更加正确的选择。这样，我们就会有充足的时间开展进攻，而至于布琼尼，只需要对其进行有限规模的交战即可。

希特勒把作战思想改成了由中央集团军群沿第聂伯河进行防御，然后增援两翼的集团军群，这样他们就可以各自攻占前文所述的重要经济目标，但这一思想比夺取莫斯科更加正确吗？

当我们抵达第聂伯河的时候，有两个疑问得出了答案。第一，对第聂伯河西岸的苏军部队进行完全包围和歼灭的行动失败了。第二，很明显在莫斯科和第聂伯河之间的地区范围内仍然继续存在并不断产生新的生力军，他们可以为苏军提供必要的增援和补给。据估算，中央集团军群面临的对手多达150万至200万人之众。冯·伦德施泰特集团军群面对布琼尼军队，两者势均力敌，而北方集团军群所面临的对手则相对较弱。

对于苏军部队由中部前线向各主攻点进行的大规模调动，我们即使有再多的时间也无法阻止。如果把我们中央集团军群的非绝对主力部队和除预备队之外的所有位于战区前线（即西部和北部前线）的空军部队都抽调出来支援南方和北方集团军群，这样两翼的战斗最晚在1941年7月底或8月初展开，那么德军也只能寄希望于两翼的集团军群取得快速有效的胜利了。现在已没有必要猜想这些战斗能否在冬季来临前结束，尤其是同样面对初冬，南方和北方的应对方式就没有必要一样。但是我在1941年产生的一个疑问直到今天仍然存在，那就是我们占领列宁格勒、顿涅茨煤田和几处油田的行动是否比夺取莫斯科这个政府、军备和通信中心更有价值。所以，首要的战略目标必须是莫斯科，即使这样会导致两翼集团军群不得不收缩他们的目标定位。

连续进行包围作战，如比亚韦斯托克—明斯克、斯摩棱斯克、基辅、布良斯克—维亚济马等，浪费了大量时间，也迟滞了我们装甲部队的推进速度，使他们无法完成突破敌人防线、冲击敌方目标的任务，而那才是一往无前的装甲部队擅长去做的事情。如果通过缜密的计划和严格的执行，这一目标难道很难实现吗？

1941 年的我还没有学到 1942—1945 年带给我的经验，但即便如此，我也相信第 2 装甲集群和第 3 装甲集群能够快速突破苏军防线。但我认为随之而去的第二波和第三波步兵部队无法以足够快的速度打败或者全歼百万人之众的苏军部队，而且他们还必须及时跟上装甲集群并为之运送补给，换言之，他们要赶在装甲集群弹尽粮绝之前取得胜利。

以此来看，装甲集群还是显得太脆弱了。机械化部队要发挥战略作用，必须与征服土地的广度和深度以及敌人的实力相匹配才行，但我们还远没有达到这种程度。我们的坦克等全履带车辆并不够用，而且还存在技术局限，无法持久行动。要通过敌人重兵把守的土地，深入敌境1000 千米实施运动战，需要强大的补给能力，尤其是当前还无法从敌人那里获取大量的实用物资。我们的通信线路和机场，大都设立在敌国境内，并且缺乏足够的保护力量。出于我个人不得而知的原因，精锐的空降部队几乎没有得到部署和应用，但他们本应是这种大规模作战中不可或缺的力量。

总而言之，要想成功地占领莫斯科，至少需要装甲集群暂时停止两场战斗（明斯克和斯摩棱斯克的战斗），然后让他们与步兵军团一起扫除西部的敌军部队。只有这样才能在后续的进攻中没有后顾之忧。

最后，我们来评论一下关于人力物力资源的浪费问题。在 1941 年8 月或 9 月初，第 6 集团军指挥官冯·赖歇瑙元帅提议组建白俄罗斯师和乌克兰师。希特勒否决了这一提议，虽然他对赖歇瑙的评价极高，但他当时说的是："让赖歇瑙管好自己的部队问题，其他的事不要管。"后来，大家都看到苏军背后拥有成千上万勇猛积极的人民做后盾，并对希特勒的态度感到遗憾。从 1943 年直至战争结束，我一直亲自领导着德国俄裔编队。他们虽然没有希望实现自己宝贵的追求，即把祖国从布尔什维克人的手中解救出来，但他们仍然排除万难，坚持奋斗。如果我们可以更加广泛地获取他们的支持，我们的目标就更有可能得以实现。因此，无论是游击作战还是在正面战场，希特勒及其幕僚们实施的错误种族政策，让我们付出了巨大的代价。如果我们对苏联人力资源和军备工厂即时制订了收编计划，将有可能缓解我们在 1942 年之后必须要忍受的生产停滞情况，并在很大程度上弥补我们物资的短缺。

第二部分

地中海战争

（1941—1945 年）

第十三章

地中海战场

（1941—1942 年）

1940 年 6 月，进驻意大利参战；9 月 12 日，意军（格拉齐亚尼第 10 集团军）进攻埃及，在西迪巴拉尼前线受挫；12 月 8 日，英国发起反攻；12 月 17 日—1941 年 2 月 8 日，意军撤离昔兰尼加以及塞拉姆、巴迪亚、图卜鲁格和班加西等港口，被俘虏了 13 万人。1941 年 2 月组建德国非洲军团，由隆美尔将军领导；2 月 24 日，隆美尔发起反攻；1941 年 3 月至 4 月，夺回昔兰尼加；4 月 11 日，包围图卜鲁格；1941 年 7 月，英军在塞拉姆发起第一次反攻（失败）；1941 年秋，英国海军和空军成功袭击德意两军的北非补给线；11 月 18 日，英军在北非发起第二次反攻（成功）；11 月 28 日，德国第 2 空军司令部调至地中海战区；12 月 10 日，图卜鲁格解围；1941 年 12 月—1942 年 1 月，隆美尔从昔兰尼加撤退到阿格海拉地区。

　　1941 年 9 月的一天，当耶顺内克给我打电话时，我第一次对地中海战区产生了兴趣。他问我是否愿意去意大利或非洲。如果我们要防止意大利在北非的崩溃，他确定我们应该很快就要在这片地区投入更多的精力。几周过去了，我什么消息都没听说。就我而言，东线的指挥问题就让我忙得不可开交，让我无暇思考这件事情，所以当德国空军参谋长霍夫曼·冯·瓦尔道（Hoffmann von Waldau）上将第一次提醒我要移防时，着实让我吃了一惊。虽然我可能会喜欢前往阳光更明媚的地方执行新的任务，但在情况仍然不明朗的时候离开冯·博克的集团军群以及我自己的一些编队，无论如何都让我感到非常遗憾。

　　我飞到柏林，在德国国防军最高统帅部和德国空军总部获得了新的命令。他们告诉我，前任德国驻罗马空军武官霍夫曼·冯·瓦尔道、现任者冯·波尔（von Pohl）上将和德国武官冯·林特伦（von Rintelen）上将都与意大利最高统帅部和空军统帅部（Superareo）进行了对话，为我在意大利的行动铺平了道路。因此我感觉，我的职位已经得到明确，而且最紧急的移防预备工作也已着手开展，尤其是飞行编队已开始进驻西西里岛。为我安排的头衔是南方战区总司令，这似乎比较符合我的任务的范围和性质。希特勒在戈林和耶顺内克的面前对我进行了最后的训话。他告诉我，要扭转我们在北非补给线方面遇到的不利局面，必须要摧毁英军的海空中枢——马耳他岛。对此我反驳称，我们应该彻底占领马耳他岛，但是他用直白的话语打断了我的话，即我们没有兵力用于此处。尽管我在稍后的时候仍有机会重提这一意见，但因为与我的工作不相干，所以就没有再继续纠缠。

　　1941 年 11 月 28 日，我抵达罗马，当时我的参谋团队还没有到。

不久我便发现，要组建一个联合指挥部，面临着重重困难。墨索里尼完全按照我的意见改组了意大利空军统帅部，任命我的一位老朋友福吉埃中将担任国务秘书，他曾在佛兰德斯（Flanders）战役中负责指挥意大利空军；但意大利总参谋长卡瓦莱罗伯爵（Count Cavallero）不愿意向我移交所有的意大利陆军、海军和空中编队，因为他已经策划了一场新的攻势。他抗议说这种安排等于放弃了独立指挥部。他的最大让步是把他的空军划给我指挥。

这种折中的做法毫无益处，所以我决定抛开希特勒的指示，放弃整体指挥权，作为交换，我坚持要求意大利方面在联合行动中要采取比最初计划更紧密的合作。卡瓦莱罗向我保证，如果没有我的口头或书面同意，意大利最高统帅部不会向非洲战区的意大利军队发布任何作战命令，这是他们的承诺。现在来看，当时的谈判关乎着意大利的国家声望及其高度的自豪感，我做出的这种让步成了我们成功合作的主要基础。我一直赞成基于相互信任的自愿协作而非强迫性的服从，因为后者必然会引起怨恨。在我们与意大利海军统帅部（Supermarina）、空军统帅部、最高统帅部及其内部负责陆、海、空部队的军官等部队和个人的接触中，意大利军人向德国同行们展现了同志般的助人精神，这样的事例每时每刻都在上演。当我们与海军统帅部的交流过程中，我们还得到了海军上将里卡尔迪（Riccardi）和海军上将圣佐内蒂（Sanzonetti）的大力指导。在最高层面上，我与卡瓦莱罗伯爵的合作充满了友善和忠诚，与之形成对比的是，在 1943 年安布罗西奥（Ambrosio）将军接替他之后，这份合作就转向了阴谋和欺诈。至于我本人的上级，只有国王和"领袖"（Duce）墨索里尼。

在的黎波里塔尼亚（Tripolitania），我提出了一个条理清晰、类似于德国国防军模式的组织结构。所有三军部队都隶属于总指挥官巴斯蒂科（Bastico）元帅，隆美尔也不例外。但这只是纸上谈兵，注定无法付诸实践，因为隆美尔和巴斯蒂科一直处于争执状态，并且隆美尔寸步不让，哪怕这会惹恼了敏感的意大利人。隆美尔的声誉很高，后来更是达到顶点，这成了引入变革的绊脚石，但与此同时，它又有助于摆平某些微妙的情况。

在 1941 年 11 月底的军事行动中，一个突出问题是我们的跨地中海通信系统难以胜任。我们每天都能更清晰地看到英国军队在这些水域占据着海空优势。事实上，非洲战役对于隆美尔来说是一个关键转折点。他正在对德尔纳（Derna）以东的敌军大举压上，但主要由于意大利师的战斗力低下，作战行动一波三折，甚至我们都不得不考虑最终是否要撤离昔兰尼加（Cirenaica）。

与此同时，马耳他岛作为一个战略要点，具有决定性的意义。我在初期的主要目标是拿掉这个马蜂窝，来保护我们的补给线。这样我们就需要时间在西西里岛建立地面设施，前移我们的空中编队，调配摧毁马耳他海军和空军基地所需的物资，并确保意大利空军在我们的进攻中予以合作。就当前而言，除了能够对最重要的运输队加强空中掩护外，无法采取更多的行动。

隆美尔的部队不断提出要求。我们已在德国南方司令部和意大利空军统帅部之间，以及在非洲战区空军总指挥官和意大利北非航空队之间建立起良好的联络，但这都无法减轻德国空军在战斗中所面临的主要压力。沙漠中的装甲部队抱怨说，我们孱弱的中队虽然取得了值得赞扬的成就，但对他们的支援仍然十分匮乏。不过可以说，如果不是我们空军发扬不怕牺牲的战斗精神，隆美尔的军队很可能在苏尔特湾（Gulf of Sirte）还要继续撤退（例子还包括 1941 年 12 月 24 日在阿格达比亚和 1942 年 1 月 13 日在马尔萨·埃尔·布雷加等）。

应卡瓦莱罗元帅的要求，我的第二项任务是消除在战场上意德两军指挥官之间反复出现的基本分歧。

德国三军部队的战斗力都是第一流的，只是数量不足。他们装备精良，在很多方面都优于敌军，只有在特殊情况下，才会出于战术需要而以多取胜。此外，由于在海上运输过程中存在巨大损失，本来就很有限的补给品就不得不尽量满足各个地方的需求，因此到了各部队手中已所剩无几。

每一场战争都会面临全新的纯地理问题。在北非，我们的部队首先必须习惯那里独特的气候、地形和植被。他们必须在战斗战术方面学会适应大自然以及新的敌人。一旦部队适应了新的环境，他们就能胜任任何任务。

总体来说，我们和意大利人之间的同志情谊还是很好的，只是我们的这位盟友在参谋业务和战场行动方面效率低下，时常使我们感到恼怒，破坏了友好的氛围。

虽然这场战争是由罗马直接指挥的，但意大利军队对此毫无感觉。战争给我的印象就是，意军没有认真履行他们对前线士兵应承担的责任。在紧急情况或需要齐心协力的时候，他们总是在敷衍了事。

在我看来，问题的根源在于意大利人不愿充分发掘他们的战争潜力。对于我的抱怨，墨索里尼经常回应说，意大利人民在漫长和疲惫的殖民战争中流了太多宝贵的鲜血，现在已经变得厌倦了。我们两人的说法可能都是对的。但到了1944年，我感觉意军似乎在公然抗拒动用他们的人力储备。

卡瓦莱罗和安布罗西奥在同我交涉时，都以缺乏物资作为借口，为他们没有向军队提供合适装备以及没有充分利用现有人力资源进行大声的辩驳。这也许是真的。但是，除此之外，他们还采取了一种故意囤积物资的政策，这让我完全无法理解。在1943年意军倒戈时，还有大量未曾使用的战争物资被发现，仅这一点就足以证明这一政策的抠门。

他们的动员机制既不适合百万大军的需要，也不适应长期的紧急状态。我发现了太多现成的例子，即使在战争最危急的时期，平时的工作状态仍然占据上风。尽管卡瓦莱罗接受了全面战争的思想，并在最开始也采取了一些措施，把各个民生部门拼接成一个相互协调的战争机器，但这个机器很快就垮掉了。

我从来没有感觉到，意大利人民在一开始就知道这场战争是一次生死攸关的战斗。我认为，他们是随着战争不断拖延，并且不断遭受空袭和领土损失，特别是在北非战区的失利，才开始意识到这一点。意大利城市与德国城市的差别迥然，以致我需要想办法才能抹去对它们的印象，例如我只有在职责所需时才会前往意大利的城镇和村庄。我永远忘不了在安齐奥战役和内图诺战役期间罗马依旧歌舞升平的场面。如果墨索里尼不能激发国民的战争精神，他就应该早早放弃参战的想法。不过后来，意大利游击队对德国国防军进行了艰苦卓绝的游击战，从中倒可以看出意大利人民并不是完全缺乏战斗精神的。

意大利军队的表现并没有超出我们对于南欧人的意料，他们的训练更像是花架子而非为了战斗。他们的军营不适合作战训练；他们潜艇的潜水表演和空军的特技飞行都不适合真正的实战。他们也没有足够重视小型编队到整个军种的合同作战训练，当然后者也是大多数国家的一个共同缺点。另一个显著的问题是他们缺乏大型训练场地。而更糟糕的后果是，在战争持续很长一段时间后，他们仍缺乏良好的武器和装备。因此，要求一名士兵在只装备了 4 厘米反坦克炮和仿真坦克等低劣装备条件下去阻止重型坦克的进攻，或者驾驶装甲过薄、火力不足的坦克去冲击敌人的现代化部队，或者在与敌人现代化舰队作战中操作没有夜战设备或仪器的船只去定位并攻击潜艇，或者使用速度较慢、弹药不足的战斗机去与配备最大功率发动机的飞机进行战斗等，实在是过于苛刻了。

在城市中，甚至连装样子的防御力量都不存在，只有一些中世纪的火炮和一个形同虚设的空袭防御系统（其中没有雷达，没有相应的通信系统，也没有便捷的防空洞），这实在是高估了个人勇气和平时纪律的作用。

这样的例子不胜枚举。因此，不加区别地谴责意大利士兵素质低下或不适合长期顽强战斗，那是错误的。墨索里尼及其和平时期的国务大臣们必须为此负责。如果他们了解这些严重的缺陷，最初就应该远离战争。他们的另一个错误是太依赖于意大利制造的武器，那些武器永远只停留在口头上却从来没有生产过，他们应该采用经过战火洗礼的德国武器，并获得许可进行生产，例如德国最新型号的坦克和 9 厘米防空炮。

尽管意大利军营明显缺乏作战训练设施，但他们的军队纪律远远达不到我作为一名德国军官所持的标准。只要简单地观察一下卫兵的换岗，就会发现意大利士兵对他的职业毫无热情。也许身为一名完全不同的北方人，我用来判断的标准是错误的，但我认为事实证明我是对的。

我把这种令人不满意的情况首先归因于官兵之间缺乏接触。意大利军官的生活与部下互相隔离，并且由于对部下的需求一无所知，他就无法在必要时满足他们，因此在危急情况下也就失去了控制。意大利列兵的口粮，即使在战场上也与军官大不相同。口粮的数量与军衔成正比，更不用说，随着数量的增加，各种珍馐美味也会越来越多。军官们单独吃饭，常常不知道他们的士兵吃了多少或吃了什么。这破坏了同生共死的战友之间应该普遍存在的同志情谊。野战厨房车有助于消除这种差别，却无法受到意大利军队的青睐。我经常向卡瓦莱罗指出，这种现象会严重影响士气，但没有得到全力支持。事实上，我自己发现，我们德军的野战厨房车已经完全被意大利士兵所包围了。另外，当我在意大利军官餐厅里接受款待时，那里伙食标准比我自己的参谋食堂提供的食物要好得多。1944 年，格拉齐亚尼（Graziani）元帅被迫采取果断措施，确保其他所有军衔的军人都能按时获得全额薪水。在我看来，这件事毫无疑问是最需要特别干预的。

我说这些话的目的不是要夸大意大利军队的错误，只是为了说明他们的部队经常出现的问题。我并不是说，他们的官兵关系无论如何都处不好。他们在绝大多数情况下还是不错的。这一事实只能证明意大利的普通士兵天生正直，并且可以成长为一名坚强而优秀的战士。我见过太多由意大利部队或个人缔造的英雄主义事例，如在阿拉曼（El Alamein）战役中的"福尔戈雷"（Folgore）空降师，在突尼斯

（Tunisia）战役中的炮兵部队，在海军突击艇和鱼雷艇上奋战的船员，在鱼雷轰炸机编队中英勇的飞行员等，都令人无法忽视他们拥有的绝对信念。但在战争中，起决定意义的并不是这些孤立的英雄主义行为，而应该是军队的日常训练和战斗精神。

另外，意大利采取了中欧军事强国普遍运用的战略原则。我见过许多三军指挥官，他们都是一流的战略家和战术家。我发现意大利军种部门的工作制度与其他国家都是一致的。当时有个普遍观点，认为意大利初级军官基本不了解军种的规章制度，但我没有发现任何证据可以进行印证。我并不认为他们在运用这些规章方面缺乏实践，相反，我认为是最高统帅部的活跃直觉与执行单位之间存在不协调，这应该是造成大量失败的原因。行政工作也许制定得很细致，但执行情况却很糟糕，无疑这可以部分归因于他们南方人的性格特点。尤其让我印象深刻的是，他们居然严重忽视了岛屿甚至是本土的沿海防御工事，而在巴尔博离开之后，现代化飞机的研制和生产也变得停滞不前了。

毫无疑问，我需要抓紧时间熟悉自己的新战线。我视察了德军部队，并与隆美尔和意大利指挥官保持着联系。我的第一次视察是前往西西里岛。那是一次糟糕的经历，因为冯·波尔在飞往那里见我的途中，迫降在第勒尼安海（Tyrrhenian Sea）。直到他从困境中获救，我才放下心来。不过，意大利海军和空军的帮助给我留下了非常好的印象。

接下来是前往北非。在那里，我第一次听到了对隆美尔的不满，并了解到了德意两军的不同之处。我也遇到了非洲战区的空军指挥官、经验丰富的弗洛里希（Fröhlich）将军，他正面临一个麻烦，即第 10 航空队的总部在雅典，接受命令的距离太过遥远。我帮助他解决了这个问题。我还认为，能力出众的空军中将盖斯勒（Geissler）对隆美尔产生的影响太小，所以我现在让非洲战区空军指挥官直接接受南方战区司令部的命令。我又拜访了克里特岛的指挥官安德烈（Andrae）中将，借此了解了那里的问题所在。

这些走访的结果让我进一步确认了必须要消除马耳他岛对我们交通的威胁，并让我真正认清了地中海战区对整场战争的决定性意义。如果我当时知道海军上将雷德尔在放弃"海狮"计划之后也看到了对抗英国的战争重心位于地中海，我们就可以共同努力，这样或许能够成功地将我们的主力部队转移至这个战区。在此时此刻，又是希特勒的保密政策发挥了作用。

我们当时还不能对马耳他岛发动决定性空袭，因为我们在西西里岛的空军基地尚未准备好接收参加这次行动的部队，而这些部队也还没有开始分配任务。通过对英国岛屿开展一系列空袭以及加强对我们运输队的保护，事情开始出现了转机。由于德国军队训练有素，结果出人意料的好。在 1942 年 1 月和 2 月，我采用统计学数据向位于罗马的帝国元帅报告，局势已经得到扭转，我们的航运损失从 70% ～ 80% 降低至 20% ～ 30%。然而，我们所有人都清楚，尽管我们可以为隆美尔的胜利感到沾沾自喜，这也使隆美尔更容易决定采取攻势，但就北非而言，供应问题仍然前景不明。

一次又一次，有时还是在意大利最高统帅部的支持下，我敦促戈林和希特勒通过占领马耳他岛来稳固我们在地中海的地位。我甚至说服了隆美尔支持我。但直到 1942 年 2 月我的计划才成功地获得批准。当时是在元首总部的一次会晤中，大家逐渐变得激动起来。会晤结束时，希特勒抓住我的胳膊，用他的奥地利口音对我说："沉住气，凯塞林元帅。我马上批准！"这也从侧面彰显了总部内部的紧张气氛。

＊　　　＊　　　＊

的黎波里塔尼亚的生死存亡取决于供给情况。为什么这一问题从来没有得到解决？这个提问很有趣，值得详细地讨论一下地中海战区的局势。

人们会本能地认为，意大利人凭借强大的舰队以及位置优越的西西里岛和潘泰莱里亚岛（Pantelleria），能够控制住他们的地中海，或至少可以封锁突尼斯城和西西里岛之间的海峡。我带着这种纯粹理论性的信念来到意大利，但很快就发现理论和事实之间存在天壤之别。我们的运输队要顺利成功地完成任务，必须需要各种前提条件。首先，它需要一个头脑清醒的指导机构。这在一开始就不存在，不过卡瓦莱罗并没有对建议充耳不闻。从 1941 年底开始，他几乎每天都会举行会议，出席者包括所有重要的国务大臣和部门首脑。我也会亲自参加，如果我无法到场，就换成冯·林特伦将军，卡瓦莱罗则担任会议主席。海军统帅部组建了一个后勤常务委员会，由各兵种的专业人员组成。他们在理论上坚持一项原则，即前线随时需要的每一种补给物资必须在地中海两岸的仓库和存放点中都保持满载状况。而事实上，这一预期目标从来没有达到过。在 1942 年和 1943 年，尤其是非洲的港口和仓库遭受了大量空袭，让这一状况更是雪上加霜。

意大利的后勤情况比我们的稍好一些。他们的优势是在自己帝国范围内行动，他们的补给来源相对较近。毕竟，他们只有一个战区要补给。在和平时期，的黎波里塔尼亚有自己的驻军，因此也有配套的商店。由于缺乏直通列车，殖民地曾建设了一个效率不错的重型汽车运输系统并配备了相应的柴油车辆库存，这在燃油问题仍很严峻的情况下，成了一笔额外的资产。更大的困难是，民众和军队都必须从海外获得补给，甚至连木材也是如此。当地产量在不断提高，但仍然不足。

不幸的是，德国和意大利军队的武器装备不一致，除了一些特殊的情况，我们都无法通过彼此交换来相互支援。甚至是口味上的差异都让伙食配给变得更加复杂，德军士兵只好艰难地放弃统一的德式口粮，转而被迫接受热带地区的伙食标准。

在海上运输方面，我们可以集结一支强大而多样化的意大利商船队，再加上为数不多的德国船只。这些德国船只性能完好，是在宣战之时被困在地中海的。除了横跨亚得里亚海通往希腊和海上小岛的交通线之外，当时的海上航线并不畅通。按说拥有如此多的船只应该够用了，但很不幸，事实并非如此。依我看来，导致这一状况主要是以下这些原因：意大利造船厂沿袭和平时期的工作方法；原材料和零部件在码头分配不完善；意大利船东不愿意承担风险，担心一直到战争结束前都无法要回自己的船只，但他们没有想过，如果意大利战败了，他们同样可能会失去自己的船队；没有把商船队编入海军；商船停靠的港口分散遥远，而且各船的速度差异较大，难以组成运输队；最后是燃油和煤炭非常短缺。

所有这些不足之处只能慢慢地加以弥补，甚至可能无法都补上。全民动员的概念完全不符合意大利人的性格。

抵达阿拉曼阵地后，由于可用的船只仍然太少，我们无法长时间维持被拉长的补给线。在这个节骨眼上，尚不具备夺取马耳他岛的条件，使用突尼斯城和比塞大（Bizerte）作为补给基地的计划被德国国防军最高统帅部出于体谅法国的原因而否决，而从克里特岛到图卜鲁格的新开航线又没有带来任何明显的缓解，所以此时必须采取新的措施。这些措施包括调集 U 型潜艇、炮艇和驱逐舰来帮助运输体积较小的补给物资，使用空中运输编队，最后甚至还征募了适于航海的近岸帆船来进行单次运输。

此外，还有一个大规模建造小型船只和平底船只的方案。基于我们的经验，航行能力为 15 ～ 16 节的小型船只和 6 ～ 10 节的微型船只，例如海军的驳船和西贝尔渡轮，是不会受到鱼雷攻击的。给它们装上小口径武器，并在其中搭配火力强大的西贝尔渡轮，几乎不会产生什么损失。在平静和温和的海况中，它们可以安全渡海而不会冒什么风险，甚至在紧要关头还可用于风浪等级 5 ～ 6 级的情况。而且，它们可以更容易地提高卸货作业的速度，如果有必要的话，也可以避开受到空袭威胁的港口，在海岸边卸货。如果在黑暗的掩护下能调用快速船只来执行一部分任务，那将是极大的助力，但是我们实际上没有，也不可能在短时间内建造这些船只。

南方战区司令部下令优先建造至少 1000 艘小型船只（即海军的驳船和空军的西贝尔渡轮），还包括一种约 400 吨的新型木制船只和 500 ～ 600 吨的海军特种船只。然而，尽管建造计划已经开始实施，但德意两国装备制度之间的无休止摩擦却拖了后腿。

油轮问题自始至终都是重中之重。由于油轮是敌人攻击的首选目

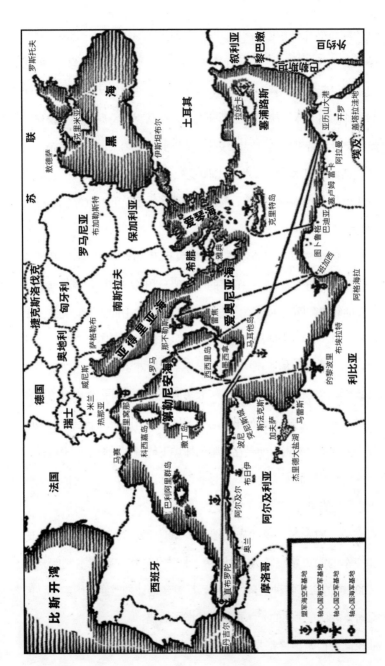

第二次世界大战之地中海战区

标，对它们进行专门保护就成了必要条件。由于单靠伪装几乎毫无作用，我们不得不尽快找到新的弥补办法。汽油本就非常稀缺，如果损失掉一艘 4000～6000 吨的油轮，就意味着这个缺口几乎无法补全。潜艇、炮艇和驱逐舰几乎都用来运送燃油，甚至连小型船只都征用，还有空中运输联队每天也会运输 200～500 吨的载荷。

装甲部队和机动车辆对航空汽油的消耗也必须加以考虑。正如海上的油轮一样，地面上的汽油库和运输燃料的机动车队也是敌军眼中的"香饽饽"。这样一来，我们短缺的燃料供应中又会有一部分损失。即使我们在 1942 年 8 月以前没有遭受决定性的挫折，但我们的汽油短缺对战斗造成了致命的影响，结果甚至连最基本的行动也往往无法进行。

意大利舰队的庞大规模足以保护他们所有的运输队，但德国军队却无法做到这一点。只是在 1942 年底，才有一艘在希腊船厂建造的驱逐舰服役，这已经是做得很好了。德国的 U 型潜艇部队——勃兰特（Brandt）上尉就是其中的一名优秀指挥官——会根据情况在地中海的东部或西部，主要是在直布罗陀（Gibraltar）和亚历山大（Alexandria）等主要港口附近，伏击英国的护航队，这间接地起到了一定作用，但他们的成功次数不多，而且也不可能具有决定意义。

在护航工作中，通常只使用轻型军舰，只有在特殊情况下才会动用巡洋舰。小型船只的适航性是有限的，因为在 5 级风浪的海况中，它们大多数就会掉队。鉴于这种局限性，就导致了在海况平静时，也就是在好天气里，英国海军和空军部队会集中它们所有可用的兵力，从直布罗陀、马耳他岛、埃及和叙利亚等地蜂拥而至，这时如果运输队中没有护航部队的话，仅凭自身少量的反潜和防空火力，在面对敌军的袭击时，将会变得无所适从。

除非船长很善于对付鱼雷，或者我军有足够的时间或兵力来拦截敌人，否则运输队中至少会有一艘船被击沉或被击伤。另外，虽然暴风雨天气能够起到相当大的掩护作用，有时甚至能完全阻隔敌军，但此刻运输队也无法出航，因为护航舰船经受不住大风。在特殊情况下，可以呼叫巡洋舰为运输队提供快速支援。我们陈旧的炮艇和驱逐舰一直忙而不休，要进行全面检修可能需要很长时间，这些浪费的时间会严重影响我们护航舰艇的调配，甚至无法满足最低需求。结果，由于运输队在港口滞留，导致许多十分急需的补给物资的运输被严重延迟。

通过接管和调配在法国南部港口停泊的船只，重新启用这些船只，确实帮助我们在极其关键的时期（1942—1943年）取得了暂时的改善。然而关于能否使用泊在突尼斯城和比塞大港的潜艇和三艘大型快速驱逐舰，长期以来一直存在争议，这其实就意味着拒绝给我们使用。这也体现了联合指挥部的一个弱点，它看重的是名声和战后情况，而非如何充分调用所有的海军资源。

但是我们还是尽全力想了一个办法。为了应对短缺，我们呼吁德军通过为意大利舰船安装定位仪器、培训炮手、派遣德国教官等方式来换取燃油、原材料和零部件，不过这些措施落实得太迟了。

地中海战区的另一个特点是敌方间谍系统的出色发挥和广泛的破坏力，我当时不知道他们的影响程度，可能连里卡尔迪和圣佐内蒂海军上将也不知道。我们怀疑我们的护航时间被泄露了，但我们永远无法证实这一点。

总之，我们的反制措施总体是有欠缺的。我们现在已经知道，许多舰船被击沉，很多人丧生，这都是海军上将毛杰里（Maugeri）的叛变所造成的。

意大利海军都是宝贝疙瘩，因此使用起来很谨慎，这在内部也带来了特殊的麻烦。不过我们还是有 3 次设法克服了这些困难，让它们出海执行任务。更麻烦的是它们分散驻扎在不同的港口，要集结它们既费时费力又浪费燃料。结果，这些战舰要么没有准备好出海，要么燃料不足，要么就停进船坞中。同样由于缺乏燃料，大型编队的演习也无法得以开展。射击训练也极少组织。此外，意大利海军还存在严重的技术缺陷，并理所当然地获得了"晴天舰队"的绰号。这些舰队的适航性总是让人不放心，需要加强空中保护，而且由于轴心国空军在地中海战区的力量有限，所以这些荒谬的要求就落在了德国空军头上，但德国空军已经把所有精力都放在保护运输队上，飞行员的出动架次已占所有总数的 75% ～ 90%，潜力也被完全榨干。即使意大利舰队意外进入英国舰队的最远射程并进行了零星交火，它们也会不得不在黄昏来临之前结束战斗，然后逃往最近的港口，如塔兰托（Taranto）或墨西拿，因为它们毫无夜战的能力。

意大利的造船政策是另一个让人愤怒的原因。有一段时间，他们的舰队，尤其是他们的主力舰队，已经毫无用武之处，这时船坞中挤满了战舰但同时物资也很短缺。这时他们还是选择让"罗马"号战列舰的建造完工。墨索里尼毫不在意他的军备政策已濒临破产，反而对此充满自豪，在亚得里亚海检阅了他的这一"技术奇迹"（该舰于 1943 年从拉斯佩齐亚港叛逃至马耳他岛的途中被一枚德国制导炸弹击沉）。我相信其他主力战舰也会完工或投入服役。即使是外行人也可能看出来，按照目前的情况，本可以采取一项符合实际的建设政策，通过多种途径来缓解供应问题。墨索里尼宣称他会在决定性时刻派遣整个舰队参加行动，但我早就不相信他有机会实现这一意图。

总之，我只希望我已尽最大的努力来客观地描述局势。我无意提出攻击性的批评意见，我非常珍视意大利人向我展示的战友情谊，我有太多的机会来见证他们无私的工作。我与空军统帅部国务秘书福吉埃以及许多其他意大利飞行员建立了亲密友谊，这都切实保证了我对他们空军的批评是客观的。

意大利战斗机只能用于纯粹的保护目的，参加作战行动的是轰炸机和鱼雷轰炸机，偶尔还有俯冲轰炸机和战斗轰炸机。我已经坦率地表达了我对他们技术的看法，换言之就是效率低下。

我的结论是，意大利战斗机在威胁较小的地区尚堪使用，包括第勒尼安海以及在班加西（Bengasi）和的黎波里（Tripoli）附近的海岸地带，一定程度上也包括亚得里亚海和帕特雷湾。地中海、西西里岛和克里特岛南部以及爱琴海上空的危险区域则要交给德国战斗机中队，包括 Ju-88 和 Me-110 等夜间战斗机编队，它们也适合执行部分任务。我们为非洲前线的行动分担了压力。从 1942 年春季起，我们的运输队开始增加 1 ～ 3 架携带深水炸弹的战斗轰炸机来护航，负责发现和对付敌人的潜艇并执行警戒任务。他们也会得到鱼雷艇的支援，或用深水炸弹——有时也用航炮进行攻击。对于浮在水面上的潜艇，使用 2 厘米航炮至少可以起到使对方下沉的效果。

行动的指挥权掌握在第 2 航空队作战参谋手中，他们向第 2、第 10 航空大队以及非洲战区空军指挥官发出命令，并在需要时呼叫意大利空军统帅部联合行动。

所有德国飞机都配备了副油箱，所有空海搜救飞机随时准备起飞，所有搜救船只各就各位随时准备出海，雷达也指向了主要战斗方向。运输护航队的实力部署受危险程度、天气状况、时间以及运输队的速度、规模和重要性决定。黄昏时分，备用的战斗机（Ju-88 和 Me-110）将单独接管护航工作，因为其他战斗机必须在夜幕降临前着陆。空中掩护的兵力少则 2 架飞机，多则 16 架飞机。在局势困难时，试验型飞机（Ju-88 和 Me-110）也会被征用，这发生过几次，当时编队必须需要一架配备有测向仪的飞机进行引导。如果发现敌机接近，所有做好准备的战斗机都会在敌方袭扰运输队之前出动拦截它们。当然，由于我们战斗机的航程有限而飞越海洋的距离遥远，出动这些架次都需要冒着相当大的风险，但这是双方协商的结果。同样如果报告说航线中出现了英国海军舰艇，那么所有可用的战斗轰炸机、俯冲轰炸机和鱼雷机编队都会起飞。

这些架次要突破敌方强有力的防空弹幕，这对飞行编队造成了难以置信的压力。被击落通常意味着葬身海底，但不时也有轰炸机机组人员成功获救，而且盟军舰船也报告说，他们搭救了在海上跳伞的飞行员。无论如何，我们把敌军飞行中队拦截在了运输队之外。

这份对于运输队保护制度说明足以显示，轴心国的空中力量已经不堪重负，飞机和机组人员都在高负荷运转，更不用说遭受的破坏或损失了。从战术的观点来看，使用空军来保护运输队是事倍功半的，因为这在很大程度上浪费了宝贵的飞行时间。然而，我们也没有办法，而且也无法避免其糟糕的副作用，即在停机坪上的飞机越来越难以出于纯粹的战斗目的而进行分配。由于对编队的整体要求不断提高，机组人员的休息时间也不断被蚕食，这一切都是拜频繁的海上飞行所赐。

在 1941—1942 年，德国和意大利都没有组织过任何专门的空中运输编队，每个战斗机中队都只能依靠自己的运输机来满足本地的需要。这种做法第一次用在挪威和克里特岛的军事行动，后来又用于 1941 年至 1942 年冬季的苏联前线，而对荷兰的空降行动在某种意义上则属于准备阶段。从那时起，运输机飞行员就在他们自己指挥官的组织下成立了飞行联队，其中有两个至三个联队来自西西里岛、意大利、希腊、克里特岛和的黎波里塔尼亚，它们在我的指挥下参与到这个吃力不讨好的任务中，随时准备应付紧急情况。由于这些飞行不完全是在夜间进行，所以必须有战斗机护航，或至少在拂晓时进行护航，并在目标机场做好防御。它们表现得非常出色。有一次六引擎的"巨人"号运输机出航执行任务，它的效果更好。

在很长一段时间内，这些飞行没有任何损失，这种状况一直持续到 1943 年春天。当时一个由 Ju-52 组成的运输机联队和一个由六引擎"巨人"号组成的中队在突尼斯附近被敌方战斗机捕获，几乎全军覆没。我们的损失给了美国记者大肆发挥的机会，但这次失利并不是由于第 2 航空队的缺点或鲁莽所造成的。

尽管有所谓的动员物资储备，但这绝对是相当不够的。意大利的煤和石油几乎不够满足自身的需要，在这两方面都需要德国的帮助，当然德国自己也因战争需求而缺乏石油。结果是虽然双方都选择了易货贸易，但大家都不满意。另一个后果是，微薄的石油库存分散储藏在相距遥远的仓库里，无法随时凑齐一支运输队所需的油量，因此会造成延误。如果确实短缺，我们就不得不求助于意大利公海舰队的储备物资，甚至有一两次还清空了战列舰的油箱，以便能够优先满足护航舰队的迫切需要。当然这同样又造成了新的延误和其他问题。总之值得赞赏的是，雷德尔海军上将慷慨地回应了意大利海军的求助，而德国第 2 航空队也同样帮助了意大利空军统帅部。

煤的重要性略微次之，因为我们能够足量满足此地货船和运输船的需要。

很难说这些情况本来能做得更好，那成了"事后诸葛亮"。当然，只有德国人一直在付出更多，而意大利人则在节俭地使用他们的资源。但毫无疑问，由于上文所述的困难，必要的护送难以及时组织，因此在地中海战区白白错过了很多次可以运输的有利时机。

现场装卸控制并不属于我的管辖范围，但我通过一些间接隶属于我的德国机降军官了解到了货物短缺的情况，并在走访港口时证实了这些抱怨并没有错。我向德国国防军最高统帅部提交的报告促使希特勒于1943 年派戈林——后来又派过邓尼茨（Doenitz）前往意大利，以支持我对意大利最高统帅部和空军统帅部提出的要求。戈林召开了很多次会议，进行了多次视察，并召集了商船建设委员会成员来解决最显著的缺陷。情况有所改善，但一直未达到应有的程度。

物资装卸部门的工作太松散了。他们对于物资运送和装载的协调能力极差，令人恼火。空袭警报也被不必要地拖延。卸载的物资无理由地长时间停留在码头上，有时就这样成为炸弹的牺牲品。

又过了很长时间才在此地配齐了足够的高射炮防御，几乎所有的高射炮都来自德国。但这又进一步削弱了前线机场和装甲部队的防空水平。

南方战区司令部已经在突尼斯配备了一支后勤管理参谋团队和一名德国空军供给处的前高级军需官，我必须承认这是史无前例的举措。在班加西或的黎波里，装载一艘运输船需要 2 ～ 5 天的时间，而在突尼斯城或比塞大，同样的工作只需要半天至两天。如果接到猛烈空袭的预警，船只会被拖离码头，停进港口或海湾，因此避免了许多损失。形成鲜明对比的是，一艘油轮贸然驶离防守严密的图卜鲁格港，结果遭到摧毁，这一战术失误逆转了此前隆美尔从阿拉曼发起攻势而打下的有利局面。

由于大船面临的危险越来越大，而且我们在卸货方式上存在缺陷，所以我更加青睐于建造小型甚至微型的船只。这样的小船只有少部分会损失在运输途中，并且几乎不会在尚未卸货时就在港口被击沉。这还促使我发布了另一项命令，即坦克等贵重货物只能用渡轮或平底船运输，在大型船只上最多只能装载 6 辆。对付空袭最有效的防御办法就是部署两支高射炮部队并给它们配备 6 ～ 20 门高射炮。

运输队必须适应各种形式的空海护航情况。来自特工、U 型潜艇、飞机和无线监测部门的侦察报告为我们提供了大量的信息，但在制定决策时过分重视这些无法核实的报告，结果想完全回避所有冒险行动或主动作为，那就大错特错了。不幸的是，这种情况时有发生。优秀的侦察工作还是要与灵活的领导和适用的舰船相一致。

从 1941 年 12 月至 1942 年 1 月的供给保障值得称赞。要知道，当时的德国和意大利陆军和空军部队已经被击溃，他们退到了位于苏尔特的阵地，却没有任何物资库存，唯一的补给只能取自被困在阿格海拉（El Agheila）湾中的一艘船。

第十四章

马耳他还是埃及?

------------------------------ ▶ ○----------------------------------○

（1941 年 11 月—1942 年 10 月）

1942 年 1 月 21 日—30 日，隆美尔从昔兰尼加直至卡扎拉
实施反击；4 月 2 日—5 月 10 日，德国空袭马耳他岛；5 月 26
日，隆美尔组织德意联军发起新的攻势；6 月 11 日，占领比
尔哈凯姆；6 月 21 日，占领图卜鲁格；6 月 23 日，隆美尔穿
过埃及边境；7 月 1 日，隆美尔进入亚历山大港西南约 60 英
里的阿拉曼；德意攻势受挫；8 月 30 日—31 日，隆美尔试图
在阿拉曼发起新的攻势，但最终失败；10 月 23 日，英国反攻，
阿拉曼战役开始；11 月 5 日，隆美尔撤退。

当我抵达地中海战区时，隆美尔已经开始从图卜鲁格撤退到苏尔
特湾。在必要的休整和维修之后，他又于 1942 年 1 月 21 日发起了反攻，
一直打到卡扎拉（El Gazala）。这两次行动都是隆美尔最擅长的。我对
此印象尤其深刻，他的打法让我大开眼界。在这两次行动中，我都要充

当意大利最高统帅部和隆美尔之间的调解人。如果隆美尔能够主动向意大利方面做出让步，哪怕只是形式上的，也会使他们的针锋相对变得缓和或隐晦一些。隆美尔的撤退本身就对意大利的非洲司令部以及罗马统帅部造成了打击，而且无论对与错，卡瓦莱罗伯爵和巴斯蒂科元帅都认为隆美尔的决定是对他们的一种侮辱，是对轴心国伙伴关系的威胁。

我们于 1941 年 12 月 17 日在贝尔塔（Berta）举行会晤，但会上没有达成一致。尽管隆美尔无视意大利人对他的机动战略的反对，但也承诺将来会调整机动部队的行动，使之与其他兵种相协调。我试图从中息事宁人，向他们保证在意大利步兵开始撤退之前，我不会放弃德尔纳及其邻近机场等要地。

这次行动实际上是按计划执行的，没有造成致命的损失。就像通常类似的撤退一样，步兵师很快就退下来了，隆美尔无须对原计划进行重大修改就能把战线拉直。不用说，我们的空军和高射炮手在这次行动中发挥了重要作用。

1942 年 1 月 21 日，隆美尔决定反击，这是他的作战指挥官韦斯特法尔（Westphal）提出的主意。有一天，韦斯特法尔驾驶着他的"白鹳"式侦察机飞越敌人防守松散的前线时产生了这个想法，并马上得到批准，以最快的速度和保密的方式开始准备和实施。隆美尔习惯于对意大利军队保密，直到最后一刻才告诉他们自己的行动计划。毫无疑问，奇兵制胜的首要条件就是绝对保密，而为此所做的一切手段当然都是正当的。但同样可以肯定的是，这种行为会增加联军指挥的难度——毕竟，隆美尔还是隶属于巴斯蒂科和意大利最高统帅部。

隆美尔开始行动后，我把进攻的消息通知了在罗马的卡瓦莱罗。

他担心会再次失败，情绪变得异常激动起来。在我的建议下，他于 1 月 22 日同我一起飞往非洲。不过，他没有去见隆美尔，而是先去了意军总部，我也把精力放在了我的空军和后勤工作上。

1942 年 1 月，我们对英国军队的实力、部署和战斗素养都有了清楚的了解。我向卡瓦莱罗保证，隆美尔的攻势，即使被遏止，也不会成为一场豪赌。英国军队部署分散，资源供给紧张，因此我们有机会占领班加西，这反过来又将确保我们的补给线。在与意大利人进行了一番争论之后，大家终于在攻击有限目标等方面达成了一致。我在这些讨论中发挥了调解的作用，但并不意味着我反对这场行动，这与我自战争以来所思考的一致。卡瓦莱罗在他的日记中也证实了这一点。意大利最高统帅部不希望再冒任何风险，他们觉得自己无法承受新的挫折。

尽管达成了一致，但我知道隆美尔会做什么。在节节胜利之时，他不会停下脚步，直到迫使敌人放弃抵抗为止。我是对的。我们疲惫不堪的部队再次爆发出强大的力量发起了攻势，并得到了非洲战区空军指挥官的大力支持，从 1 月 30 日开始一直推进到所谓的"卡扎拉防线"。这次胜利的荣耀属于隆美尔，他在装甲集群和大胆突袭方面成了当时无与伦比的领袖。

尽管在非洲的德意空军力量很弱，但他们仍然优于英国。德国战斗机控制了战场，英国人对俯冲轰炸机的恐惧与我们士兵对其喜爱程度不相上下。然而，让我记忆犹新的是，英国飞机在班加西上空使用照明弹进行"魔法照明"。这种举措给我的印象是，对方正在使用强大的轰炸机部队，照明区域内的所有行动都要停止。

我讲述一个无关紧要的事件，只是因为它非常特殊。1 月 23 日，我自己驾机载着卡瓦莱罗出席会议。因为停机坪上只剩下这架飞机，所以卡瓦莱罗坚持要我陪同他。会议持续的时间比预计的要长，所以我们在返程起飞时太阳已经下山，而在阿格海拉降落时，天色已经完全漆黑。就这样，一名德国元帅驾驶着一架不适合夜间飞行的飞机载着意大利元帅飞越了沙漠，将这位心惊胆战的乘客安全送到他众多将军的怀抱之中。他们在着陆后拥抱亲吻，热情之高超出了我的想象。

1942年2月初，随着隆美尔在卡扎拉防线上的反攻被遏止，德意联军在的黎波里塔尼亚的处境与英军第8集团军在班加西的处境大致相同。这一成功的进攻震撼了敌人。英军恢复时间的长短将取决于兵员和物资的补给情况，尤其是当前这个不适于作战的季节即将结束，而且他们的补给线也在逐渐缩短。我们的首要任务是整修班加西和德尔纳的港口。在占领后的几天内，第一批船就可以卸货了。特别幸运的是，我们发现了之前德军遗留的完好无损的弹药和其他物资，这算是海上补给之外的一笔意外之财。

尽管出现了这种出乎意料的有利情况，但现在迫切需要加紧完成我们对马耳他岛的空袭准备。鉴于非洲的局势，拖拖沓沓其实是紧张的表现，只有成功地占领才能使得一切拖延都变得有意义。

在西西里岛第2航空大队总部举行的一次会议上，我相信每个人都理解了这次袭击的详细指示。当我检查编队时，我发现他们充满自信和渴望。第2航空大队接到的命令基本是突袭并摧毁敌军的战斗机，至少要重创它们，使它们不会对随后的轰炸空袭带来重大威胁；并且要在很短的间隔内攻击3个机场，可以使用重型炸弹、轻型杀伤炸弹和机关炮来摧毁地面上的飞机，保证跑道暂时无法投入使用。

　　轰炸机进一步空袭的目标是机场、港口的设施和运输队，城市本身将得以幸免。白天的攻击是集中、连续的，并得到战斗机强有力的保护，不仅使轰炸机远离英国战斗机的袭击，而且能将它们一扫而光。

　　在夜间，主要使用单架飞机不断进行骚扰性袭击，阻碍对方的清理和维修工作。该方案还计划使用俯冲轰炸机击沉驶往该港口的几艘补给船，并布设水雷以封锁港口入口。

　　这项方案使各有关方面都承担了艰巨的任务，但是以相对较小的代价完成的。有几个因素加大了这场攻岛战斗的难度。首先，在机场和港口周围，敌方利用岩石开凿出一些天然掩体，可以保护飞机和仓库，即使是最重型的定时炸弹也不能对它们产生真正毁灭性的影响，甚至我们试图使用战斗轰炸机来炸毁入口也没有成功。只有使用小口径炸弹（接触引信）进行地毯式轰炸才有可能取得成功。英军强大的防空力量都集中在海岸边，并受到海军防空炮的支援，它们共同保卫港口，形成了一道火力屏障，只有勇敢的飞行员才能穿过，而我们就在此损失了许多飞机。

　　俯冲轰炸机最脆弱的时刻是俯冲随后拉平的时候。这些动作限制了飞机的飞行速度，并且无法保持队形。此时此刻，为了尽可能减少损失，我们只有派遣战斗机同时一起俯冲，并派遣专门的战斗机在拉平阶段来保护它们。英国战斗机的勇敢精神和操控技巧也值得肯定，尤其是它们从高空（3 万～ 4 万英尺）俯冲穿过德国轰炸机编队时，其完美操控飞机的能力令人敬佩。我们还必须对卸货的组织工作表示敬意。进入港口的船只和油轮可以在极短的时间内就完成卸货，然后这些货物就可以储存在海边的地下放炸弹仓库里。

第2航空大队在这次袭击的策划和执行方面做得非常出色。我们足智多谋的杰出参谋长戴希曼（Deichmann）中将在这里值得大书特书。

对马耳他岛的空袭暂时中断是由于我们让攻击部队转而攻击其运输队，而击沉运输队是成功占领该岛的必要条件。通过艰苦的战斗，除了几艘船外，这些运输队基本都被摧毁了。

1942年4月2日，主攻开始了。到了5月10日，我认为任务已经完成。由于任务成功完成，我们从意大利到非洲的海空补给线得到了保证。本来在空袭后占领该岛是易如反掌的，但事实上无人去做。这是德意联军犯下的一个严重错误，后来自食其果。在战斗中，德国空军的袭击都限制在纯军事目标上，这是值得赞扬的，并已得到英国人的承认。

由于这次进攻的成功，德国国防军最高统帅部认为紧张的局面已经缓和，因此把我们空军大部转移到了东线。当然，在地中海也留下了足够多的部队来监视马耳他岛，遏制敌人的海上运输活动，保护我们自己的交通线，这样就不需要求助于非洲战区空军指挥官了。然而事实证明，随着时间的推移，这些部队实力越发不足，无法摧毁岛上的要塞，也无法阻止其获得补给。

意大利在战斗开始时错失了占领该岛的机会，这将作为一个根本性的错误被载入史册。

德国国防军最高统帅部很快就认识到该岛的极端重要性。然而，尽管我不断重申占领该岛的理由，并在后来得到意大利最高统帅部和隆美尔的支持，但他们在空袭该岛后就安于现状了。他们故意拒绝纠正前一个错误，但这种做法却导致了第二个根本性战略错误，使得地中海战区司令部处于极度不利的地位。

与南方战区司令部的态度相反，意大利最高统帅部一直表现得犹豫不决。1942 年 6 月 26 日，在西迪拜拉尼（Sidi Barrani）召开了极其重要的元帅会议。在占领了图卜鲁格之后，意大利最高统帅部偏离了我们最初既定的战略方针，同意隆美尔关于继续向尼罗河（Nile）进发的建议。这一决定改变了北非的命运。总结一下我的反对理由：

隆美尔之前向我们汇报过当前局势。他宣称，实际上没有任何重要的反对力量，他可以在 10 天内就带领他的军队开进开罗。对此我回答说：

"即使我承认隆美尔对地面上的局势有更深入的了解，但这仍然无法打消我的疑虑。当然，我同意，如果确定不会遇到新的抵抗，就应该尽可能地追击败退的敌人。但是，如果继续前进，即使只有最低限度的战斗，装甲车辆和机动车辆的故障率也肯定会大幅提高。到目前为止，这一数字一直高得惊人。而且在很长一段时间内都不能指望找到替补部队。即使目前英国在埃及还没有值得一提的后备军事力量，但可以肯定的是，来自近东的第一批增援部队已经在路上了。

"不过，我有资格代表德国空军发言。我的飞行员们已经筋疲力尽，需要在尼罗河沿岸得到休整。他们的飞机也要大修，但供给完全不够。他们的对手活力十足，并能在最短时间内得到进一步增援。作为一名飞行员，我认为攻击一个防御完善的空军基地是疯狂的行为。鉴于空中支援的重要性，仅从这一观点出发，我必须拒绝继续向开罗推进的提议。"

隆美尔在卡瓦莱罗的要求下重新考虑了他的观点，但他坚持自己的乐观看法，仍然保证在 10 天内进入开罗。

巴斯蒂科和卡瓦莱罗表示同意。当军队进入埃及首都时，"领袖"来到了非洲。

希特勒给我发无线电报称，这一决定的做出与我无关。我仍然感到遗憾，因为占领开罗对于缓解我们的供给困难几乎没有任何帮助。只有在占领亚历山大港后，我们的补给线才能称得上是安全的，而且要想挫败来自亚丁和叙利亚的攻击，还需要轴心国提供足够的防御部队。而在当时，既没有现成的部队，也没有足够的兵员。①

在 1942 年春季，南方战区司令部和非洲战区装甲集团军一致认为，下一个行动目标必须是马耳他岛和图卜鲁格，而且如果不占领马耳他岛，只占领图卜鲁格是不够的。从雅典到克里特岛和从克里特岛到图卜鲁格的海上航线，都处于英国驻埃及的海空军基地有效打击范围内。这要求调用强大的护航部队，但这超出了我们的能力范围，因为我们还需要保护从意大利出发的运输队。此外，东线的紧急局势使得经由希腊运送补给品和替补部队尤其困难。

隆美尔和我之间只有一个分歧点，就是这两项行动的执行顺序。保护海上航线和接收港口属于我的管辖范围，因此我向希特勒建议，占领马耳他岛应具有优先地位，以此为基础再对图卜鲁格发动地面进攻。尽管希特勒同意这一顺序，但他后来又改变了主意。1942 年 4 月底，他在贝希特斯加登（Berchtesgaden）表示支持隆美尔的计划，即首先从卡扎拉发动地面进攻。我对于地面战术也很熟悉，能够理解隆美尔

---

① 利用埃及作为基地，从高加索地区（Caucasus）入侵苏联，这一奇思妙想如果真被德国国防军最高统帅部认真考虑过（我对此表示怀疑），也只不过是异想天开罢了。要实现这类计划，首先必须要保卫我们的补给线，也就是占领马耳他岛。——原注

的急切，而且对马耳他岛的进攻准备还没有彻底完成，不足以立即开展行动。我想这可以为我的让步辩护，因为要让留给英国人集结部队的时间越短，我们就应该越早达成我们的最终目标，即稳定意大利和埃及边境。在非洲取得胜利后，对马耳他岛的进攻就顺理成章了，届时我们的准备工作也能够完成。因此，隆美尔和我之间的意见冲突直到占领图卜鲁格后才变得尖锐化。

希特勒和德国国防军最高统帅部必须与意大利最高统帅部共同为这一错误决定负责。诚然，一旦隆美尔让他的宣传机器运转起来，他们对形势的正确判断就会急转而下。

德国最高统帅部一直以来就习惯于从大陆战争的角度思考问题，认为海外战场并不合意。它完全没有理解地中海战区的重要性和非洲战场的特有困难。它没有制订出任何明确的计划，自然也无从遵循，只能走一步看一步。希特勒对墨索里尼的个人感情也使他无法干预地中海战事的进展，并且即使是在必须干预的时机也会放任不管，结果当然是灾难性的。他的口头语是："墨索里尼在开罗。"

在那段时期，隆美尔对希特勒几乎产生了催眠般的影响，使得希特勒几乎无法客观地看待当时的局势。这一奇怪的现实无疑解释了我之前收到的那条命令，当时希特勒在对图卜鲁格战役胜利的期待以及可能还有隆美尔的喉舌贝恩特（Berndt）博士的鼓动下，他对我说："不要干涉隆美尔的作战计划，要全力支持他。"

后来，希特勒当然很高兴，因为在图卜鲁格的胜利给了他一个借口，可以堂而皇之地取消令他不快的马耳他计划。在这一点上，他找到了唯唯诺诺的戈林。戈林担心这会变成第二次代价高昂的"克里特岛战役"，产生"巨大"的伤亡，尽管这两场行动根本无法相提并论。我一再告诉他，经过 4 月和 5 月的空袭之后，我们可以用最少的兵力和最低的损失占领马耳他岛。如果我们把袭击向后推迟，那么需要付出的努力会更大且代价更高。与此同时，在意大利方面，其最高统帅部也不得不面对海军统帅部重新出现的犹豫。

由于决定向尼罗河推进，"马耳他行动"被搁置。结果我们试图进军埃及却损失惨重，并且由于将准备派往马耳他岛的陆空部队都转移到非洲，最终导致这一计划化为泡影。

总之，这是一个让战争历史学家和心理学家都非常感兴趣的话题。我们的失败对整场战争起到了决定性影响。

1942 年冬季攻势的巨大胜利以及对卡扎拉前线的巩固，缓解了1941 年 12 月撤退的不利影响。隆美尔已经发现了英国军队的弱点，于是他对自己领导力和军队实力的信心再次高涨起来。他认为时间是站在敌人那一边的，在接下来的 6 个月里，他必须考虑到英国军队的实力会大大增强，士气也会恢复。他也知道，自己军队的锐气在沙漠中打阵地战是难以长久的，此外，牵制敌人也需要耗费大量的人力物力，而且毫无意义。继续拖延会妨碍既定攻势的实施，这一点我也认可。同时，基于我们对马耳他岛的成功袭击，他要求增加供应的要求也可以得到满足。到 5 月初，隆美尔的军队，包括其所辖的意大利军团都已齐装满员，甚至还有一定的后备力量。

作战计划是隆美尔拟订的，并与非洲战区空军总司令霍夫曼·冯·瓦尔道中将进行了讨论。后者有义务与意大利空军指挥官共同作出安排，我对他们充分信任。海军合作也纳入讨论之中，决定由海上迂回攻击敌方，然后又讨论到补给问题，这些问题交由海军上将魏肖耳德（Weichold）解决。

这次行动的核心是出其不意。目标是对英国前线实施毁灭性打击，同时从沙漠发动侧翼进攻，随后从海上运送小股精锐突击队作为补充。

第二阶段是对图卜鲁格的包围和占领。隆美尔打算加入决定性的侧翼纵队，但仍然保持对整个行动的指挥。前线指挥官是克鲁韦尔（Cruewell）将军。

作战计划简单明了，虽然已经得到巴斯蒂科元帅的批准，但我不太喜欢其中关于命令传达的安排。曾有一次由于隆美尔留在了侧翼，结果他没有在现场指挥战斗。我们应该设立一个固定的作战指挥部。

突袭开始后，部队与隆美尔的联系遭到切断。对我们的飞行员和克鲁韦尔将军都同样重要的报告也出现了偏差。坦克之间的攻防大战已经混作一团，这加剧了空中侦察的难度，投下的每一枚炸弹都像是一次赌博。尽管如此，我们不断的空袭没有落到我们自己部队的头上，对空军司令部来说，这前两天称得上是黄道吉日。

5 月 29 日清晨，克鲁韦尔将军驾驶他的"白鹳"式侦察机迫降在敌后并被俘，前线突然群龙无首。因为克鲁韦尔的作战指挥官冯·梅伦廷（von Mellenthin）少校无法承担起这个职责，一时又找不到合适的陆军指挥官，在各方的坚持下，我同意接管前线指挥权。于是我便了解到这个位子上的指挥官会面临什么样的难处，他时刻被一个不发布命令又无法联系到的司令部所掣肘。此外，隆美尔身处决定性侧翼，他所产生的激励作用也无法代替在战斗中实时出现的各种胜负所产生的影响。人们一定听过目击者的描述，知道在第一天坦克大战中隆美尔的参谋团队发生的混乱。但第二天是决定性的一天，我们的装甲部队及其指挥官取得了胜利。

我反复给隆美尔打电话，要求他时刻与我保持联系。战斗爆发于南侧，但该侧部队牵连着正面的行动，形势一度非常紧张。观看隆美尔在指挥沙漠作战中展现出来的高超技巧充满乐趣。情况并不完全乐观。我驾驶着"白鹳"式侦察机前往意大利总参谋部参加一个会议，当我即将降落时，我突然受到来自地面的射击，但这些机枪和2厘米炮弹所在位置应该是属于我们的控制范围！我在这次飞行中收集到了第一手的观察资料，并据此下令在天黑前执行一次空中打击，目标是一支冲破隆美尔的交通线、正在向西移动的敌军部队，他们可能已经摧毁了非洲战区装甲集团军的补给车队。我直接飞向具体编队，对他们拉响警报，并派出了俯冲轰炸机、Me-110战斗机和战斗轰炸机等编队，这其实已经是停机坪上所有可用的飞机了。袭击很成功。敌人伤亡惨重，不得不折回。但是，当我们的飞机在苍茫暮色中降落时，我发现失去了两名最优秀、最年长、最积极的沙漠机组成员，这让我的心情变得十分沉重。

后来，我和隆美尔在比尔哈凯姆（Bir Hacheim）据点问题上产生了分歧。该据点由柯尼希将军（General König）领导的"自由法国"（Free French）军队牢牢控制，是一个相当大的威胁。隆美尔呼叫空中支援，最后用俯冲轰炸机发动了猛烈的汽油炸弹袭击。没有空袭的同时开展地面攻击是造成本次袭击和随后步兵进攻失败的原因。不过，我们在这个问题上很快就消除了误会，不久之后，我就祝贺隆美尔占领了比尔哈凯姆。

隆美尔的精力之旺盛在此刻展现得一览无余。在占领比尔哈凯姆这片绿洲之后，他和我进行了一次简短的交谈，随后就带着他的装甲部队开往图卜鲁格，并很快把该地围得水泄不通。

德国陆军和空军在这一时期及以后所取得的成就，一定能彪炳史册，成为军事史诗般的壮举。这一连串的战斗，也是隆美尔军事生涯的巅峰。同样，意大利军队发挥得也很出色。

挟着前期一系列胜利之威，我们对图卜鲁格发起了进攻。这是隆美尔和霍夫曼·冯·瓦尔道共同制订的大胆计划，并勇敢地付诸实施。我从希腊和克里特岛调来了所有可以进行俯冲袭炸行动的编队。在发起进攻的前一天晚上，我驾驶飞机走访了每一支编队，并作了非常简短的发言："先生们，如果明天上午你们能各司其职，那么明天晚上全世界的广播电台都将播报这则消息：图卜鲁格陷落了。祝你们狩猎愉快！"

这次进攻是严格按照时间点实施的。空军刚把最后一枚炸弹投向地面，陆军就在俯冲轰炸机和火炮的密切支援下，一举突破敌人的防御阵地，把整个港口都纳入我军大炮的射程之内。尽管如此，在一些关键点上还是发生了激烈的战斗，但我们赢得了胜利。图卜鲁格落入我们手中，消息传遍了全世界。霍夫曼·冯·瓦尔道被授予铁十字骑士勋章，隆美尔将军被晋升为元帅。这让意大利人愤愤不平，认为如果给他一个较高的荣誉而非升职，可能会更合适。为数众多的敌军被俘虏，包括食品在内的各种战争物资极大地补充了我们的供给储备，同时对港口的占领也保障了我们交通线的畅通。

胜利的获取很轻松，但这对敌人的抵抗力量来说则是一个沉重的打击，失去图卜鲁格使得敌军在撤退后更加难以解决供给问题。英国指挥部确实面临着一个绝望的局面，此时要不是隆美尔过于得意扬扬，早就应该乘胜追击，因为现在看来的确有可能消灭整个英国军队。但这需要速度。1942 年 6 月 22 日，我在图卜鲁格的总部拜访了这位新任元帅，当时他正在向他的军官们训话，要求当天上午就向西迪拜拉尼推进，该计划符合我的想法，而且没有损害对马耳他岛的进攻。

霍夫曼·冯·瓦尔道已经和隆美尔协调了战术安排，冯·波尔正把地勤机构转移至图卜鲁格地区，那里有众多机场，不过其中埋有大量地雷，必须清除后才能使用，而且还要部署高射炮防御系统，所有这些工作都迫在眉睫。

与此同时，意大利海军统帅部和魏肖耳德上将已经下令修复图卜鲁格的港口设施。不论是船只直接靠码头停泊，还是必须靠驳船卸货，我都把图卜鲁格视为最重要的接收港。因为即使我们的汽油库存有所增加，停车场里也塞满了缴获的卡车，但从班加西或的黎波里到前线的道路实在太远了，无法保证随时都有源源不断的供应。虽然在占领西迪拜拉尼之后，这个小港口也投入使用，但如果不占领马耳他岛的话，北非战区就不会有可靠的保障。

按照计划，进攻该岛肯定是在随后进行。自 2 月以来一直在进行的准备工作已经完成。计划中的兵力分配是经过精心计算的，所以行动不可能失败。隶属于斯图登特将军的两个空降师已经调来，其中包括意大利第 2 空降师"福尔戈雷师"[①]。还有大量用于运送兵员、物资和坦克的运输机。此外，还有 2 ～ 3 个意大利突击师、负责炮击岛上防御工事和护送运输船与突击艇的舰队，以及规模更大的空中编队。

---

① 这支优秀的空降师由热情的德国空降兵将军拉姆克（Ramcke）训练而成，他们的训练时间虽短但成效喜人。我曾观摩过他们的行动，充分展现了他们无限的潜能。——原注

行动计划草案大致如下：

1. 空袭以空降部队占领南部高地为起点，然后对机场本身和防空阵地进行轰炸袭击，紧接着夺取城镇南部的机场和港口城市瓦莱塔（La Valetta）。

2. 海军和登陆部队对瓦莱塔南部的各据点发起主攻，同时空降部队配合海岸炮兵的炮击对港口开展攻击。

3. 从海上转而攻击马尔萨什洛克湾（Bay of Marsa Scirocco）。

与此同时，进攻埃及的第一阶段战斗正在按计划进行，其胜利证明了隆美尔是对的。但是不久之后，敌人的抵抗越发顽强，我们不得不设法投入新的部队，或者加快对现有编队进行补给。战斗变得更加激烈，我们的攻势一直持续到阿拉曼战役爆发，然后我们转而处于守势。在有些关键时刻，只有依靠装甲侦察部队和德国空军的视死如归精神才能撑过。我们的陆军和空军都已累得上气不接下气，他们急需增援部队和物资。此外，隆美尔还在强烈要求补充新的编队，但实际上只能从希腊和意大利调派，此外还增援了一支德国步兵师和德意联合空降师，而这两个师本来是指派向马耳他战场的。由于这些部队没有携带任何车辆，那么首先要做的是从德意两军的储备中来进行补充，但这进一步限制了所有部队的行动。结果还要为高炮部队和空军找寻大量机动车辆，这不仅是供应新部队的问题，而且对我们的后勤保障提出了越来越多的要求。为了处理这些问题，我们只有占领马耳他。然而，把本来要投入战斗的部队撤出来，最终使这项计划化为泡影。甚至最终我也被迫反对这项计划，因为胜利的条件已经不复存在了。取消这项计划对于整个北非战事来说是个致命的打击。

几天以后，敌人的反攻也逐渐减弱了。英国军队显然还没有强大到足以发动决定性反攻的程度，他们并没有抓住意大利军队溃败的机会。

前线现在已经稳定在一个区域之中，侧翼阵地的兵力得到了增援，目前占据着优势，其宽度也适合展开进攻。我现在极力敦促恢复进攻。在之前图卜鲁格战役之后，也曾出现过进攻中断，当时我也进行了干预。可以想象，地中海和北非的局势已经变得很不稳定。在东线，我们正面的英国第 8 集团军实力得到了增强，获得了一支强大的空军和一个安全且物资丰富的补给基地。在西线，局势发展的威胁程度尚不可知。在后方，我们的供给线被大幅拉长。随着马耳他岛实力的提高和埃及基地的加强，灾难的时刻加速逼近了。

要想在两条战线上打赢这场战争，只能把希望寄托在一种可能性上，即在与第二个敌人算账之前就先与正在交手的第一个敌人结算清楚。纯粹的防御行动有种种巨大的缺点，最重要的是无法解决供给问题。因此，如果有一丝成功的希望，就必须选择进攻方案。轴心国集团在进攻中具有主动权，我们可以决定攻击的时间。一切都取决于隆美尔能否尽快发起进攻，以便在英军还在积蓄力量的时候就打击他们。在我看来，这一时间的极限是 1942 年 8 月底。

德国的交通线不够稳定，导致我们无法保证满足所有的供给需求。我承诺尽我所能，并利用我对意大利最高统帅部的影响力，让供给尽量顺畅。我现在深信，只有埃及和地中海港口在我们手中，北非的局势才能稳定下来。我们的补给线受到来自马耳他岛和亚历山大港的双重威胁，这意味着将难以走出瘫痪状态。与此同时，因为开罗近在咫尺，隆美尔断然拒绝放弃进攻开罗的目标。尽管他全神贯注于进攻计划，但他同时认为阿拉曼防线的防御工事足够强大，足以抵挡英国的大规模反攻，而且他一再向我保证，英国一定会反攻。工兵们的任务很繁重，但是隆美尔相信他已经做了所有能做的一切，当然他也尝试了一些富有想象力的新办法。

英国第 8 集团军正在试探德军前线，虽然没有取得实质性进展，但这种形势对我们不利。他们很快就会摸清楚我们的防御方案和炮兵阵地部署，而随着这些小规模冲突的积累，许多物资——更不用说生命——将被消耗殆尽。另外，英军必然能从我方前线的兵力推断出，隆美尔已经放弃继续采取攻势的想法，正在考虑防御战略来谋求决战。因此当他发动攻击时，将会更加出其不意。

进攻计划于 8 月中旬已经成形，但直到最后一刻才做出决定，这一天是 8 月 29 日。攻击开始于 8 月 30 日至 31 日，首先出击的是由装甲师和摩托化师所组成的强大右翼。意大利最高统帅部和南方战区司令部竭尽全力保障足够的汽油。在图卜鲁格附近有一艘油轮被击沉，至少南方战区司令部无须为此而承担责任。经过这次损失后，作为空军总指挥官，我立即用我们自己的储备来进行增援。尽管我保证将 500 立方米优质航空汽油提供给陆军，但汽油仍然十分短缺，更过分的是，甚至这一部分汽油都没有交付，我实在无法理解其中的原因。我愿意为此负责，但直到战后我才了解到这个情况，不过我认为这一疏忽并不具有决定性意义。事实上在 9 月 6 日之前，我们所有的机动部队都在或多或少地实施机动防御作战，这都是要依赖汽油供给的，而这也充分证明了当时还有足够的汽油来维持攻势，尤其是可以做出合理的假设，即与过去情况一样，备用汽油也可能来自被我们占领的油库。这次失败可能是由于心理因素所造成的。当时我坚信这场战役对于过去的隆美尔来说根本就是小菜一碟。要不是由于在非洲的连续作战导致他的健康饱受摧残，当他已经完全包围敌人的时候，他绝对不会撤兵。当时被英军称为"最后希望"的阵地已被突破。我今天仍然记得，他的所有部队都不理解为什么要下令撤退。

隆美尔一直喜欢待在决定性侧翼部队里。在前几个小时中，因为敌军布设了密集的雷区，地面战斗的推进速度并不理想。此外，敌人连续、突然、猛烈的空袭造成了一些伤亡，更是扰乱了军心。这影响了隆美尔的决策，他取消了在早上6点到7点发起的进攻。然而在我介入之前，他经过重新考虑，又在下午早些时候决定恢复这项行动。当然，如果仍然坚持按时开展进攻，也很难说能否达到目的。不过可以肯定的是，胜利仍在隆美尔的掌握之中，这次中止进攻给了敌人一个喘息的机会，相应减少了装甲部队获胜的可能性。

蒙哥马利（Montgomery）在这些地区密集布设雷区表明，他仍然认为隆美尔会从沙漠中再次出击。英国人的这一假设是有道理的，他们在德军左翼和中路的前锋控制区域中大量布雷，导致我军无法从那里发起进攻。因此，我们的部队必须把主要精力转向对抗英军的左翼部队。英军通过布设雷区来让第8集团军有充足的时间来组织反击，并把德军的进攻部队钉牢在一条狭窄的走廊上，从而为英国皇家空军提供了良好的靶子。姑且不论对错，如果我们之前坚定地实施进攻，那么这一瓶颈可能很快就会突破，我们就可能最终部署在较为安全的区域，避免受到来自空中的打击。我们还是缺乏那种不屈不挠的铁一般决心，要是这样的话，再加上我们很清楚这场赌博的风险，似乎这场进攻本来就不应该开始。

从蒙哥马利对德军 1942 年 8 月攻势的态度来判断，这次行动原本是有成功希望的。当它最终失败时，我意识到北非战争的命运已成定局。我已经看不到有任何解决办法的曙光，只能尽可能在一个较小的区域内坚守住非洲军团的阵地。从那时起，我的当务之急就是巩固我们的阵地，尽可能久地阻止盟军在南方战线上对欧洲战场产生影响。必须面对的事实是，我们的交通线在任何时候都已经不再安全。在南方，就像在其他地方一样，时间站在了敌人那一边。

在我看来，英美联军长期谋划的登陆行动，很可能会在北非随后实施，很可能会是一场钳形攻势。尽管盟军各集团军之间相隔数千英里，但这次行动必将导致轴心国军队的崩溃，并对非洲的孤军产生巨大的心理影响。

无论如何，蒙哥马利战胜了隆美尔，其意义远超它的表现，德国方面的弱点暴露无遗，这只会帮助英军优化其未来的作战行动。

英国皇家空军取得了制空权，从此刻起，它们可以更加有效地支援海上行动，马耳他岛也变得几乎无懈可击。有了更强大的空军做后盾，英国第 8 集团军就有能力执行最艰巨的任务，而且官兵在防御战取得胜利后更是信心大增。

在这种情况下，静等英军来进攻阿拉曼阵地是否正确？战后文献把这一决定的责任推到我的肩上。我首先明确宣布，我作为一支航空队的司令和南方战区总司令，拥有建议和干预的权利，但我并不是隆美尔的上司。隆美尔当时隶属于巴斯蒂科元帅，后来转为意大利最高统帅部，与此同时，他觉得自己还对德国国防军最高统帅部负有责任，并与之保持着密切的联系，这其中的影响也不应被低估。通过对这一事实进行阐释，我并不是质疑我的建议职责落实情况，因为隆美尔能够充分听取建议意见。兴登堡（Hindenburg）曾经说他自己偶尔会有胜利的功劳，但总是在为失败负责。这些话在我身上同样适用。我清楚地记得在1943 年 5 月突尼斯战斗结束后的一件事。我的两名参谋长敦促我出面驳斥针对我在战争中行为的诽谤，既无理又不公正。我拒绝了，"在世人的眼中，必须有人要承担起责任"，"无论如何，当此战的历史付诸笔端的时候，真相终会大白于天下"。没有什么可以伤害到一个无愧于自己良心的人。并且，这种心态也使我在受审时也大有裨益。

在明确了我的立场之后，我认为必须要补充的是，对于撤退到后方防线，只要隆美尔严正地提出他的意图，无论是德国国防军最高统帅部还是意大利最高统帅部都不会表示强烈的反对。隆美尔总能设法得到他想要的东西，但他太相信阿拉曼防线的实力。他的军队兵强马壮，并且以之前非洲战场的标准来看，在数量上足够强大。此外，在开始时，他的供给也很充足。以此来看，我相信只要不孤注一掷地冒险，这条防线完全可以抵挡住对方的进攻。

现在回头来看，我发现留在那里是个错误。无论危机是来自东方还是西方几百英里以外，抑或我们在抵抗蒙哥马利的进攻时是否太过拖沓，这些都无关紧要。最重要的是我们应该阻止英国第 8 集团军，并且在可能的情况下在的黎波里和图卜鲁格之间建立一个更广泛的补给基地。但是要记住，德国和意大利的陆军和空军部队已基本上没有机动能力，或者没有充分的机动能力。由于无法长时间进行机动作战，这让指挥官也束手束脚。此外，英军的空中优势可能会摧毁正在机动的军队。至于蒙哥马利的战略是谨慎还是勇敢，在以前的战役中没有可供判断的依据。我们迄今为止的印象是，他会仔细权衡所有风险。最大的未知因素是盟军登陆西地中海的时间和目标。无论如何，局势的发展都没有呼应隆美尔及其副手施图姆（Stumme）对于阿拉曼防线的绝对信心。对于在有限区域内实施机动战略，隆美尔可能要比施图姆更加熟练，后者不幸在战斗打响的第一天上午就去世了。然而从各方面考虑，全军最好是撤退到后卫部队身后的一个较易防守的阵地，例如哈法雅隘口（Halfaya Pass）就比较合适。或者，我们可以假装要在阿拉曼防线上实施主要阻击，却在此地以西约 20 英里远的一个被称为富卡（Fuka）阵地的地方进行决战，那里比阿拉曼地区更加得天独厚，并且左翼受到更好的地形保护。

无论采取哪种方案，我们都应该及早采取行动，侦察阵地并立即着手进行加固。然而隆美尔或施图姆都没有向我提起这样的计划。没必要在主要决策之外另作部署，因为在西地中海的登陆行动必然决定了以后的所有行动。在夏末的几个月里，隆美尔和我经常广泛地讨论未来的发展，当时我们考虑撤离北非，把德国军队撤回到亚平宁山脉（Apennines）或阿尔卑斯地区（Alps）。我在权衡了政治战略的利弊后告诉隆美尔，我持反对意见。关于这个问题，下文再述。

无论对错，都已做出了决定。意大利最高统帅部、意大利陆海空等各军的总司令、巴斯蒂科及其陆军和海军上将们、隆美尔和南方战区司令部，都已经竭尽全力地来准备这场决战。在隆美尔因健康原因休假回家时，施图姆以一种公正的态度接管了所有事务，并对防线进行了有效的改进。他是一名经验丰富的坦克指挥官，曾在苏联战场上功勋卓著。作为一个比隆美尔更平易近人的人，他除了设法与意大利统帅部建立起融洽的关系外，还在很大程度上缓解了官兵之间的紧张关系。但是他的身体的确不太健康。

虽然相关方面都在绷紧所有神经来提高接收港口的效率，包括的黎波里、班加西、图卜鲁格、西迪拜拉尼和马特鲁（Marsa Matruh），为它们配备了更好的战斗机和高射炮部队，组织了新的运输方式并在意大利一希腊地区囤积了大量的补给储备，但是在我方与敌方的海上交通战中，局势却让人更加愤怒。

战斗的双方都损失惨重，但都达到了目标。在非洲的轴心国部队得到了足够的补给，装备和兵员都达到了所需的要求，而另外，英国也对马耳他岛上的武装力量进行了充分恢复。我们的运输队受到的袭扰日益增多，这表明在地中海上的自由行动不能单靠防御来保障。事实上，我们不得不考虑到，这些袭扰战术，再加上英美联军即将在这一地区大规模登陆，如果成功的话，可能会彻底摧毁我们的补给线。最重要的是，对方将会直接打击我们在非洲和克里特岛的空军基地。

我不会放任自己眼睁睁地看着等死。到 9 月中旬，我已清楚地知道，作为"最后的手段"，我们必须尽力改善我们的供给现状，哪怕只是暂时地空袭马耳他岛。我很了解这项行动的难度。该岛防御完善，并拥有一支强大的战斗机部队，而英国的航母舰载战斗机转场很快，我们却没有任何有效措施可以阻止它们。尽管我们能够通过雷达发现它们的逼近，但我们的战斗机总是来得太晚。我们总是无法克服如何让战斗机快速进入该地区这一难题。随后，就相对实力而言，局面对我们不利，德国和意大利的编队都必须参与保护我们的运输队。最后，英军吸取了第一次马耳他空战的教训，他们扩建了基地，针对轰炸机空袭打造了最高水准的防御体系。

德国空军总司令对拟议的行动方案给予了充分的支持，但仍然不能满足每一项要求。然而，编队的训练有素在一定程度上弥补了这一点。战斗机联队擅长对付英国飞机，轰炸机编队也有多年的作战经验。然而，由于意大利轰炸机和战斗机已经过时，而且轰炸机机组人员缺乏足够的夜间作战训练，因此几乎不可能依赖他们。

第 2 航空大队再次指挥了这次空袭，然而 10 月中旬的空袭并没有取得预期的成功。我于第三天中止了行动，因为我们的损失太大，并且更要考虑即将到来的登陆行动。

这次空袭没有成功，我们的轰炸机也没有袭击他们的空军基地。事实上，我们一直在努力对抗敌人在空中的战斗机和地上的防弹掩体。英国人使用了一种前所未有的伎俩，即空投锡箔纸条来干扰我们的雷达仪器，这破坏了我们战斗机的战术安排，影响对轰炸机的保护效果。他们确实极大地改进了防御方法。

1942 年 10 月 23 日，对阿拉曼阵地的大规模进攻开始了。因为副总司令意外身亡，陆军总部曾经一度慌乱，直到隆美尔回来才稳住大局。所有人都知道在一场防御战中，首批命令具有多么重要的作用，因此不难理解失去施图姆将军对整场战役意味着什么。第二个坏消息是隆美尔并没有完全恢复健康。第三个坏消息是英军在空中比以往任何时候都更加具有优势。顺便说一句，所谓的"魔鬼花园"（Devils' Gardens）——英军遵照某种计划而布下的雷区——并不符合他们所做出的承诺。

1942 年 11 月 3 日，阿拉曼的局势几乎到了决定性的时刻，我想再次拜访隆美尔，与他谈谈当时的情况。在飞往旦巴（El Daba）的途中，由于引擎故障，我不得不改变航向，于下午晚些时候降落在克里特岛最近的机场。11 月 4 日清晨，我飞到非洲，迎接我的是赛德曼将军，他是新任的非洲战区空军指挥官，立即带我去见隆美尔。

隆美尔向我描绘了当前局势已经极度恶化，他被迫下令撤退。右翼部队已经从所处阵地上撤了回来。希特勒在收到他的行动报告后，给他发了一份无线电报，说不同意这种"懦弱的逃避"，必须要坚守防线。[①] 隆美尔的情绪异常激动，他下令取消撤退，所有部队必须服从命令，拼死战斗。我当着他的作战指挥官的面告诉他，这种行为毫无疑问是愚蠢的，必须把希特勒的这条命令抛到一边，因为那将导致德国非洲集团军的灭亡，并将最终失去的黎波里塔尼亚。我还告诉他，我会和他一起共同承担不执行命令的责任，并立即向希特勒呈报消息，说明这个情况。根据当时的局势，我说希特勒肯定是基于某种错误的假设，认为我们的士兵已经不在前线，而是散在开阔的沙漠上。因此，如果没有其他原因，他的这条命令是不能执行的。

我用无线电向元首简要汇报了情况和执行命令的后果，同时请求允许隆美尔全权安排他的行动。隆美尔也设法传达了类似的信息。[②] 就

---

① 在去见隆美尔的路上，赛德曼告诉我，错误的空中侦察是下令撤退的原因，他不得不忍受最严厉的责备。他说，他自己在破晓时就起床了，亲眼确认了前一天的空中侦察报告，根据报告，锡瓦绿洲（Siwa Oasis）和盖塔拉洼地（Qattara Depression）都没有敌军。隆美尔显然是被一份错误的意大利报告欺骗了。这种说法对《没有仇恨的战争》（*War Without Hatred*）一书中的表述是一种纠正。——原注

② 我了解到隆美尔也派遣了自己的私人信使——贝恩特博士——前往元首总部。——原注

在当天下午，在我返航起飞之前，我提出的请求就已得到了批准，但这同时也浪费了宝贵的时间。为什么就是在这次飞行中，我的引擎出了故障，而在此之前几乎从未发生过？我在 11 月 4 日所做的事情，本来是 3 日的头等大事，甚至可能是具有决定意义的。这样，在隆美尔及其副手的巧妙领导下，再加上他的部队纪律严明，他们就有希望重创敌人后突围而出。

我现在把更多的精力放回到手头的紧迫工作上，关注西地中海的局势并努力维持补给线的畅通。这是一段非常艰苦时期的开始，由于隆美尔的态度和过度的要求，这段时期的确让人感到度日如年。

多亏了非洲军团中的那些老兵，轴心国的部队才得以避免分崩离析。我在远处注视着结局。在我记忆中残存的战争画面包括拉姆克空降师（Ramcke's Parachute Division）的撤退，他们从追兵手中缴获车辆，然后自己驾驶；在巴尔比亚（Via Balbia），我军和敌军参差交错乱作一团；以及其他一些事件。幸运的是，敌方的空军还没有受过如何消灭撤退敌军的训练，从而浪费了许多机会，在哈法雅隘口的战斗就是一例。

第十五章

盟军登陆北非与突尼斯战役

1942 年 11 月 8 日，英美联军在摩洛哥和阿尔及利亚登陆；11 月 9 日，德国首批部队空降突尼斯；巩固突尼斯桥头堡；1942 年 12 月—1943 年 1 月，隆美尔指挥的整个意大利北非军团放弃北非；英国第 8 集团军从东向西推进。1943 年 2 月，德军从突尼斯桥头堡发起反攻，在阿尔及利亚—突尼斯边境进攻英国第 1 集团军和美国军队；反攻失败，未能试图遏制英国第 8 集团军的主动权；1943 年 3 月—4 月，盟军从西、南两侧发动钳形攻势，逼近突尼斯要塞；1943 年 5 月 12 日，突尼斯战斗结束，残余德军投降。

登陆之前

盟军登陆北非之前，首先进行了一场紧张激烈的战争。几个星期以来，相互矛盾的谣言和报告不断涌入我的指挥部，分别把登陆目标、登陆兵力及其组成结构描述得天花乱坠却又各不相同。对方海军在西非海岸附近的行动表明，他们可能会在那里登陆，然后径直横穿非洲大陆。另外，进入直布罗陀的部队和船只拥挤不堪，这表明他们在地中海内有一个登陆目标，而航空母舰和大型运输船的突然出现，也证实了其主力登陆地点可能在直布罗陀、马耳他岛、亚历山大港和叙利亚等地的攻击距离之外。大量船只不断从直布罗陀驶入地中海，增加了这种不确定性。在对获取的所有情报进行批判评估之后，我作出了如下总结：

登陆行动将与英国第8集团军的北非行动在战略上相呼应，因此不太可能在非洲西海岸登陆。那将是一次没有先例的行动，而且美国军队缺乏战斗经验。

盟军肯定知道，在意大利及其附属岛屿上有相当数量的空军，单靠航母舰载战斗机可能不是它们的对手。因此，在离这些岛屿或意大利本土很近的地方登陆并不可行。出于同样的原因，要突破西西里岛和突尼斯之间的海峡似乎也不太可能。

如果敌人在非洲的北部海岸登陆，那么它肯定离西西里岛和撒丁岛（Sardinia）的机场足够远，甚至超过轰炸机和鱼雷轰炸机编队的最远航程。这样可以给登陆舰队一定程度的安全保障。在如此远的距离上，敌人也不需要顾及意大利舰队从本土海军基地发动的攻击。因此，我认为阿尔及利亚及其邻近领土是最有可能的登陆地区。法国会持多大程度的反对态度，这尚无定论，但即使是最微不足道的象征性抵抗，对我们也可能是有利的。

　　在西西里岛登陆当然是个十分诱人的想法。这将切断意大利和非洲之间的交通，并把战火直接烧向亚平宁半岛。尽管这样的行动可能对战争产生决定性影响，但由于登陆舰队会面临巨大的风险，因此不太可能。

　　在撒丁岛和科西嘉岛（Corsica）登陆能够带来显著的优势，可以为随后在意大利或法国南部登陆搭建一个跳板，而且这种占领将使意大利处于盟军空军的打击范围之内。这种做法在战略上显得野心太大，我认为是不可能的。

　　同样法国南部似乎也是一个诱人的登陆目标，但是登陆舰队虽然规模庞大，但实力太弱，不足以支撑起如此独立的行动。

　　基于这些考量，我开始采取适当的对策。德国空军总司令批准了我所要求的对第2航空队的紧急增援，其中包括几个在海外接受过作战训练的中队。西西里岛和撒丁岛的空军基地进行了整修、加固和补给。在传统鱼雷轰炸机基地格罗塞托（Grosseto），也要求对鱼雷轰炸机进行类似的检修。我们还做了计划，与驻扎在法国南部的德国空军师进行合作，并与意大利空军建立起了必要的联系，不过不幸的是，意大利人能给我们唯一的帮助就是提供几架鱼雷轰炸机。空中和地面侦察活动也得到了加强。德军 U 型潜艇已经布置好，能够攻击进入地中海的大型运输队，并把这些计划与意大利海军统帅部进行了讨论，以防盟军舰队在意大利海岸发动突然袭击。

我还要求德国国防军最高统帅部向西西里岛至少增派一个师，它可以在那里随时待命，要么向突尼斯推进，要么在西西里岛抵抗可能的登陆。因为在西西里岛，沿海防御被忽视得几乎令人难以置信。

我的请求没有得到批准。不过，为了使我在当地除了警卫营之外还有其他一些部队可供调用，一个伞兵加强营受命保持战备状态。我对意大利在该岛和本土的防御部署也进行了详细检查，所目睹的一切让我大开眼界，所以我还带去了德国的工程人员。

在北非登陆的前一天，我收到戈林的来信。我当时并不知道他正住在贝希特斯加登。作为元首的代言人，他告诉我，我对局势的分析是完全错误的。在元首总部，他们完全相信攻击会发生在法国南部。我的职责就是确保整支航空队能够参加到战斗中去。

我的空军编队确实是按照正确形势进行的部署，执行的首批任务就是攻击那些尚在海上的舰船。下一步是使用运输机向科西嘉岛、意大利中部和北部运送地勤人员、工程人员和物资补给。但总的来说，我不相信盟军会对法国采取行动。

特工人员和U型潜艇不断报告，称登陆舰队从直布罗陀出发并穿过了海峡，详细说明了它的实力、组成和部署，还提到它们运载了远距离侦察机等其他情况。连续的报告证实，这支舰队正驶向东方，因此法国和意大利北部可以得到排除。

隆美尔已经在仓促撤退。除了一些孤立的意大利哨所和要塞外，在的黎波里塔尼亚已没有其他战斗部队。补给的难度大大加剧，除非放缓撤退的速度，否则相当数量的补给品就只能标注为遗失。德军和意军在突尼斯都没有做任何准备，鉴于法国人和意大利人之间相互仇恨，可以肯定的是，无论采取什么措施都会遭到顽强的抵抗。对于南方战区司令部来说，法国殖民地是禁地。那里禁止在任何一个港口停泊，补给品也不得经由突尼斯城和比塞大运送，当然更不能将任何德国驻军调往突尼斯来防备突然袭击。即使这一切作为重大政治问题是可以理解的，但我完全不能理解为什么我提出的至少派一个师到西西里岛的纯粹军事要求也遭到拒绝。虽然德国空中突击部队得到了有限的增强，但这既不能抗击在其航程范围外的登陆行动，也不能在没有空降部队或陆军支援的情况下阻止或消灭登陆部队。

我从来没有洞悉过希特勒及其国防军作战参谋的想法。他们的根本错误在于完全误判了地中海战区的重要性。他们没有也不会看到，自1941年底以来，殖民地战争已经呈现出不同的面貌，非洲战区对欧洲产生了至关重要的影响。

他们的第二个错误是没有准确判断出盟军登陆的目标。或许希特勒认为，这不会对欧洲战场立即产生任何威胁，因此无须为此劳神费力。我认为他不想把主动权留给意大利人，我更倾向于认为他信任法国人。

如果德国不派出生力军来抵抗盟军的登陆部队，那将意味着德意军队在非洲将完全失败。因为没有任何办法可以阻止英国第8集团军和登陆部队的联合，这样其就拥有了强大的空中力量和无可匹敌的海上优势，也就没有任何希望再把他们赶出去。此外，这还意味着失去整个的黎波里塔尼亚，法国殖民地也不会做出任何有效抵抗就会投降，盟军可以和平地占领那里。这样盟军将在1943年初获得一个理想的跳板，用于在未来登陆西西里岛和意大利，以此就可以消灭作为轴心国一员的意大利。

　　结论是显而易见的，必须尽一切努力推迟这种有可能决定战争动向的登陆行动及其后续结果。由于德国国防军最高统帅部和意大利最高统帅部都没有做好任何准备，因此必须先采取临时措施来度过最初的危机，以便制订最终的行动计划。当务之急是如何通过占领阿尔及尔（Algiers）和突尼斯之间的港口和机场来阻滞盟军的登陆和扩张，以及如何保护突尼斯。同样重要的是在比塞大和突尼斯城的防御圈中建立一个我军的桥头堡，在那里法国军队和总督的行为可能是举足轻重的。此外，还必须集中一切力量来建立一个高效的补给基地。

　　也许我的计划与事实之间存在巨大的差别，但是仅仅因为这个原因，就可以认为我试图将上文概述的想法付诸实践的做法一定是错误的吗？

　　正如我所认为的那样，英军在埃及的攻势使我对蒙哥马利的战略有了很好的了解。简而言之，他的行为以安全为主，相应地也很有条理，这对隆美尔的撤退不无好处。如果隆美尔能够突围得足够快足够远，就能够逐渐形成一个更加系统的计划。

　　与此同时，必须记住，即使胜利的军队也不能一口气追击千里。军队越强大，供给的困难就越大。之前英军曾在追击中因为同样的原因而落败。避实就虚的缓慢行动可能会使他们无法利用图卜鲁格、班加西和的黎波里的港口设施，而英国还缺少一个强大的空中运输部队。同样地，英国皇家空军能够提供的近距离战术支援也很有限。如果蒙哥马利在正面进攻或侧翼包抄中选择用较少的机动部队进行追击，那么就可以击退这些部队，从而会为大部队的撤退争取宝贵的时间。

　　这项任务并不容易，但配得上一场隆美尔式的胜利。尽管困难重重，但如果不是他自己在潜意识里有所抵制，他还是能够成功的。他想回到突尼斯，甚至如果可能的话，就再远一点，到意大利和阿尔卑斯地区去，但那只是他的一厢情愿，蒙蔽了他的战略眼光。

艾森豪威尔（Eisenhower）的登陆部队当然装备精良，他们渴望战斗，但他们没有战斗经验。只要英国第 8 集团军还在远方作战，他们就缺乏侧翼支援。即使是一支羽翼未丰、对非洲水土不服的德国部队，也能在复杂、多山和沙漠地形中对付这个敌人，但首先是要把这支部队齐装满员地及时派过去。

在对登陆部队的判断中，轴心国各方的意见是一致的。然而，对于非洲集团军的战略定位却存在着分歧。争论和命令都没有对隆美尔产生过影响。他自己的想法用自己的话表达出来就是在 1942 年 12 月初，他说他认为自己唯一的任务就是"防止自己的军队被击败"。我曾经在一项对"隆美尔装甲部队"军官调研中了解到，他的这种想法使得"除了后卫部队在参加战斗外，败退的装甲部队在从阿拉曼撤往布雷加（Brega）途中，被认为或多或少像是在'拉练行军'，只是在陆地和空中有一点来自敌人的压力，增援部队就在从后方区域源源不断地涌来"。

对于隆美尔的特立独行究竟是政治作秀还是"致命的违背命令"，我在这里不发表意见。有一件事肯定是个错误，那就是放任隆美尔完全自主地行动。只要他人在那里，就不可能消除这种不和谐及其对作战产生的全部后果。从基本的战略计划到政治和战术上的考虑，意大利和德国的司令部不可能与他的想法完全一致。

对指挥权进行划分也不是为了使事情简化。根据德国国防军最高统帅部的规定，我全权负责打击登陆行动，而其他陆军海军部队都隶属于意大利最高统帅部。我会及时通知卡瓦莱罗伯爵和领袖，同样在没有征询我的意见的情况下，他们也不会就非洲战区问题做出任何决定。但是，这绝不是一个理想的安排，我不得不在一堆烂摊子之中尽力而为。

北非战役（1942 年 11 月—1943 年 1 月）

对敌人登陆舰队的空袭，揭开了这场战役的序幕。尽管用于空袭的飞机都已尽可能地调往西部，如撒丁岛和西西里岛，但还是要飞到最大的航程才行。在最初的几天里，对方的防空网主要由航空母舰和高射炮组成，但很快就得到了来自阿尔及利亚机场的战斗机增援。尽管我们的飞行员舍生忘死地战斗，但结果还是低于预期。

根据我所得到的报告，登陆行动并没有遭到法国人的明显抵抗。截至 11 月 11 日和 12 日，布日伊（Bougie，今贝贾亚港）和波尼（Bone，今安纳巴港）等港口和机场已落入敌人手中。

直到 11 月 9 日上午，希特勒才在达尔朗（Darlan）上将的广播讲话中惊醒，亲自与我通了电话，授权我在突尼斯便宜行事，不过后来他又食言了，禁止我本人前往那里。当时德国国防军作战参谋是独立于希特勒的，由于他们的干预，我最初采取的节制措施被推迟执行。在贝当（Pétain）同意德军介入突尼斯之前，一切事务都不得不暂停。

占领突尼斯的首批部队是在战斗机和俯冲轰炸机保护下的一支兵力不足的空降团和我的直属营，哈林豪森（Harlinghausen）上校和勒尔策将军也同样在 11 月 9 日完成了外交谈判。人们希望，同法国总督埃斯特瓦（Esteva）上将的谈判可以使法国陆军和海军部队加入我们，或至少保持中立。

　　会谈开始得很顺利，法德两军的关系起初很好。我们的伞兵开着法国装甲车外出巡逻，打击敌人。但突然情况发生了变化，一支意大利战斗机中队违反了一项明确协议，在我不知情的情况下，在突尼斯城附近降落。朋友立刻变成了敌人。随后我就介入此事，卡瓦莱罗立即把中队调回撒丁岛，但已于事无补。更令人不快的是，由于卡瓦莱罗的声望更高，他的这一行为让其他人对我的意图产生了误解。后来贝当下令让法国殖民部队和德军共进退，我相信要不是这次事件，这条命令会以对我们有利的方式来执行。由于事与愿违，我很快就不得不对巴雷（Barré）将军所辖的各师采取行动。这位先生的意图和行为神秘莫测，我不能再继续浪费时间了。经过我们领事莫里森（Moellhausen）的大力斡旋，也没能把这位狡猾的将军拉到我们这边来，我只好派俯冲轰炸机去对付法国师，结束了这种忍无可忍的局面。在战争中与靠不住的友军讨价还价是徒劳的。

　　出乎所有人的意料，我们最终成功地建立了一个小桥头堡，驻扎了一支减配的德军师，但对其加强了高射炮兵。11 月 15 日，内林（Nehring）将军接管了突尼斯的指挥权，并得到了未来驻意大利大使拉恩（Rahn）博士及其同事莫里森的大力支持，并且在与法国海军上将德里安（Derrien）的交往中得到了海军上将门德森-博尔肯（Meendsen-Bohlken）的同样支持。内林面临的是一项艰巨的任务，但对这位年轻的将军来说，这是一项让人兴奋的任务。对他的任命常被人看作我充满乐观的体现。我从来没有轻视过敌人，但我承认我会装出一副乐观的样子。乐观是一回事，但低估对手又是另一回事。举一个例子，也是战后媒体一直在错误评论的一个事件：1942 年 11 月 26 日，60 辆敌方装甲车突然袭击了朱代伊德（Djedeida）的俯冲轰炸机机场。内林给我打电话时情绪非常激动，这是可以理解的，他从这次袭击中感到了绝望。对于他心底的恐惧，我无法给他排遣，只能告诉他冷静下来，我第二天就会赶到。

这时候大部分盟军已经登陆，法军的沿海防御工事只进行了微不足道的抵抗就已崩溃。现在盟军这些新手部队必须花时间来集结阵形，并与法国人进行协商，当然他们急于避免形势反弹，一刻也不浪费。在突尼斯的法国人以及阿拉伯人的态度，表现得令人生疑，至少是对盟军存在潜在敌意的。而敌人知道德军的弱点所在，他们可能会因此发动突然袭击，来消除突尼斯城中的威胁。还有一个未知因素是交通问题。敌人前方 500 英里的位置，有一片陌生、危险和多山的区域。即使铁路正常运行，也不足以进行大规模的军队调动，更不用说他们还处在德国俯冲轰炸机的攻击范围之内。所以，我们并不担心马上就有重大行动，但绝对能够预料到会有袭击和侦察行动。

综合上述及其他各种因素，我认识到，在这种特殊的情况下，所有小股部队都必须置于陆军总部参谋的指挥之下。我要求在装甲集团军总部组建一支参谋团队，最终于 1942 年 12 月初得以实现，此时由冯·阿尼姆（von Arnim）将军率领的第 5 装甲集团军正好赶到。希特勒为冯·阿尼姆指派了一名副将齐格勒（Ziegler），他"没有职务"，会根据需要，为他焦头烂额的上级充当合格的挚友、顾问和副手等角色。这种安排是否有效，取决于两位将军的相互了解程度，而这一次就成功了。

与此同时，隆美尔继续指挥撤退，并以各种不切实际的增援要求对我"狂轰滥炸"，对此我毫无办法。海上补给线已被切断，通过突尼斯的交通线尚未组建起来，我没有办法再剥夺自己的空运编队。马耳他岛仍在英国的控制之下，威胁着周围的一切。从我的编队发来的报告中越发明显地看出，即使在实力占优的地方，部队也放弃了战斗。巴斯蒂科元帅向意大利最高统帅部的报告中没有拐弯抹角。卡瓦莱罗和我都非常清楚，如果这场"马拉松比赛"回到了突尼斯城，那么意大利军队很快就会分崩离析，班加西和的黎波里的港口又将落入英军的手中，他们会立即加以使用，而筋疲力尽的德国军队则会一蹶不振。马雷斯防线（Mareth Line）位于突尼斯的最南端边境，现在还指望不上，因为还有很多工作要做。

与此同时，巴斯蒂科和隆美尔之间不稳定的关系有可能发展成公开的不和。1942 年 11 月底，卡瓦莱罗试图在阿科菲勒涅（Arco Philene）的一次会议上解决这个问题，会上双方的敌对情绪得以缓和，但没有消除。卡瓦莱罗阐述了意大利方面的观点，即的黎波里塔尼亚必须尽最大可能进行防御，而且不要对意大利步兵师的能力提出过高的要求，这是对巩固突尼斯南部边界防御线所设置的两个必要条件。此时此地，一切工作开始进入白热化，轴心国部队的补给也将开始重点保障突尼斯。

截至 11 月底，盟军的登陆部队已逐渐展开。11 月 25 日，第一支实力较弱的美军纵队挺进迈贾兹巴卜（Medjez-el-Bab）。与此同时，德国和意大利的陆、空增援部队赶到，进一步巩固了阵地。随着一个战斗机中队和一个减配的步兵部队调至加贝斯（Gabès），通往的黎波里塔尼亚隆美尔部的补给线就打开了。8～10 个英美法师遭到 5 个轴心国师的抵抗，后者中至少 2 个意大利师与高射炮部队被整合为一个师，由诺伊弗（Neuffer）将军指挥。战斗机、俯冲轰炸机和侦察机编队足以应对紧急需要，由前奥地利飞行员科施（Kosch）将军指挥。

西线战线长达 250 多英里。尽管使用如此有限的部队似乎不可能将其守住，特别是缺乏炮兵部队（一开始我们甚至都凑不出 100 门火炮），但是我不仅是要守住它，更要尽可能地向前推进，我们要运用游击战术，避免被不断取胜的敌军把我们推到大海里去。地形对我们有利，唯一的公路和铁路网络都在西线北部三分之一的地区。至于中部的三分之一地区，从盟军阵地进入难度较大，并且在沿海平原上也会被易守难攻、几乎没有过道的山脊拦住。而在南部的三分之一，沙漠挡住了去路。我想，由于没有沙漠作战的经验，盟军的这些毫无经验的部队不会立即向那些偏远地区推进。而且朝南的南线是留给隆美尔军队的，对此我无须加以考虑，目前其还没有受到威胁。在中部地区，意大利师足以确保安全，同时我很清楚，如果敌人突破，德国部队将不得不被派上去。上路三分之一将由德国军队把守。我的计划是，用不同兵力的部队不断地向北方和中部区域的不同地方发动攻击以欺骗敌人，掩盖我们的军队是软弱无力的，这将牵制敌人的集中攻势。

就这样，第 5 装甲集团军负责防守一条主要的防线，大致从阿布罗德（Dj. Abrod）—巴杰（Bezha）—特博苏克（Tibursuk）开始沿着锡勒亚奈（Siliana）地区向斯贝特拉（Sbeitla）—加夫萨（Gafsa）方向延伸。作为我们的最终目标，我考虑过部署"波尼—苏格艾赫拉斯（Souk Ahras）—泰贝萨（Tebessa）—富里亚奈（Feriana）—加夫萨—吉比利

（Kebili）"防线。这是距离海岸约 150 英里的第一个阵地，可以最终用于发起反攻。它的位置得天独厚，易守难攻，而且拥有在南部地区少有的交通网络，而敌军方面则无此便利，即使在北部地区，对手的交通也不如轴心国控制的地区好。如果在登陆之初就有一个德国师，或者法军没有那么反复无常，这项任务该是多么的简单啊！我们就可以用现在兵力的一半，取得双倍的战绩，甚至可以在开始时达成四倍的效果。

几周之后，英军在的黎波里塔尼亚的穷追猛打有所放缓。埃及的大雨阻碍了蒙哥马利的推进。当隆美尔在 1942 年 11 月底到达阿格海拉隘口时，非洲集团军已经脱离了迫在眉睫的危险。由于苏尔特沙漠支离破碎，缺乏水源，而且布埃拉特（Buerat）的防御工事很坚固，看起来更值得依靠一些。当我在 1942 年圣诞节前和新年前两次飞到前线时，切身感受到士兵们的确也是这么想的。他们没有任何沮丧的表现，只是对于他们无法像以前那样畅快战斗而感到不快，当然依旧强烈渴望获得更多的补给。

1 月 15 日，盟军对布埃拉特阵地发动了一次攻击，不过被击退。而在遮姆遮姆（Zemzem），非洲集团军没有与在南方集结的敌军接触。在攻占的黎波里之前，盟军一再重复同样的战术。举个例子：从 1 月 16 日至 1 月 22 日的 7 天里，撤退的集团军走了 220 英里（直线距离），平均每天走 30 英里。即使没有接受过总参谋部培训的人也能猜到战斗败局已定。显然，1942 年 11 月 24 日的元帅会议没有产生任何实际效果。简而言之，卡瓦莱罗和我反对开展一场可能导致非洲集团军全部或大部覆灭的战争。然而，我们都深信，必须充分利用各种机会来进行一些有限的反击，这就是战斗的精神。如果领导得好，即使是少得可怜的供给

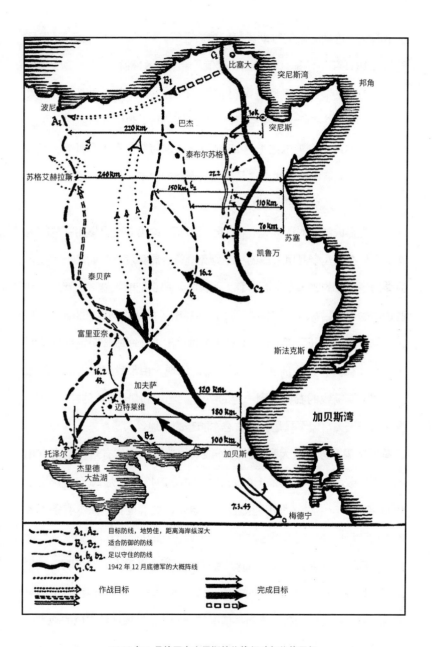

1943 年 1 月德军在突尼斯的作战行动与作战目标

也足以完成这项有限的行动。我们被迫进行一场"穷人的战争"，但隆美尔在 1941 年出色地掌控着这场战争，着实令人惊讶。

随着从的黎波里撤离，我们不得不抛弃许多宝贵的物资，为意大利殖民地的战斗实际上已经结束，结果意军的行动热情变得比以前更加缺乏了。不过，隆美尔在 1 月 25 日还是决定将 7 个意大利师重组为 3 个师派往突尼斯南部前线，这是个自然而然的决定，并得到了意大利最高统帅部和南方战区司令部的批准。

与之形成鲜明对比的是，冯·阿尼姆领导的第 5 装甲集团军总部的参谋人员在头几个月里采取的战略则完全符合局势发展。如果当时投入战斗的是强大的德国军队而非意大利部队，那么把前线推进到阿尔及利亚边境的原定目标就有可能实现了。由杰出指挥官穆勒（Müller）将军领导的第 10 装甲师与第 5 装甲集团军频繁出击，缓慢却坚定地推进西部战线，德国军人的训练有素不断得以体现。由于我们突击部队的撤退，突尼斯前线的右翼遭到一定的削弱，但仍在德国军队的控制之中，没有丝毫损失，盟军只是在进攻意军防守的阵地。

虽然盟军进攻意大利部队总能成功地攻城略地，有时甚至会有相当大的突破，但德军的反击也很成功，如在 1943 年 1 月 25 日就俘虏了4000 名敌军。不过这都不能掩盖一个事实，那就是我们原本有条不紊的进攻计划已经得到了严重的损害。不容忽视的是，盟军在月底从费德山口（Faid）向斯法克斯（Sfax）发起的攻势意义重大。这表明，如果美国人具备了应对棘手局势的领导能力和战斗能力，那么这场攻势很可能就会决定突尼斯的命运。当然情况并非如此，结果这种出色的战术行动只是带来了盟军的溃散和我军防线的推进。如果德军司令部还不能从这种暂时优势中吸取经验教训，那就显得太业余了。

德国空军仍然控制着突尼斯上空的空域，他们的低空攻击常常给羽翼未丰的美国军队带去毁灭性的打击，而德国空军在西地中海的战略也并非没有取得成功。但相对于广袤的作战区域来说，我们的力量还是相对太弱了。这段时期，每一天都至关重要，但德国国防军最高统帅部却极不重视时间，所以我决定亲自去一趟元首总部。

在同戈林的会谈中，我强调了以下需求要点：加大燃料供给，补充一种更强大的机载武器、更有效的轻型（5厘米口径）和重型高射炮，增加分米波雷达、地基雷达以及应对远程侦察机的搜索雷达。

在元首总部，我描绘了亲身经历的时局战况，指出赢得法国人支持的机会被搞砸了。德军有机会把战线推进到君士坦丁（Constantine），但由于兵力不足，无法把握住这个机会。

"我们已经成功了，"我对他们说，"我们完成了一项不可能完成的任务，建立起桥头堡，并把前线往前推进，不过这个前线还无法抵挡猛烈的进攻，需要进一步巩固。为此，需要新的增援力量。两三个意大利师起不到什么作用。要想用现有的三个半德国师来向前推进至我们的目标前线，是毫无希望的，这里面只有一个装甲师，也就是第10装甲师，在超过250英里长的前线上，总共才有整整100门大炮。现在还有时间，但已经不多了。只要一有好天气，艾森豪威尔就会设法夺取主动权，发起攻势。作为进攻方，他可以选择有利的时间和地形。通过在次要战线打消耗战，他就能集中起足够的兵力来进行决战，而我们对此却无法及时应对。"

"第5装甲集团军还没有占领要害地区，不能保证一旦出现变故就能控制住突尼斯。对此，依然需要进一步增援。"

"我们像认真的海狸一样努力加强马雷斯防线及其侧翼阵地，但是指望在 6 ～ 8 周内完成这项工作是不可能的。如果没有其他原因，我认为隆美尔不应该快速撤回他的德意联军。同样至关重要的是，我认为应该阻止英国第 8 集团军与登陆部队建立联系，并阻止两侧的盟军空军司令部在突尼斯的狭长区域上空实施协同行动。那样的话，迄今在突尼斯城和比塞大等港口一直在顺利进行的卸货工作将会中断。"

"我们的战略目标就是务必把对方两军分开，内部开花，一个接一个地击败他们。我反对立即撤回隆美尔的军队，因为这样做将与防御突尼斯的地面计划相冲突，但我同意撤回一部分，条件是隆美尔不要把主力部队的投降作为消极避战和加快撤回突尼斯的借口。我必须十分坦率地说，自从阿拉曼战役以来，他并没有像以前为我所熟知的那样一往无前地进行反击。"

我接着解释说，非洲装甲部队在 2 月初或 2 月中旬以前，不可以撤退到突尼斯边界的后方，因为这受限于巩固边界阵地的工作速度。此外，应该采用一种新的指挥体系：组建陆军集团军群司令部，我建议由隆美尔指挥；再组建陆军统帅部，考虑到威望，应该交给意大利人指挥。这项工作必须在 2 月初准备就绪。此外，我要求增援两个至三个师、几个炮兵连和迫击炮连，以及各种火焰喷射器营和反坦克营。最后作为目前的权宜之计，我要求加强海上交通，积极改进作战方式。

战略计划获得批准，我的要求基本上都得到了承诺，增援部队很快就会派出。隆美尔主动提出从他的军队中提供两个摩托化师，但是我认为这是他加速撤退的借口，因此拒绝了。如果我们同意了，他很可能会放弃一个师，然后明确约定，所有的后果都不应该影响战斗的实施。随着时间的推移，希特勒的其他承诺或多或少都烟消云散了。显然，他们认为隆美尔单打独斗已足以让我保持沉默。我充分了解统帅部的难处，我相信我对他们的态度既不轻浮也不傲慢。但是，一个指挥战区级战争的人必须知道他所处的立场，否则他脚下的根基很快就会动摇。当我与希特勒进行私人谈话时，他很少食言；但我一离开，他对地中海战区的兴趣就消退了。这件事太过遥远，即使很多兢兢业业的人也感到它遥不可及，更不用说其他有些人根本不了解它。

突尼斯战役（1943 年 2 月—5 月）

2 月在马雷斯防线前进行的战斗，其显著特点是，防御战斗不是发生在一条连续的前线上，而是接连从后卫阵地发起的。在这一行动中，炮兵和俯冲轰炸机发挥得非常出色，但主要还是要归功于后卫的第 15 装甲师，他们在这一地区的英勇战斗，确保了突尼斯要塞在整个 2 月都安然无恙。2 月 20 日，当英国第 8 集团军推进至马雷斯防线后，德意军队就被困在这一片宽阔的地区里，即使后来海、空军前来增援，也没有改变这一局面。

两支盟军部队之间还没有建立起直接的联系。他们在空中也没有明显的行动协调迹象。另外，他们针对我军海运和空运的袭击行动也在紧锣密鼓地进行。盟军的四引擎轰炸机从 3 万英尺以上的高空对我军的卸货港口进行了首次空袭，这将空中战斗带入了一个全新的阶段，而如何用战斗机和高射炮击退它们成了一个永恒的难题。

自 1942 年 10 月底以来，英国第 8 集团军已经跨越了半个北非，走了 1500 多英里。他们要在严酷的冬季沙漠中行军，克服各种供给上的困难。此外，由于道路缺乏，他们的部队被拉开得很长，无法进行长时间的并排行军。因此可以肯定，在这一侧的前线，平静至少还会再持续几周。

在西线，登陆部队的战略集结进展很快。在这方面，艾森豪威尔领先于蒙哥马利，但在战斗力方面，两人的军队却得到了相反的评价。这就自然而然地使人想到，应该从西线开始先后进攻这两支盟军部队，通过一系列攻势把他们的进攻计划至少推迟几周甚至几个月。为了达成这一目的，必须首先使对方在人员和物资方面遭受极为重大的损失，不得不停下来等待海外增援的到来。在敌军准备进攻时，大胆地以攻为守，是取得胜利的最大希望。但是现在从第 8 集团军那里夺取主动权的时机还不成熟。在南部防线上仍有可能避免与敌人发生接触，而我们在西线的目标，除了摧毁敌人外，还要把战线向前推进到一个安全的区域，既有利于防守，也便于最大限度地应对战争中各种意外因素。我们要想牵制住敌人的前线部队，并利用一切机会巩固我们自己的阵地，正面冲突是不可避免的。而要想取得更大的战果，则需要实施迂回机动，中部地区（斯贝特拉、卡塞林）的地形适合行动，因为这里有以下优势：

向西北推进具有战略意义。附近的泰贝萨是一个重要的铁路公路枢纽，有各种大型仓库，属于兵家必争之地。在这里取得突破将为打开交通线铺平道路，并使敌人那些缺乏战斗经验的菜鸟部队陷入危险境地。

隆美尔的摩托化部队可以在短时间内到达出发阵地，由于该国人口稀少，因此可以确保行动保密。

同样，冯·阿尼姆的西线部队要走的路线也不存在什么困难。由于美军前线尚未巩固，这一行动很容易实施，而且可能具有决定性意义。

这次突击要求全程保持高速。每一天都很宝贵。为了加强突击集群的力量，甚至可能需要把每一名士兵都带离防线。在突尼斯西线出现的所有损失都可以靠在敌人后方取得胜利而得以弥补。届时，我们应该就可以获得足够的行动自由，可以集中所有力量再向蒙哥马利的军队发起攻势。英军不太可能赶得上在关键时刻对马雷斯防线发起进攻从而遏止了这次行动，但如果蒙哥马利受艾森豪威尔军队失败的影响，可能会冒险试图过早进攻，那么第 90 轻型师将不得不赶回来。任何反攻都必须经过出发阵地，而蒙哥马利对马雷斯防线的进攻也不可能突然展开。并且该阵地是由碉堡和据点加固的天然防线，即使对其成功实施了正面突破也不会产生什么战略上的效果，因为从马雷斯防线向前推进，即使穿过了阿卡里特（Akarit）防线，最终也只会进入杰里德大盐湖（Chott Djerid）。马雷斯防线已经是我们最先进的防御工事，但它也有弱点，而且英军也十分强大，足以战胜立足不稳的我军，这一点在英国人进攻时已得到证明。该防线的弱点是可以从右侧迂回绕过，但即便如此，也没有迫在眉睫的危险，因为当地地形难以通行，本身就是一个很大的障碍，能够给德国部队以充足的时间来重整旗鼓。而且英军的迂回行动无法隐匿，可以通过空中和地面的反击来遏制其速度。最后，把两支盟军部队分割开来的恶劣荒漠环境，更加有利于防御。

　　这个浅显易懂的想法却遭到了很多反对意见。指挥系统的设置不适合非洲战区的情况。德国国防军最高统帅部确实已经宣布同意组建一个陆军集团军群，但又明确规定指挥权应留给隆美尔。尽管我军对盟军登陆部队的作战计划已经在纸面上和口头上都确定下来，而且毫无疑问地也正在采取措施为发动主攻而做着准备，但仍然没有建立起统一的指挥部。不幸的是，在最重要的两天里，我缺席了元首的总部会议，所以没能及时找到补救的办法。我的参谋长试图让意大利最高统帅部下令让顶层按照计划进行变动，却终归徒劳。因此第 5 装甲师仍然坚持他们自己的作战计划，想当然地认为英军的迂回行动也必须顺应环境。另外，隆美尔也觉得他有权保持行动自由，他只会根据局势的发展才做出改变，这是他一贯的态度。

　　我的目的是让隆美尔以他沙漠作战的经验，在击败艾森豪威尔的部队后，接着对英国第 8 集团军发动一次强有力的打击。1943 年 2 月22 日，我在卡塞林附近的作战指挥部与隆美尔进行了一次长谈，发现他的心情非常沮丧。他的心思没有放在任务上，并且在任务实施过程中也表现得几乎没有信心。令我特别震惊的是，他毫不掩饰他急于把尽可能多的部队完好无损地尽快带回到南方防线，而梅塞（Messe）元帅自2 月初以来一直在那里负责指挥。他的冷淡态度表明他不愿或不能理解当时正在进行的泰贝萨战斗的意义。我命令第 5 装甲集团军总司令到机场与我会面，而与他的对话结果却更糟糕。这是一厢情愿的事情，最终我在位于弗拉斯卡蒂（Frascati）的指挥部重新审视了局势之后，取消了进攻泰贝萨的行动。

　　鉴于两位总司令——隆美尔和冯·阿尼姆——的固执态度，我同时启用了新的指挥系统，从而相信我为隆美尔向英国第 8 集团军发起攻势创造了最有利的条件。我有意不去干涉后者的行动计划，以维护他的独立自主性。在精心设计的两条建议中，他决定选择跨越山区进行远程机动。齐格勒将军设想在海岸附近发起攻击，在此基础上，隆美尔形成了自己的作战计划。这两项计划草案都有其各自的优缺点。如果能有效且隐蔽地执行，每一项计划都可以且应该能够取得成功。

突然袭击并未成功实施。隆美尔发现蒙哥马利的军队已经做好了充分的准备，于是停止了进攻。争论这件事的对错毫无意义，因为据我当时所知，行动有可能被泄露，这一点似乎可以从战后我所读到的资料中得到证实。如果是这样，那么意大利陆军司令梅塞就应该是背信弃义的海军上将毛杰里的从犯。

我们从 2 月中旬开始的所有攻击（包括泰贝萨和梅德宁）都没有取到我们预期的成功。登陆部队的艰苦境地证明了我们在战略上有取胜的希望。但是战术上的成功并不能延缓战争的进程。第 1 德意装甲集团军对梅德宁（Médenine）的攻击，打击敌人的同时也对轴心国部队造成了巨大伤亡，这暴露了我们的指挥部和作战部队都存在着明显弱点。我现在很清楚轴心国军队已经失去了主动权。陆军集团军群在新任总司令冯·阿尼姆的带领下不得不后撤，并从此转入守势。

1943 年 3 月初，隆美尔顺理成章地离开突尼斯。我很高兴能够推荐他获得钻石骑士十字勋章，但不幸的是，我为这个英勇的战士争取意大利最高勋章的努力没有成功。

只要不让两支盟军部队接触，并阻止他们空军之间开展协同作战，我们还是有机会成功保卫突尼斯要塞的。我们的右翼由久经沙场的德国军队把守，左翼也有一个防守严密的纵深区域。轴心国部队的内部两侧则全面较弱，部分防御兵力由意军单独组成。虽然这一部分防线上的部队，如"半人马座"（Centauro）装甲师和"帝国"（Imperiali）旅，按照意大利的标准已是第一流的部队，但如果让它们单打独斗，他们是无法阻挡盟军进攻的。如果没有 3 个后备的德国摩托化师（第 10、第 21、第 15 装甲师），可能就只能避开所有重大的战斗，撤退到只在计划中但尚未建成的昂菲达维尔防线（Enfidaville Line）。这样也就实现了隆美尔最喜欢的想法。这个行动的优点也是明显的：沿着海岸的侧翼部队会得以收缩，而防御区域的减小也有助于我们建立一个更好的纵深防御梯队，并在某种程度上弥补突尼斯城防线本身的弱点。

就陆战而言，这些都是事实，但没有涉及细节问题，比如该地区的纵深不够以及英国海军对外部两翼的威胁等。

我只强调决定性因素，例如港口和机场在受到空海双向集中攻击的压力下，我们的补给线以及整体防御力量会在几天内处于停滞状态。敌人拥有充分的选择自由，是继续进攻扩大战果，还是满足于现状从而争取到时间进行准备，甚至开始用主力部队进攻意大利或希腊。

盟军没有把握住机会，随后德军对盟军登陆部队发起了反攻，虽然后来被迫撤退但并没有造成过多的伤亡。历史学家们可以从这里看出我们在突尼斯行动中即使没有取得决定性胜利，但也有其合理性。

1943 年 3 月 20 日，英国第 8 集团军对马雷斯防线发动进攻，这决定了轴心国在突尼斯的命运。英国最初取得了胜利，随后我方第 15 装甲师成功实施了反击，这是一场经典战斗，不过最后的胜利代价太大。英军从西南方向威胁着马雷斯防线的侧翼，他们从沙漠迂回绕过

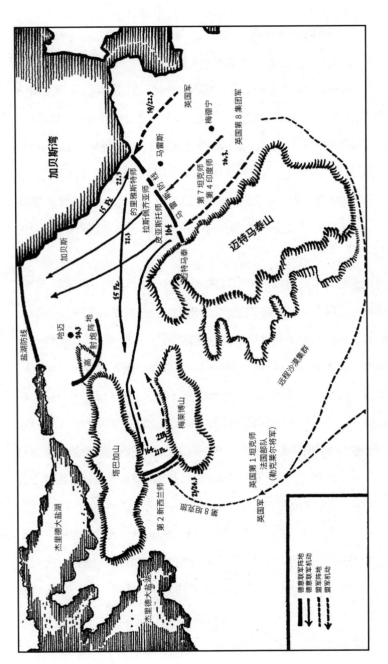

马雷斯战役后：1943 年 3 月 19 日—29 日

迈特马泰山（Matmata Hills）。德国陆军和空军并没有立即对此实施猛烈打击，因为他们一直都认为这片沙漠并不适合像新西兰军从塔塔维纳（Foum Tatahouine）开始的大规模部队调动。我们还了解到，英国第8集团军的各师在对梅德宁的正面进攻失败后，已经由哈卢夫（Hallouf）向西方更远的地方移动。最后我们获悉德国的侦察部队已无力阻止新西兰师的行动，而由马纳里尼（Manerini）将军率领的几支沙漠营虽然也可能实力不错，但他们正驻扎在塔巴加山（Djebel Tabaga）和梅莱博山（Djebel Melab）之间的脆弱阵地中，实在称不上一支现代化的突击力量。

由于对马雷斯防线的实力过分自信，我方采取防御措施的行动已为时过晚，对于这些措施本应更早做出决定并得以更早实施的。此外，我们的空中行动也不能满足当时的需要。由于在米那西—加夫萨—盖塔尔地区（Maknassy-Gafsa-El Guettar）不断发生战斗，局势不断恶化，我不得不亲自出面干预。例如在米那西，多亏了朗（Lang）上校的熟练指挥，德意联军才得以突出包围。总而言之，在3月21日—27日，轴心国军队内部衔接部分出现了一些关键问题，这清楚地暴露出军部的问题，他们缺少一个灵活的参谋团队进行指挥。我经常提出要组建一个参谋团队，但从来没有实现。

3月27日，第8集团军对哈迈（El Hamma）地区持续施压，于是我们在此前方匆忙集结高射炮部队构建了一个比较稳固的阵地。北方局势的发展日益令人担忧，迫使我军放弃了马雷斯防线，从南方前线撤军到盐湖防线。4月7日，这一坚固防线突然崩溃，意大利军队像无根的芦苇一样脆弱不堪，突尼斯战役开始走向尾声。虽然德军纵队在正面和右翼都受到了猛烈的攻击，还要抵挡空中连续不断的空袭，但是他们一直保持着作战队形，行军 120 英里撤退到昂菲达维尔防线，这充分体现了他们坚韧的精神和严明的纪律。

一旦我们从盐湖阵地开始撤离，我们的行动空间就急剧收缩了。众多的作战参谋、后勤保障等人员，对于实施反击起不到帮助作用，反而在拖我们的后腿。他们不可避免地增加了我方的伤亡数字。我再次要求对人事工作进行有系统的清理，相当于一种人员撤离，但又被希特勒拒绝了，因为他担心会影响士气，所以我只能先撤离一些重要的人员。飞行编队和水面舰艇几乎全部撤离，以协助准备保卫西西里岛。我和我的指挥部人员在发布命令时，当然应该更加全面地通盘考虑。

1943 年 4 月 16 日，昂菲达维尔防线前的第一次战斗开始了。我们在 4 月 21 日—22 日的反击非常成功，完全压制住敌人，导致蒙哥马利的军队没有在这一地区继续进攻。在调查了前线的各个区域后，盟军司令部把这一段防线定为决战地点，因为这部分从一开始就最重要的，它是通往突尼斯城的必经之路。艾森豪威尔的部队从 4 月 7 日发起进攻，要夺取所谓的"长停山（Long Stop Hill）"，但直到 4 月 27 日它才最终落入英国第 1 集团军的手中。我们同样向进攻部队表达敬意，尤其是英国第 78 师。在占领了这些高地之后，通往突尼斯平原的门户就洞开了。经由此地，从 5 月 5 日至 5 月 8 日，四个半的盟军师在空前的炮火支援和地毯式的轰炸下，同时发动了不可阻挡的进攻。这个强力的突击箭头同时受到纵深的保护，右翼有法国部队，左翼是美国部队，而且美国部队已从早期那些惨痛的作战中获得了一些经验，现在正沿着大海向比塞大推进。

在突尼斯城被攻占之前，大部队进行了突围。截至 1943 年 5 月 9 日，只有零星的部队仍在继续抵抗，到 5 月 12 日，最后的残余部队放下武器。在此之前，我在罗马一直同驻突尼斯的德国指挥部保持着无线电联系。冯·韦尔斯特（von Vaerst）将军作为军队指挥官，一直战斗到最后一颗子弹；空军克奇（Koechy）中将仍在率领最后一支空军中队作战；还有高射炮师指挥官诺伊弗，他们给我发来了最后的报告，都充分体现了突尼斯保卫者的英雄主义精神。

只要两支盟军仍然在分开作战，我们的空中支援，特别是对第 5 装甲集团军的支援，一直十分得力。我们在南线的战斗机飞行员击落了多架敌机。俯冲轰炸机和战斗轰炸机也发挥出色，直到他们在敌军先进的现代化俯冲轰炸机面前毫无优势可言才不得不撤退。我们从意大利临时借调了第 2 航空大队轰炸机编队，用于在英国第 10 军迂回穿越沙漠时对其进行攻击或空袭敌人的机场，但这也无法扭转劣势，因为这些人员并没有接受过沙漠作战的训练，几乎无法开展导航和地面侦察。

由于战场收缩迫使大多数飞行编队从突尼斯转移到西西里岛，我们的出动架次和所获战果都大幅下降。相比之下，盟军却能够将其两个空军司令部麾下的重型轰炸机集中起来对德国运输船队以及突尼斯城和比塞大两个接收港口发动空袭，并将所有轻型飞机投入对地面部队的支援中，而且几乎不会遇到对手。当时的战况就是这样，我不断地要求德国国防军最高统帅部提供更多的增援和物资，隆美尔和冯·阿尼姆也将他们手头严重匮乏的资源发挥到了极致。

我以简短的概括来结束本章：

在我看来，突尼斯战役是一项极其严重的战略误判。正如上文所述，我认为，第一个错误，在于完全低估了非洲和地中海战区的重要性。

第二个错误，是对我们海上运输队的保护不足，导致我们的补给线逐渐崩溃。

第三个错误，在我看来，是在两国联合作战中存在种种障碍。太多的让步和太过明显的针锋相对同样有害。当卡瓦莱罗接替前总司令安布罗西奥将军成为总参谋长时，局势已经变得难以扭转。卡瓦莱罗和我之间的信任关系急剧恶化，越发不可收拾。在此任命之前，我曾警告过"领袖"，而且由于我的警告没有得到重视，我还提请解除自己的职务。不幸的是，我屈从于"领袖"的坚持，他保证说我们会"像兄弟一样彼此信任"。即使在那时我就已经怀疑，并且现在已可以肯定，我们的盟友随后实施的叛变行径在当时已经在政府最核心圈子里进行着讨论。

第四个错误，或许也是最灾难性的错误在于我们对法国的态度。令人不可理解的是，希特勒固执地认为法国在非洲的殖民地是禁地，并命令我们也持同样观点。

在总结这些错误根源时，决不能忽视我们的确犯了战略性错误这一事实。很明显，这在一定程度上解释了为什么突尼斯在很短的时间内就战败了，以及为什么盟军早在 1943 年就能够在欧洲建立新的南方战线，并对我们的总体局面产生了极其不利的影响。这些错误在很大程度上是可以避免的，令人非常痛惜。

盟军，终于赢得了彻底的胜利。最后的那些战役让敌人产生了巨大的优越感，并极大地鼓舞了他们的士气。继失去的黎波里塔尼亚之后，在突尼斯的失败对意大利统帅部及其军队来说是一个特别严重的打击。在此之前，意大利本土几乎没有受到战争的影响，但随着殖民意愿丧钟的敲响，他们终于意识到危险已经降临。

德国，作为轴心国集团的核心，并没有意识到战争必然会扩展到地中海区域，从而错过了在英国的核心利益区域对其进行致命打击的机会。一个可以进行广泛战略规划和全面修订政治目标的机会，被永远浪费了。在这一阶段结束后，轴心国集团失去了战略主动。

英国，这个典型的地中海强国，在美国的帮助下，终于有能力建立起一个从南方进攻欧洲的基地。

第十六章

转战西西里岛

--------------------------------► ○--------------------------------○

1943 年 6 月 11 日—12 日，意大利潘泰莱里亚岛和兰佩杜
萨岛投降；7 月 10 日，盟军登陆西西里岛（最初兵力 16 万人
和 600 辆坦克）；7 月 12 日，锡拉库萨和奥古斯塔沦陷；7 月
22 日，巴勒莫投降；8 月 17 日，墨西拿附近德军最后一个桥
头堡撤离，西西里岛投降。

随着在北非的轴心国军队被消灭或投降，盟军在地中海上的行动
变得畅通无阻。尽管在突尼斯与意大利各岛屿如潘泰莱里亚岛、西西里
岛和撒丁岛之间的狭窄通道仍然存在威胁，但鉴于意大利海军日益明显
的消极怠战，盟军仍然可以将这些通道视为是安全的。轴心国空军的重
要性也在不断下降。

盟军的下一步行动必然会揭示他们的最终目标。他们将继续与意
大利作战，目的之一可能是要打败和消灭它，但也要通过征服而建立一

个新的基地，用于对德国东线和西线以及本土中心堡垒发起进攻。

如果最终在法国南部或巴尔干半岛登陆，特别是同时增强了盟军在地中海战区的实力，可被看作为采取具有深远战略和政治目标的行动而做的准备。

自 1943 年 1 月以来，我一直在认真思考这些问题。我从亲自收集的资料和在意大利指挥官举行的会议中有了更清晰的了解，并从德国国防军最高统帅部和意大利最高统帅部获得授权，可以采取必要的应急措施来应对局势变化。我有充分的理由采取紧急行动。岛上指挥官所表现出的乐观情绪，并不能证明不需要对事实进行冷静的审查。从地图上看，一切都是井然有序的，他们的计划设想得非常巧妙，甚至在某些方面过于巧妙。但是，唯一完成的建设工程完全是个花架子。岛上没有哪个阵地已经准备就绪，防御力量严重不足，反坦克障碍无人看守，更像是用来困住守军而不是阻击敌人。所有的工作都华而不实。

我视察过的岸防部队与这些防御工事相比也好不到哪里。在防御作战中使用这样的部队，是不可能抵挡住进攻的。各岛也有区别：科西嘉岛是最好的，其次是撒丁岛；西西里岛和卡拉布里亚（Calabria）沿岸还有许多地方有待改进。4 月，我继续施加压力，鉴于安布罗西奥将军的敌对态度，我只有同下属各部门进行巧妙的合作，才能督促改善。我确保各岛指挥官愿意在他们的物资和能力范围内落实我的建议。虽然由德国国防军最高统帅部分批提供的补给数量有限，但其分配方式要根据敌人的战略意图而定。我简要地总结局势如下：

占领非洲北部海岸可能不是最终的目标，即使两支集团军的覆亡证明了盟军在北非的军事行动是正确的。轴心国军队的失败为实施进一步行动以及实现"卡萨布兰卡计划（Casablanca Plans）"奠定了基础，而当时我们对于该计划还一无所知。

英美两国军队在突尼斯地区的集结首先表明了盟国打算继续在西地中海行动。西西里岛近在咫尺，而且夺取该岛是通往意大利的重要一步。与此同时，还必须考虑盟军可能会对卡拉布里亚进行牵制性攻击，以作为对攻占西西里岛的支援行动。由于潘泰莱里亚岛表现不出任何抵抗的能力，所以对它的占领只是次要的行动。如果盟军的目标是迅速占领罗马，那么对撒丁岛和科西嘉岛采取行动对他们来说将具有更大的意义。对这些岛屿的成功突袭对于在西西里岛和意大利南部的轴心国部队来说，会产生不容低估的影响。另外，盟军也不能忽视来自西西里岛对他们侧翼的威胁，而且这种威胁很大。如果能占领这些岛屿，特别是被称为"航空母舰"的科西嘉岛，将有助于对法国南部开展进攻。

如果要在东地中海采取行动，那么驻突尼斯的盟军部队就离得太远。不过这些困难是可以克服的。可以穿过意大利本土到达巴尔干半岛，摩托化部队可通过公路前往的黎波里、班加西或图卜鲁格，然后从那里运输到爱琴海。盟军知道他们在海上几乎不会遇到抵抗。另外，尽管在克里特岛、伯罗奔尼撒半岛（Peloponnesos）、雅典附近和萨洛尼卡海湾（Gulf of Salonika）的空军作战部队当时比较薄弱，但很容易得到增强，有可能对盟军形成强有力的纵深防御，而盟军却难以获得相应的对抗实力。但如果盟军要在巴尔干半岛登陆，并对德军东线的后方发起攻势，目的是与苏联建立联系，那么这一行动的成功不仅会影响军事形势，还将产生至少同样重要的政治影响。

因此，盟军要继续采取行动的话，有许多方案可以选取。参照盟国迄今为止所采取的战略行动，使我较容易评估出其下一步行动可能性。

在阿尔及尔的登陆行动可以看作一种和平时期的演习，那里没有什么值得称道的海岸防御。考虑到他们有限的训练水平和自身实力，特别是在两栖作战方面，经过推测，我几乎可以肯定盟军会选择一项他们有信心完成的任务。他们非常重视强大的空中掩护，而单靠航空母舰是无法做到这一点的，这就意味着目标的选择要在从陆地机场起飞的战斗机的有效打击距离之内。

这些考虑排除了法国南部、意大利北部和巴尔干半岛的可能性（除非从意大利下端进入）。盟军海军和空军的兴趣都指向西西里岛，那里可以受到现有部队的直接攻击，也可以配合主要行动，对南卡拉布里亚同时发起牵制性进攻。敌人也有可能绕过西西里岛，向撒丁岛和科西嘉岛方向发动进攻，因为罗马作为远景目标一直是个充满吸引力的诱饵，但是其中的难度也难以估量，因此这种可能性不大。

北非登陆实际上就像一场和平时期的演习，几乎没有遭到什么抵抗。德国的空袭必须从很远的地方发起，这其中存在着重重的阻碍。也许我们从中几乎没有获得如何击退海上入侵的实际经验，但是至少在理论上也应该发现其中非常明显的行动弱点。

当大量船只在公海上行动时，会成为海军部队、U 型潜艇、轰炸机的理想目标。就登陆行动本身来说，由于如此多的驳船拥挤在一个狭窄的海域中，将很容易受到空中和岸防部队的攻击，而且岸防部队还可以在海峡和岸边大量布雷来加强威胁。部署在开阔海岸上的大炮，即使在混凝土炮台的防护下，也抵挡不住海军舰炮的大规模攻击。不过另外，隐藏起来的火炮或在前线纵射阵地上加以伪装的重炮，则能粉碎盟军的袭击行动或至少摧毁其战斗机群。

在当时可能仍有足够的时间和防御手段，在拟订岛屿和海岸防御计划和进行战斗准备时必须把这一切都加以考虑。

就在这个关键时刻，德国派遣建设参谋团队来指导意大利军队最新的固定防御方法，紧随其后的是德国建设部队和建筑材料。当时在意大利指挥征兵的各营在西西里岛临时组建成新的编制，如第15装甲掷弹兵师（卡车步兵）和"赫尔曼·戈林"装甲师，以及飞行编队和高射炮编队，最终各师都齐装满员。与此同时，德军还试图向意大利部队提供新的武器和弹药，以提高他们的战斗力。补给物资都集中在受敌人空袭威胁最小的地方，数量之多足以让我们在交通中断的时候仍能维持一段时间。

在突尼斯投降的时候，西西里岛的前景也和其他地方一样陷入黑暗。如果敌人不会马上采取下一步行动，我期待他们能够停下来喘口气。盟军的一次猛烈空袭让我失去了一半的护卫队。不过，敌人留给我们的每一天都是我们赚的，我们以此逐渐组织起了一支突击部队。新任第2航空队总司令冯·里希特霍芬元帅，也迅速熟悉了这个战区的特点。

到7月初，突尼斯陷落已有两个月，这些岛屿也初步形成了防御力，尽管它们可能防得住一次突然袭击，但是还不足以抵御山雨欲来的大规模登陆行动。两个德军师驻扎在西西里岛，一个加强德军师在南卡拉布里亚，另一个加强师在撒丁岛，一个减配德军旅在科西嘉岛，强大的高射炮编队则集中部署在西西里岛、西卡拉布里亚和撒丁岛周边。在西西里岛上的部队实力相对较强，在撒丁岛上驻扎的减配战斗机编队，届时也可以获得来自意大利北部阿普利亚（Apulia）和罗马附近的重型轰炸机编队的支援。高射炮防空阵地主要围绕在墨西拿附近。

防御计划是由意大利第6集团军总司令古佐尼（Guzzoni）将军和各岛的部队指挥官们在一次会议上提出的。这些海岸前线的防御措施为应对所有突发事件而制定。我在向德军师长们做的最后一次训话中，反复向他们灌输了一点，并且这一点我和古佐尼的看法一致。

我告诉他们："无论你们接收的命令是不是来自恩纳（Enna）的意大利军队，这都不重要。你们要在确认登陆舰队目标时就立即采取行动打击敌人。"

我至今仿佛还能听到"赫尔曼·戈林"装甲师的康拉特（Conrath）将军的咆哮回应："如果您的意思是狠揍他们，元帅，就交给我吧。"回到家后，我感到信心十足。

当陆军部队忙于训练时，第2航空队则把注意力集中在拥挤的北非港口上。冯·里希特霍芬直接对我负责，对于我所要求的侦察任务都能圆满完成，并奋力击退盟军的空袭机群。在5月至6月中旬，盟军每天都对我们的空军基地和墨西拿海峡上的交通运输进行密集空袭。

不幸的是，在这个非常不合时宜的时刻，我们的首席战斗机飞行员奥斯特坎普将军被德国王牌战斗机飞行员加兰德监察长所接替。对此我们无能为力。随着奥斯特坎普的离开，我们也失去了他对当地战场的宝贵经验。岛上的德国空军部队，由于没有撤退到卡拉布里亚和阿普利亚，甚至在登陆开始之前就被歼灭了。甚至在意大利本土，空军部队也遭受了相当大的损失。我们的战斗机太弱，无法扭转这个战局。同样，我们的高射炮也不足以保护机场、港口和铁路设施，只是因为它们的火力不够强大。没有一种高射炮能够独自长时间地应对猛烈连续的空袭；算计对方是攻击者的优势，尤其是当地面防御火力较弱时。在海峡地区的高射炮防御倒是取得了成功，因为在那里集中了非常强大的火力，部署了射程最远的火炮，采用了出色的战术指挥，所有这些优点结合起来才挫败了敌人的空袭，但这并未完全解除威胁。

在墨西拿海峡两岸的轮渡工作是由海军上将门德森-博尔肯及其海军驳船部队负责，并调配工兵突击艇和西贝尔渡船进行补充。另外，我们的潜艇在数量上处于下风，同时受制于这一海域的行动范围过于狭小。我已经完全不相信意大利海军会执行任何为不同情况而准备的计划。由于安布罗西奥执掌大权，我们的伙伴关系不断地在走下坡路。我时常反思，意大利人讨厌战争，而且我们这个盟友缺乏战斗素养又不怎么忠诚，与其要接受这么一个让人头疼的责任，我宁愿在兵力不足的情况下单独作战。

在1943年6月11日—12日，随着盟军攻占意大利的兰佩杜萨岛（Lampedusa）和潘泰莱里亚岛，我们对盟军登陆目标的最后一丝怀疑消除了，这在意大利战史中是一段特别令人沮丧的记录。对西西里岛所有战备情况做了最后一次检查后，我故意选择隐退到飞行联队中，因为意大利本土的防御毕竟首先是他们军队的事情。

与此同时，我们现有的防御部队还不足以满足最低的要求，这一点至少可以从盟军的第一次两栖登陆行动中推断出来。

登陆舰队由一队大型运输船和一个护航编队组成。这些运输船队还包括各种大小的商船，装载着登陆驳船，而护航舰船则包括战列舰、航空母舰、驱逐舰等。舰队中还包括油轮。

　　登陆行动在不同地点同时展开，派出的登陆艇上还携带着坦克等重型装备。从海岸看，一个由无数小船组成的深远辽阔的浪潮缓慢涌向岸边。登陆地点显然根据地形和水流而进行了精心挑选，一些良港被用于卸载沉重的物资和补给。我们战斗机飞行员赶赴机场也非常迅速。

　　尽管我已经提过了建议，但在 7 月 10 日，即登陆当天的清晨时分，我仍用无线电向"赫尔曼·戈林"装甲师发出命令，要求他们立即采取行动，我这样做只是为了纠正一项疏忽。一旦确定了敌人的情况，所有的反击部队都必须做好战斗准备，最迟在午夜时分就必须整装待发，以便反攻岸上的敌人登陆部队。宝贵时间被无可挽回地浪费了，各种各样的错误延误了行动的执行。尽管如此，"赫尔曼·戈林"装甲部队还是在面对登陆杰拉（Gela）的部队时几乎取得决定性的胜利。

　　失望接踵而至。意大利的岸防师（coastal divisions）完全失败了，他们甚至都没有一支反击部队及时到达前线，连位于该岛西南角的"那不勒斯"师（Napoli Division）也烟消云散。此时，位于奥古斯塔（Augusta）要塞的司令官甚至在进攻之前就投降了。懦弱还是背叛？墨索里尼向我承诺会设立军事法庭进行审判，但他是否做到了，我却不曾听闻。我们要对付的是拥有压倒性优势的敌人，他们有 10 个师和强大的空降部队，还有数千架飞机的支援，而德国空军却毫无还手之力。

　　7 月 11 日，我意识到不能再通过电话指示来恢复指挥中所出现的混乱局面，尤其是我已经基本无法与位于意大利陆军总部的冯·森格尔（von Senger）将军取得联系。因此我于 7 月 12 日首先命令第 1 空降师空降至西西里岛，随即我也亲自飞往。在冯·森格尔的陪同下，我视察了所有的前线阵地，当天晚上目睹了空降师在卡塔尼亚（Catania）南部的空降作战，这次行动冒着极大的风险，不过连续几天英国战斗机都是按照固定时间行动，于是给了我们这样的机会。

我飞往西西里岛并没有带来什么转机，反而让我更加头疼。我目睹了意大利师的全面崩溃，以及他们无视既定的防御计划而造成的战术混乱。西西里岛西部没有进一步的战术价值，不得不放弃。即便如此，该岛东部以及埃特纳（Etna）附近的桥头堡也只是苟延残喘。战斗中首当其冲的两个德国师显然不够，如果要迅速巩固"埃特纳防线"，就迫切需要增援第三个师。我曾经最为担心的卡拉布里亚登陆行动，现在也已经被我抛之脑后了。

截至 7 月 13 日上午，我已经同希特勒和墨索里尼就几乎每一个细节都达成了一致，希特勒只对立即移防第 29 装甲掷弹兵师做了指示，这种吝啬的做法在随后的战斗中付出了代价。直到 7 月 15 日，该师的小股部队才开始跨越海峡。

在 7 月 15 日夜间，因为普通飞机此时已无法着陆，我乘坐水上飞机飞往西西里岛北部的米拉佐（Milazzo）。我当场向第 14 装甲军的指挥官胡贝（Hube）将军做了详细的指示。他的任务是掘壕固守一条坚实的战线，即使最初需要付出一些代价。我不顾德国空军等级制度的要求，把重型高射炮部队置于其指挥之下。胡贝在白天几乎不能指望获得任何空中支援，因此为了弥补这一点，我急于千方百计地加快第 29 装甲掷弹兵师的到来。我还告诉他，我正在考虑撤离西西里岛，他的工作就是尽可能地争取时间。墨西拿海峡两岸的防御准备工作进行得很快，现在也归他指挥。我补充说，他不必担心掩护卡拉布里亚和阿普利亚，因为它们目前还不可能成为大规模行动的目标。

我在次日的工作仍然是继续视察前线，并与古佐尼进行了会晤。在会上澄清了一些误解，并让他承担了一些必要的撤退工作，我使他觉得我们要抵挡住英国第8集团军并非完全无望。我当时曾有机会看到了英国舰队的猛烈攻击，这给我留下了深刻的印象。萨莱诺（Salerno）战役后，基于类似的经历，我改变了对海防的看法。

令我大为宽慰的是，我在"赫尔曼·戈林"装甲师施马尔茨（Schmalz）将军的作战指挥部中收到了第1空降团指挥官海尔曼（Heilmann）上校发回来的报告。我曾经私下认为他们已经被消灭。伞兵们降落在英军战线前，没有与任何一侧的德国军队取得联系。在战斗过程中，他们被蒙哥马利的先头部队所包围，但幸运之神眷顾着他们，他们最终成功地打了回来。把空降部队投到英军后方的想法在提出时曾被认为是鲁莽的，因为即使对伞兵来说，也需要与敌军数量势均力敌才行得通，这一战术原则放之四海而皆准。我军曾空降在自己的"后方"倒是让我们侥幸获得了一个不可思议的成功，因为不久之后英国伞兵也被空降到那里，结果就被我军一扫而光。这次胜利本身并不算大，却大大打乱了蒙哥马利的进攻计划。

总体来说，我很满意。胡贝是一个出现在合适地点的合适人选，他的助手是优秀参谋长冯·博宁（von Bonin）。我对德国国防军最高统帅部拖拖拉拉的作风不太满意，这导致了部分第29装甲掷弹兵师还留在了卡拉布里亚，等他们参加卡拉布里亚战斗时已为时太晚。

虽然在地中海战争的初期阶段，总是由意大利人充当作战行动的官方指挥官，但实际上进行指挥的是第14装甲军指挥部和南方战区司令部。在这一阶段，我们共同努力保持形象和相互尊重，没有出现战友之间的不和。至于与胡贝的合作，那是绝对理想的。由于是我主动做出撤离西西里岛的决定，长期以来我一直是不受欢迎的人。但考虑到军队已成功撤出该岛，这一插曲并未使我过于烦恼。

胡贝以高超的技巧在这场阻滞战斗中撤出了他的师。他率领部队成功地渡过海峡，这充分证明了他是一名优秀的指挥官。

我们只想说，尽管遭遇了种种挫折，轴心国统帅部（Axis Command）还是非常幸运的，主要是得益于盟军按部就班的操作。此外，盟军的作战理念也给我们提供了许多机会。由于他们没有对该岛进行大规模的包围，也没有向卡拉布里亚海岸推进，这使我们有数周的时间调集手头非常匮乏的资源，构建起防御体系。对方的主攻部队推进缓慢而其他部队又过于分散在岛上，使轴心国统帅部在防御区域受到威胁时能够提供足够的增援。敌人未能抓住机会，利用在海上和空中发起连续猛烈的协同攻击来阻挡住德国军队穿越墨西拿海峡，这对德国统帅部来说简直是天赐良机，而盟军在 8 月 17 日也没有立即跨过海峡继续追击。毫无疑问，在酷热的仲夏，双方的军队在这片几乎没有树荫的岩石岛上，不得不付出更多的努力。因此盟军主动把下一步行动推迟到 9 月 3 日，这并非完全受战事的影响，但对于轴心国来说却是另一个机遇。

登陆西西里岛只是在海军舰炮和飞机的全力支援下，面对纵深防御而进行的一次缓慢推进，这意味着我们暂时还可以继续在远离海军和空军基地的条件下大胆开展作战行动。盟军的优势只是在于他们有大量物资可供挥霍。

西西里岛战役给我们带来了很多经验教训，结论如下：纵深阵地是沿海防御工事不可或缺的补充，因为鉴于海军炮火对视距内的沿海防御工事有着强大的毁伤能力，线性防御毫无用处。尽管意大利岸防部队彻底失败了，但集中火力攻击敌人最脆弱的地方，如攻击正在卸货的运输船、正在靠岸的登陆艇、刚刚上岸的士兵等，仍然是最好的防御方法。在纵深战斗中，当地的后备部队必须实力强大且部署得足够靠近，这样才能立即扭转局势。第一批后备队必须被调到海岸附近，这样他们就可以尽可能地利用黑夜来投入战斗。

第十七章

墨索里尼倒台与意大利倒戈

- - - - - - - - - - - - - - - ▶ ◦ - ◦

1943 年 7 月 24 日法西斯委员会发起对墨索里尼的不信任动议；7 月 25 日逮捕墨索里尼，巴多利奥奉命组建新任政府；8 月 12 日意大利开始与盟军进行秘密停战谈判；8 月 22 日第 10 集团军总部参谋团队在意大利南部组建；9 月 3 日，意大利单独与盟军停战；9 月 3 日，英国第 8 集团军在南卡拉布里亚登陆；9 月 8 日，艾森豪威尔与意大利政府宣布停战；9 月 12 日，救援墨索里尼。

序幕拉开

1943 年 1 月 31 日，意大利元帅卡瓦莱罗伯爵被解职，我自然也请求墨索里尼解除我的指挥权。卡瓦莱罗对我来说不仅是普通的战友，而且我相信他对我也有同感。我支持卡瓦莱罗，并警告墨索里尼要提防安布罗西奥，因为我曾多次听到意大利军官对他进行批评，而且我感觉他缺乏综合指挥的能力。墨索里尼请求我重新考虑我的请求，再次向我保证"兄弟般的信任"以及他希望以后可以有更密切的个人合作。很遗憾，尽管我有更理性的判断，但我还是被说服了。

我立刻意识到意大利最高统帅部的气氛发生了变化。我拒绝了安布罗西奥提出的要指挥突尼斯境内所有轴心国部队的提议，我猜想他的动机是要赶走我这个讨厌但权威的德国指挥官兼观察员，并把我在罗马的影响力消除掉。除非得到我的核准，否则不能发号施令，这种安排在实践中很容易落实，因为大多数命令都是由我的参谋或联络参谋直接拟订的。尽管安布罗西奥的专横有时令人无法容忍，我仍然对他保持着忠诚，只是更改了一些例行的做法，如不再亲自出席会议，改让我的参谋长作为代表。我与墨索里尼的会晤也仅限于非常紧急的事务。一开始我认为安布罗西奥对我明显的敌意是由于竞争而引起的，但后续许多事件很快就表明，他正在策划对现有制度进行改革，而且可能还有更多想法。里卡尔迪上将和福吉埃上将会继续留在任上，担任海军和空军的总司令，罗西（Rosi）上将则出任陆军总司令，他是一个绅士也是我的朋友。老实说，我正在努力克服不信任的念头，以在我和墨索里尼之间建立起完全相互信任的关系。我最初担心，墨索里尼用安布罗西奥代替卡瓦莱罗是在自掘坟墓，但直到 1943 年 2 月 8 日内阁变动我才暂时消除了这种担心。当时，无论是我本人还是德国大使冯·马肯森（von Mackensen）抑或是德国武官冯·林特伦，都不认为当前政权面临着迫

在眉睫的危险。① 就连墨索里尼在 7 月 24 日的时候也觉得自己的位子
仍然稳固。

　　那天我独自去见墨索里尼。因为他当时有一个重要的政治会议，
所以请求我多等一会儿。半小时后我进去了，他满面笑容并热诚地向我
打招呼。

　　"你认识格兰迪（Grandi）吗？"他说，"他刚刚离开。我们进行了
一次坦诚的对话，发现我们的观点很一致。他对我忠心耿耿。"

　　我理解他这种发自内心的喜悦，但就在第二天，我得知正是这位
格兰迪在意大利法西斯大委员会（Fascist Grand Council）上主导了针对
墨索里尼的围攻，我不禁问自己，墨索里尼的轻信和格兰迪的狡诈，哪
个更令人震惊？就在前一天，即 7 月 24 日，冯·马肯森还告诉我，他
得到了积极的消息，一切风平浪静，墨索里尼仍然掌控着大局。

　　在内阁变动和墨索里尼倒台之间的这段时期，轴心国的最高军事
政治会议也正在召开，鉴于不断变化的战争局势，这次会议也采取了一
种完全不同的形式。风起于青萍之末，见微而知著。

　　现在让我简要地回顾一下这个历史事件。首先，也是最重要的，
关于增加德国军队在意大利境内的兵力，产生了一番较量。这是意大利
陆军总司令罗阿塔（Roatta）提出的，但是不知道为什么墨索里尼和安
布罗西奥希望对德国军队加以限制，于是关于德国和意大利的军队部署
发生了旷日持久的争吵，而且意大利从 6 月 21 日开始还极为夸张地要

---

① 有个例子可以很好地体现希特勒的双轨工作方式：直到战争结束后，我才知道有希姆
莱的特工在罗马情报部门工作。他们的消息没有向我或大使报告，而是向希姆莱和希
特勒报告。——原注

求德国扩大援助。他们提出的要求包括援助 17 个装甲营、33 个炮兵连、18 个反坦克营或突击炮营以及 2000 架飞机。这个要求意味着谈判方向的彻底改变，我在意大利外交部副部长巴斯蒂亚尼尼（Bastianini）组织的一次会议上表达了反对意见。虽然我的观点也得到了意方不少人支持，但安布罗西奥断然拒绝修改他的数据。这就值得深思了。德国国防军最高统帅部也对这些无法满足的要求感到为难，但最终于 1943 年 7 月中旬表示拒绝。

希特勒于 7 月 19 日在费尔特雷（Feltre）与墨索里尼进行了会晤，但问题没有得到解决。希特勒并没有对德国的领导地位提出深远的意见，墨索里尼也把他对是否应该继续战争的怀疑闭口不谈。

德军最高统帅部总长凯特尔（Keitel）和安布罗西奥进行了军事会谈并达成一项协议，德国和意大利的军队应该移防至意大利的南部，但他们都不想首先迈出这一步。

而此时在前线的德意两军指挥官的关系却非常融洽。我手下参谋团队中的意大利陆海空三军军官都与我们友好相处，只有我的意大利副官是个例外，他有点令人失望。他已经在我手下工作多年，我一直对他非常坦诚。虽然我费了些功夫为他安排了另一个任命，但我感觉到他对我和轴心国联盟的态度已经发生了变化。

我在墨索里尼被捕后的行动

意大利法西斯大委员会上的事件以及后续发展表明，我们的假设是完全错误的。墨索里尼被废黜，法西斯政权也随之倒台。就像 1945

年希特勒遭到他党内朋友们的反抗一样，这位"领袖"也被他最信任的追随者们抛弃并彻底被击垮。虽然他的倒台或至少他的被捕是可以避免的，因为他可以把仍然忠于他的意大利和德国军队召至身边，但他盲目的自负最终变成了他最大的敌人。

7月25日，当我获悉墨索里尼被捕，已是傍晚时分，我立即要求觐见国王。在犹豫了很久之后，国王陛下传讯，他当天晚上不能接见我，但答应第二天召见我。在去觐见国王之前，我首先拜访了巴多利奥（Badoglio），他对于我的提问，只能告诉我一些在皇家公告中已经公开的事情。

他所说的要点是，新政府将充分尊重《同盟条约》中所规定的义务，以及"领袖"是被保护性拘禁起来，这也是为了他的人身安全。巴多利奥随后向我展示了一封墨索里尼承认政权更迭的信，但他不能告诉我墨索里尼被关押在哪里，这只有国王知道。他请求我不要让他在政治上为难，所以我在此指出，我个人的职责是对墨索里尼负责，因此理所应当想要知道他的下落，这与希特勒深切关心他的朋友是不同的。

这次会谈给我的印象是充满了冷漠、谨慎和虚伪。

后来我又去见了蒙特泽莫洛伯爵（Count Montezemolo）上校，他是巴多利奥的副官，后来成了反德游击战的指挥官。

我在王宫里的觐见大约持续了1小时，国王陛下的态度非常和蔼可亲。他向我保证，战争的方式不会改变，相反还会得到加强。他告诉我，他不得不换掉墨索里尼，因为大委员会坚持认为墨索里尼已经失去了民意的支持。他说他极不情愿做出这个决定。他不知道墨索里尼现在在何处，但向我保证，他个人会对他的健康和医疗负责。只有巴多利奥知道"领袖"在哪里！他说他非常钦佩元首，羡慕他至高无上的权威，他自己根本无法与之相提并论。

我的印象是，过分友好的面具再次掩盖了会谈中的缄默和虚伪。

希特勒的第一反应

墨索里尼的倒台与被捕损害了德国与意大利最高政府部门之间的关系。希特勒在这场突如其来的事件中看到的不是普通的政府危机，而是意大利政策的彻底逆转，其目标是尽快以有利的条件结束战争，而这将意味着牺牲他的盟友。在此之前，他的不信任只针对王室及其追随者，现在却对所有意大利政治家和军事领导人大发雷霆。曾经在战场上的失利现在看来更像是蓄意破坏，甚至是意大利最高统帅部的背信弃义。意大利军队最近在阿尔卑斯山建设了一些阵地，似乎也像是准备掉头对付德军的前线。他觉得自己被出卖了，决定先发制人。

按照希特勒的意思看来，首先就要"清除"王室和巴多利奥。清除他们并没有什么特殊困难。令人高兴的是，他放弃了这个因一时冲动而产生的想法。

他的另一个计划是确保王室成员、主要政治家和军事指挥官的人身安全，一出现危险的萌芽就预先消灭，避免演化成大逃亡。这个机会经过了仔细拟订，但没有通知我。

幸运的是，这项计划同样没有机会实施，它让位于希特勒想要拯救墨索里尼的计划，为的是他们可以再次谋划共同的事业，一种唇亡齿寒的感觉促使他下令要不惜一切手段——实际上是由斯图登特将军手下的党卫军少校斯科尔兹内（Skorzeny）完成的。虽然这个轻率的计划是对我保密的，但我总会听到一些风声，因为所有的线都会汇集到我的手上。

在酝酿的其他措施中，都认为巴多利奥提出的与希特勒举行会晤的建议将会遭到拒绝，因为希特勒认为会晤不会达成任何结果。我只能认可这个观点，但我的认可没能避免我和希特勒以及那些唯唯诺诺的人之间的分歧变得更加尖锐。我被列为"亲意派"，因此，只要在意大利我能够帮助维持与王室的友好关系，他们就认为我最适合在意工作。在这个需要迎难而上发出不同声音的时候，曾经有一个人选，那就是隆美尔，但他的集团军群（总部在慕尼黑）现在却驻扎在我的后方。我在意大利的合作者同样也失去了希特勒的信任，首先是德国大使冯·马肯森和冯·林特伦，接下来是冯·波尔，冯·里希特霍芬和马肯森的继任者拉恩（Rahn）。我们都接受国王的表态和负责任的政治家巴多利奥的正式保证。我们注意到前线士兵之间的同志情谊并未受到影响，尽管安布罗西奥和新任总司令们的态度让人心存疑虑，但我们相信国王会信守承诺。

据我所知，罗阿塔为满足军事需要而付出的努力，手段巧妙却光明正大。我喜欢和他一起共事，因为他是唯一还会负点责任的人。即使在今天，我也完全不清楚人们把罗阿塔作为敌人和叛徒进行谴责是否正确。

德·库尔顿（de Courten）上将表面上是一个最随和的人，结果却最令人失望。

新任意大利航空部部长圣达利（Sandalli）将军此前曾对冯·里

希特霍芬做出过相当出色的评价，但我与他的几次谈话都令人非常不满意。

除了安布罗西奥，我没有理由让人产生不信任，这一点冯·林特伦表示同意。我不断想办法来消除希特勒对我不分青红皂白的反感，但这更加激怒了他。他曾经用一种忍无可忍的语气提到我："凯塞林那个家伙在那边对那些生性不忠的叛徒来说太诚实了。"

转折点出现在 8 月 23 日凌晨 3 点，当时希特勒当着戈林的面对我说，他收到了意大利背叛的确凿证据。他恳请我不要再上当受骗，为事态的恶化做好准备，这一披露立刻让我束手束脚。我对此只能相信，但很遗憾他没有告诉我消息来自何处。从这一刻起，我所有的精力都开始被这个政治魔咒所拖累。

希特勒对我个人的不信任，已经有所改变，但仍然存在。所以当拉姆克的第 2 空降师降落到我在罗马的机场时，我和意大利政府同样感到惊讶。我一直都在请求增派部队，从各个角度来看，这都是如愿以偿，但我希望不要采取这么一种不那么正规的程序。罗马地区突然出现了空降师，虽然引起了一些不满，但显然加强了我们的力量，而从这一刻起，意大利政府就能认识到，我们已经看穿了他们的两面派做法。

不久之后，当德国军队和参谋开始涌入意大利北部时，意大利人的悲观情绪加深了。希特勒这样做的原因尽人皆知，我们必须做最坏的打算，如果巴多利奥要对抗德国，向北部边防增兵并阻止德国的铁路运输，那么接下来德国将誓死捍卫意大利，避免自己被出卖给敌人。谁控制了布伦纳（Brenner）以及向东通往奥地利和巴尔干半岛、向西通往法国的公路和铁路，谁就扼住了德国的命脉。因此，无论意大利人多么感到不安，正是他们的罪恶行径导致了希特勒将 B 集团军群调入意大利北部。尽管德国军队的官兵们能够大概理解意大利人的感受，但这期间也出现了一些错误，导致我在阿尔卑斯山这一侧的声望受损。冯·林特伦的工作越来越难，但不管怎样，巴多利奥现在已不可能实现他那邪恶的想法了，否则我就对不起那些牺牲的忠诚战士们。回想起来，我认为巴多利奥确实有这个意图，想强硬地要求在意大利中部和北部的德国部队迁到卡拉布里亚和阿普利亚，这已经表现得越来越清楚了。而这时意大利人已经在和同盟国谈判投降事宜。

当然，意大利政府和最高统帅部也通过口头和书面抗议了这种对他们主权"无法容忍的侵犯"，并单方面采取了军事预防措施。

我们的措施之一是加强罗马附近的作战部队，使他们逐渐增加至 5 个师以上，并增加了装甲兵种。尽管战事紧急，但这些部队也一直小心翼翼地保留着。

8 月 6 日，里宾特洛甫和凯特尔在塔尔维斯（Tarvis）会见了安布罗西奥和瓜里利亚（Guariglia）元帅，但这些会谈没有取得任何实质性的结果。这不足为奇，因为对抗已经变得明显化。两位将军想要做出让步，这在正常情况下几乎不可能会被提及；凯特尔希望意大利把驻在本土中部和北部的意军派出参战，而安布罗西奥则坚称所有进入伦巴第（Lombardy）的德国部队都应置于意大利的指挥之下，并接管保护铁路的任务。在这些问题上的分歧阻碍了对其他问题的讨论。

罗阿塔建议于 8 月 15 日举行第二次会议，这次是由德军总参谋部作战局局长约德尔（Jodl）将军参加。会议一开始就笼罩着明显的紧张气氛。约德尔由隆美尔陪同，他把隆美尔称为现驻扎于意大利的 B 集

团军群总司令。约德尔从希特勒那里获得了明确的指示，想让南方战区
司令部和所有在意大利中部和南部的德国军队都听命于国王，而在意大
利北部的德国和意大利军队则应该听从 B 集团军群的指挥，也就是归
德国国防军最高统帅部调遣。罗阿塔重复了安布罗西奥的提议，意大利
北部的所有德国部队应该接受意大利的指挥，同时建议从法国南部召回
意大利第 4 集团军。后一项建议得以通过，因为现在 B 集团军群控制
着意大利北部的所有关键阵地，这些部队在那里的部署已经毫无意义。
在所有其他问题上，他们都未能达成一致。事实上在墨索里尼倒台后，
南方战区总司令只会听命于国王。约德尔在阐述他的要求时，一定别有
用心。我当时确信，他提出这些要求，知道意大利人不可能接受，从而
迫使他们摊牌。

尽管在高层有隔阂，但我作为南方战区总司令，继续与意大利各
部门进行公正友好的业务往来。甚至我在 8 月 21 日还在意大利最高统
帅部同安布罗西奥举行了一次会议，邀请 3 个军种的总司令都参加，从
表面上看，这次会议毫无差错。陪同我的是我的参谋长韦斯特法尔将
军，他最开始与一个行动小组一起加入我的参谋团队，后来成为我唯一
的参谋长。讨论了未来的计划之后，安布罗西奥要求增派一个德国师移
防撒丁岛。我出于纯粹的军事原因表示拒绝。当时我还不知道安布罗西
奥实际上知道投降的谈判已经开启。在他的要求中几乎没有考虑当时的
局势，我不得不留了一手。

因此，希特勒在 8 月 23 日所说有证据显示意大利要背叛并不是
什么爆炸性新闻。安布罗西奥的目的只是通过削弱在意大利中部和南
部的德国军队来帮助盟军。我敢肯定，他很想甩掉第 2 空降师，为盟

军在罗马的空降铺平道路，这样他就可以和他们联手，从坎帕尼亚（Campagnia）在背后给我们致命一击。

我为局势稳定所付出的努力

双方之间关系的逐渐恶化促使我很早就开始考虑，如果意大利投降，我应该采取哪些措施。我的主要做法是牢牢控制住意大利军队及其指挥部。如果意大利有可能退出轴心，相比起同室操戈的风险，这样做还是值得试一下。现在只能指望，随着战争的继续，意大利在投奔到对方那边的时候，能够让事情稍微简单一点。

首先，也是最重要的，我尽量通过个人或参谋人员开展谈话的方式，协调我与意大利陆军部队（Esercito）、海军统帅部、空军统帅部关于未来战争走向的看法。意大利负责联络的军官对我提供了毫无保留的帮助。但就在意大利投降前夕，他们还同意将意大利军队转移至卡拉布里亚和阿普利亚，这件事不得不引起我的思考。约德尔对罗阿塔的判断到底对不对？这不成"睁眼瞎"了吗？当然也有一定的可能是，罗阿塔不知道当时的谈判，只是后来才接到安布罗西奥和巴多利奥的批准。

在这几个星期里，我还与在意大利南部、撒丁岛和科西嘉岛的意军下属指挥官们进行了私人沟通，发现他们既乐于助人，又相互理解，并得到他们德国战友的信任。

在这段时间，我与现役海军上将很少有私人接触。海军统帅部完全在忙于西西里岛海军港口的作战行动，但同时也营造出一些紧张气氛，让塔兰托和布林迪西（Brindisi）加紧防御，以防盟军在卡拉布里亚登陆。此外，它还有闲暇准备集中精力开展一场大规模的海军行动，在半岛上部地区防备看似不可避免的登陆作战。关于舰队应该采取何种行动的会议在南方战区司令部和意大利海军统帅部之间持续召开。就在意大利投降的当天，我本还要去找德·库尔顿上将，与他讨论海军最终要在那不勒斯（Naples）附近海域参加战斗来抵抗登陆舰队，但就是这个人，率领着意大利海军从拉斯佩齐亚出海向敌人投降了。

冯·里希特霍芬和他的参谋们负责与意大利空军打交道。虽然意大利空军能提供的帮助不多，但把地勤机构都慷慨地交给我们，同时意大利轰炸机组成员和战斗机飞行员也在德国教官的指导下接受德国飞机的培训，练习运用德国战术。

“轴心”行动

不幸的是，后方的情况与前线完全不同。这里的情况让人有理由怀疑意大利意图破坏同盟条约，因此德国国防军最高统帅部下令采取措施保护在意大利境内的德国部队。这一行动的代号取为“轴心”（Axis）。

由于意大利人将以何种方式、在何处和何时放下武器仍然未知，采取反制措施的余地非常有限。最重要的是做好准备，能够应对一切可能性，因此在战术方面，我没有签发任何书面命令，例如在罗马应该采取什么措施，我只是与相关人员讨论了一下我的计划。

我的指导方针是：

撤回高危前线上的德国驻军，包括在偏远岛屿的驻军。

所有的物资存储都要尽可能地隐藏起来。要与相关的意大利指挥官达成协议，便于撤离工作顺利开展。在预计会遇到困难的地方，应通过隐蔽撤走部队和物资等方式来避免矛盾激化。

在岛屿和卡拉布里亚前线，撤离工作不费一枪一弹，但在遭到意大利部队反对的地区，则要用一切可行的办法来保证铁路畅通。

负责与意大利参谋对接的联络军官也将密切注意他们的活动。

自我保护措施必须辅以城镇的撤离行动，对于那些无法落实的地区，德国行政机构必须集中在防守严密的建筑物内。

空军司令部在"轴心"行动中的任务是立即控制所有可用的飞机和防空炮，海军的任务是阻止意大利舰队出海，以便日后为德国所用。

最后一步是占领所有重要的军事信号站，即使不能完全使意大利统帅部陷于瘫痪，也可以阻碍其行动。

我和第2航空队的总部在弗拉斯卡蒂（Frascati），当地部署的防御力量包括陆军部队和高射炮部队，其中陆军部队在阿尔巴诺丘陵（Alban Hills），都得到了加强，防空洞也进行了扩大。

在意大利倒戈之前的这段时间，我和我的下属指挥官都处于异常紧张的状态。作为一名军人，对于盟友和希特勒强加给我的这种两面人做派，我实在容忍不了。我对意大利伙伴们有着盲目的信任，对于国王和巴多利奥的话也毫不怀疑，但是此时此刻盟友对我们的欺骗又看似有着合理的理由，这使我无法调和两者之间的矛盾。我与元首总部的交流本就充满了不愉快，这件事无异于火上浇油，再加上繁重的军事任务、蔓延到意大利全境的空战局势以及日趋黯淡的前景，都逐渐使我神经紧张起来。在意大利投降的当天发生了许多事，我的总部遭到了空袭，盟军登陆萨莱诺湾，皇室和政府从罗马乘机离开。但我可以欣慰地说，我竭尽所能付出的努力，阻止了意大利人迈出那一步，并尽量维护了德国的利益免受损害。

投降之日——1943 年 9 月 8 日

9 月 8 日上午，没有迹象表明这一天将对地中海战区具有决定性意义。当盟军轰炸机编队飞过弗拉斯卡蒂上空时，高射炮开始轰鸣，我正在开会讨论防御方法。当我正要离开办公室时，第一批炸弹落在了我的玻璃阳台附近，后来又在我的防空洞不远处进行了多次轰炸。敌人的空袭没有对军队造成多少损失，但是极大地破坏了这个城镇并伤害了许多居民。我立即发出警报，下令所有部队一起还击。这次空袭很有指向性，因为我们在一张地图上发现，我和冯·里希特霍芬作为总指挥部的房子被精确地做了标记，而这次就被一架轰炸机给炸毁了。这表明意大利方面有一些软骨头做了出色的工作。然而，由于通信部队的功劳，我们就在最近已停止使用这个总部。显然，国王和巴多利奥都认可了这次进攻，其实之前他们如果要求我把总部搬到人口较少的地方，我也无法且不会提出任何反对意见。空袭结束几分钟后，我离开了防空洞，空袭防御部队和来自罗马的消防队就已经到达了该镇的入口，这也表明他们对空袭有一定的预见性。

我不得不考虑在 9 月 8 日夜间可能会有登陆行动，并设想意大利和盟国之间公然开展了合作。

但即使在上午的空袭之后，意大利统帅部的行为也没有任何改变。我指示我的参谋长和林特伦的继任者图桑（Toussaint）将军按照日程安排前往蒙特罗通多（Monterotondo）同罗阿塔一起出席会议。我又同前线的所有指挥官都谈了话，命令他们待命，并批准海军总部从罗马迁到弗拉斯卡蒂地区。下午晚些时候，约德尔打电话来询问关于意大利投降的电台广播是否准确。由于我没有听到有关此事的任何消息，我安排随后再电话联系。我的询问得到了令人震惊的答复：电台新闻是故意转移注意力的，战争将继续下去。因此，我坚决要求官方立即否认这一非常危险的谣言，却从未得到落实，因为与此同时，意大利政府被迫公开承认真相。这次我还是从约德尔那里首先得到了消息，他从巴多利奥那里给我发了一条无线消息，元首总部也是刚刚收到。我把这个消息告诉了图桑和韦斯特法尔，他们主动打听，罗阿塔告知他们整个事件是一个有预谋的骗局。

将军们继续进行着讨论，当韦斯特法尔向我汇报时，已经是深夜了。他之前担心他和图桑会被扣留在蒙特罗通多。晚上八九点钟的时候，罗阿塔给我打了个电话，郑重地向我保证，这个消息使他感到意外，他并没有试图欺骗我，但我确信巴多利奥和安布罗西奥想把我蒙在鼓里，以免我第一时间采取反制措施。当局势明了后，我已经来不及采取行动，皇室和政府都已经逃离了。

虽然我还能和约德尔以及前线的指挥官们进行通话，但是德国国防军最高统帅部只能让我们听天由命。南方战区总司令被从元首总部除名了。在发送了通信代码"轴心"之后，我简短地告诉下属指挥官们接下来几天我将重点关注的事情。晚上晚些时候，我们的空中侦察报告说，登陆舰队仍在那不勒斯附近的海域，我们认为最严重的危险可能没有发生，但敌舰的逼近将增加驻在意大利南部的第 10 集团军的压力，这同样也在我的职责范围之内，因为我实在指望不上 B 集团军群能给我们什么帮助。与此同时，当晚从罗马发来的报告使情况变得比现在更为危急。报告称，在德国大使的主持下，所有德国国民正在被遣返回德国。

卡瓦莱罗的结局

罗马城内外的军队在卡尔博尼（Carboni）将军的领导下刚放下武器，我就下令释放包括卡瓦莱罗伯爵在内的所有被囚禁的法西斯领导人。我邀请卡瓦莱罗和另外一两个意大利人一起到我的驻地。在抵达的时候，他们表现出来的样子，当时我还无法理解，但现在我自己也曾经做过一段时间囚犯，所以就释然了。卡瓦莱罗扑到我的身上，并吻了吻我，这种问候方式对我来说是第一次。

考虑到他们的精神状况，我指出，为了他们的安全起见，有必要把他们暂时送到德国去。接下来在几天之后，他们就将乘飞机前往。卡瓦莱罗的妻子病得很重，住在医院里，这让他非常难过。他请求我允许他第二天去探望她，我当然欣然应允。他在妻子的床边待了几个小时，回来后一直在向我表达着他的感激之情。第二天吃晚饭时，我向他说明，我将亲自保护他的妻子，并保证他在德国期间会把他们的信转交给他，预计不会在德国待得太久。我还透露了一下，希特勒非常尊重他，墨索里尼肯定会任命他为新内阁的战争部长。

一天吃饭的时候，卡瓦莱罗显得异常凝重。我想这可能是由于最近几周的起伏以及即将与他妻子离别。他早早道了晚安，由一名军官护送到他的住处。第二天一早，噩耗传来，让我大吃一惊：有人发现他坐在花园里，已经死了，眼睛还盯着"永恒之城"（罗马）的方向。我立即下令进行医学和司法检查，结果是确凿无疑的：他结束了自己的生命。经过对他的意大利朋友们进行询问，以及其他一些事情，我们明白了，那天晚上大部分时间他都在房间里踱来踱去，很早就去了花园。

至于原因，据我所知，卡瓦莱罗曾参与过一场反对墨索里尼的阴谋，也许已经被墨索里尼所知。前往德国的行程，以及希特勒组建流亡意大利新政府的计划，都必须让他再次与这位"领袖"接触，这是他无法面对的。在绝望的心情中，他找不到别的出路。很遗憾，他没有向我袒露心声。

我曾经叙述过这件悲惨的事情，因为在审判前我在威尼斯（Venice）听到有人说过，也在报纸上读到过类似影射的话语，说卡瓦莱罗是被我或我下令射杀的。我在这里再重复一遍我在威尼斯审判之前说过的话：

"我尊敬卡瓦莱罗伯爵，给了他无条件的支持，因为我知道在轴心国集团内部，他是一个值得信赖的朋友，他认为促进我们共同的利益发展是最伟大的事业，虽然受到诸多非难，但是仍毫无保留地为之付出一生。他的天赋远超常人，是一名能干的杰出军人。他活力充沛又具有精明的外交技巧。在我看来，他是当时唯一能够把意大利战备工作和战时经济协调好的人。我经过深思熟虑给出这样的评价，因为我充分了解他自身的缺点，也知道在意大利军队中有部分军官对他极为抵触。"

国王维托里奥·埃马努埃莱三世、墨索里尼与希特勒

墨索里尼当然是一个绝对的独裁者，但他知道如何履行对王室的职责。然而，令人惊讶的是，在他们共事的漫长岁月里，他们内部之间几乎没有和谐可言。这一点尤为重要，因为墨索里尼野心勃勃地追求权力，这与国王不谋而合，而他们却可能都选择了错误的相处方式，最终导致他们双双垮台。

推动社会新闻工作是墨索里尼的政治根基，他始终是一名政客。他自己熟练掌握了外交规则，知道这些规则该用于何处，并首先把它们用于宣扬自己和人民。人民要求建设强大的现代化陆军、海军和空军，他很聪明地把这些呼声融进自己的政治目标中，而这其实也是他作为三军部长而煽动起来的。然而，军队训练的缺乏无法让他认清事实，也不足以让他发现这个华丽外表背后的空洞内核。从表面上和意识形态上看，他都是希特勒的朋友，但他嫉妒希特勒的军队力量和军事胜利，这是墨索里尼投身军事冒险的重要原因之一，但这最终导致他的职业生涯以悲剧而终结。

随着我与墨索里尼的接触越发亲密，他所拥有的健康和权力也在逐渐流逝。他对追随者的绝对信心开始减弱，他的身体状况已不允许他

继续果断行动，他的决策也越来越多地受到身边顾问的影响。直到后来他在加尔达湖（Lake Garda）岸边恢复原职，实际权力却少得可怜，他越来越倾向于让人昏昏欲睡的哲学思索。他现在已不再是一个独裁者，只是在变幻莫测的生活中曾染指过权力的巅峰，他本来可以避免现在这个残酷、可憎的结局。

希特勒出任德国人民的元首源自第一次世界大战及其混乱的余波。从 1921 年至 1945 年，他觉得自己首先是一名军人，现在又正值政治活力的巅峰，这就是为什么他的政治组织都要穿制服，以及为什么他打造的德国国防军气势不凡又充满战斗力。在他出色的宣传工具的支持下，他确实成了民众的偶像。难怪他逐渐相信自己是独一无二且无可替代的，而且他的使命就是致力于德国永恒的伟大和安全。因为他从来没有想过自己会长生不老，所以这个使命必须在他有生之年内就要完成。他在早年时期准许他的战士和臣民们拥有前所未有的发展空间，但随着战争的拖延，他也好像变了一个人。他认为顾问们不再像他所希望的那样为他服务，后来又感到他们大多数人也不再了解他，于是他觉得自己被遗弃和出卖了。这在心理学上是个有趣的个例，他在许多领域都有着毋庸置疑的优点，但他也有自卑情结，这种情结让他憎恨所有自由表达意见的行为，并迫害所有臆想的或真正的对手。他把所有的责任都集中在自己身上，这让他的担子很重，这种过度紧张导致大家都见过他的喜怒无常和草率武断，而其后果往往是可怕的、不人道的。

尽管墨索里尼和希特勒在本质上存在相似之处，但他们同样也有着根本的不同之处。墨索里尼和希特勒都是他们追求的权力意志和不受控制的独裁统治的受害者。如果像希特勒设想的那样，在元首之上再设立一个参议院作为监督机构或"防火墙"，其实也是远远不够的！这种原始的力量需要"从一开始"就控制住，即使是世界上最伟大的人物也应该为了自身和人民的利益而建立这种控制。无论独裁政权以何种形式出现，如果不受限于任何外部或内部的法律，那么都将是短命的，自己就会崩溃。

第十八章

萨莱诺战役与构建罗马南部防线

- - - - - - - - - - - - - - - - ▶ ◦ - - - - - - - - - - - - - ◦

1943 年 9 月 9 日，克拉克将军率领美国第 5 集团军在萨莱诺登陆；9 月 9 日—16 日，萨莱诺战役；9 月 9 日，在德国控制区域内的意军被解除武装；9 月 10 日，占领罗马；9 月 16日，德国停止反击萨莱诺；9 月 20 日，德国部队完成撒丁岛的撤离任务；9 月 27 日，盟军占领重要的福吉埃空军基地；9月 30 日，德国部队撤离那不勒斯；10 月 5 日，德国部队完成科西嘉岛的撤离任务；10 月，沃尔图诺防线、米尼亚诺山口和亚得里亚海等战役。

随着意大利的退出，德国的军事利益就摆了首要的位置。在我们的第一反应中，这些利益都是最重要的。防守区域的真空地带逐渐被第 76 装甲军和第 10 集团军所填补，后者主要由冯·维廷霍夫（von

Vietinghoff）将军的集团军群改建而成。①

对西西里岛的登陆及占领显示了盟军在地中海的行动目标，几乎可以肯定的是，对意大利本土的进攻将持续下去。意大利被从轴心国集团中除名给了盟国意想不到的机会：可以对德国发动更猛烈的空中打击，以及对德苏战线上的南方基地和法国发动打击。作为南方战区总司令，我必须为所有这些可能性做好准备。

有那么一小段时间，墨西拿海峡面临的局势并没有那么危急，这似乎令人费解，让我对此产生了怀疑。难道敌人打算利用西西里岛广阔的港口作为出发点，以此在巴尔干地区开展一些影响深远的行动吗？我不赞成这个想法，因为在阿普利亚拥有海空军基地是必不可少的。在权

----

① 　1. 1943 年 9 月 8 日德军实力部署：
　　　（1）南方战区司令部（凯塞林元帅）
　　　　　a. 第 10 集团军：
　　　　　　　第 14 装甲军，下辖第 16 装甲师，除了部分参与行动外，主要作为后备部队或接管意军部队；"赫尔曼·戈林"装甲空降师部分参与行动，部分在休整。
　　　　　　　第 76 装甲军，正在卡拉布里亚与英国第 8 集团军作战，下辖第 29 装甲掷弹兵师（来自西西里岛，需要休整），第 26 装甲师和第 1 空降师在阿普利亚，另有三分之一兵力在萨莱诺防线的后方。
　　　　　b. 第 11 高射炮军，驻扎在罗马地区，下辖第 3 装甲掷弹兵师（在博尔塞纳湖、里窝那及其南部），第 2 空降师在罗马南部。
　　　　　c. 第 90 装甲掷弹兵师，下辖设防旅，在撒丁岛。
　　　　　d. 党卫军"全国领袖"（S.S. "Reichsführer"）旅，在科西嘉岛。
　　　　　e. 第 2 航空队，下辖强大的空军部队和高射炮部队，在意大利半岛、撒丁岛和科西嘉岛。
　　　　　f. 意大利海军指挥部，下辖轻型水面舰艇部队，在第勒尼安海。
　　　（2）B 集团军群（隆美尔元帅）
　　　　　a. 第 87 军，下辖第 76 步兵师、第 94 步兵师、第 305 步兵师和第 24 装甲师。
　　　　　b. 第 51 山地军，下辖党卫军"阿道夫·希特勒"装甲师、第 65 步兵师、第 44 步兵师（"最高条顿骑士师"，Hoch-und Deutschmeister）和"德赫劳"（Doehla）山地旅。
　　　　　c. "维特赫夫特"（Witthöft）军，下辖第 71 步兵师和一些较小的部队。
　　　2. 在罗马及意大利南部，德军的地面作战部队包括 8 个多师，与盟军 10 个师、几个旅、2 个空降师和 5 个意大利师进行作战。在意大利北部的德军有 8 个半师，他们没有参加这些决定性战役，其中只需要 2 个就足以击退盟军在萨莱诺的登陆行动。——原注

衡利弊后，我排除了从罗马以北或亚得里亚海登陆意大利中部的可能性，因为当时盟军在地中海并没有足够的兵力，所以这两项行动本身都存在着难以克服的巨大困难。在阿普利亚开展登陆行动，必须同时进攻卡拉布里亚，以占领阿布鲁齐山口（Abruzzi mountain passes）。无论如何，在敌人的兵力部署，特别是海军部队表现出相反意图之前，我都必须慎重考虑盟军对意大利南部进攻的可能性，不论是主要的还是次要的进攻。

在所有这些考虑中，具有政治和战略重要地位的罗马显得尤为重要。只经过陆路前往显得相对缓慢，而通过第勒尼安海登陆则可以更快地到达。其中最为突出也是实际上唯一适合登陆的地方，如果不算在城市附近进行空降的话，就只有萨莱诺湾。

9月3日—4日，盟军打出了他们的第一张牌。蒙哥马利的军队跨过墨西拿海峡，向卡拉布里亚山脉发起进攻。不过，他的进展是缓慢的。使我们感到宽慰的是，英军除了在9月8日凌晨5时在皮佐（Pizzo）登陆外，并没有开展大规模登陆行动，否则将置第29装甲掷弹兵师和第26装甲师于险境，因为他们正在朝萨莱诺向北移动，我们在当地的防御力量十分薄弱。大部分登陆舰队从9月8日起就在第勒尼安海待命，那天中午盟军还曾派出强大的轰炸机编队对我在弗拉斯卡蒂的总部发动过一次突袭。

现在的首要问题是：敌人会在哪里登陆？登陆舰队在那不勒斯附近航行，并不一定意味着这里就是他们的目标。罗马和坎帕尼亚也面临着同样的威胁，那里有5个装备精良的意大利师可以支援登陆部队，而且地形非常适合开展空降行动。

如果盟军在那不勒斯地区实施空降，我认为我们没有必要撤离意大利中部。虽然届时局势可能会非常危急，但仍然在掌控之中，尤其是如果德国国防军最高统帅部能够同意我的多次请求，让隆美尔的集团军群派一两个驻扎在北方的师到南方增援我们并能及时到达的话，更可高枕无忧。处理意大利军队可能会有一些棘手，但我可以依赖冯·维廷霍夫将军，他确实成功地与在卡拉布里亚指挥意大利第7集团军的将军建立起了友好关系。我也相信在撒丁岛和科西嘉岛上的德军指挥官会和那里的意大利人达成协议。即使出现了最坏的结果，他们也能打开一条出路。

总而言之，我所面临的形势一点也不舒心。我仍然不明白，为什么希特勒不把已在北方集结完毕的师派一两个过来给我，反而是选择取消掉8个顶尖的德国师（意大利南部6个，罗马附近2个）和一支加强高射炮部队。我已经多次向德国国防军最高统帅部解释过，占领阿普利安空军基地在这场战役中对德国意味着什么，那里的平原绝对不能拱手让给敌人。但事实上，他们甚至没有让隆美尔的北意大利师与我在罗马附近或北部的部队建立联系。隆美尔认为我们应该撤离整个意大利南部和中部，只保卫北部，这一想法显然在希特勒的脑海中根深蒂固，以至于他对最显而易见的战术要求都充耳不闻。但是，如果希特勒坚持这一想法，他至少应该及时撤出驻扎在意大利南部的德国陆海空部队。

下午晚些时候，约德尔告诉我，意大利人已经破罐子破摔了。我没有多少时间去思考。当然也不需要反思，因为"轴心"行动在信号发送后就开始按照计划推进了。只有罗马还需要把局势稳定住。幸运的是，我再也不用对意大利人施加压力了，而中断的通信也让我摆脱了希特勒的干涉。

当天晚上发来的报告称，登陆舰队还停泊在那不勒斯海域，这让我心里放下了两块石头：现在无须担心盟军会在坎帕尼亚登陆，而第29装甲掷弹兵师和第26装甲师在卡拉布里亚南端被歼灭的可能性也基本没有了。盟军将会在萨莱诺海滩登陆。

这一消息意味着，我们必须加快在卡拉布里亚两师向北移动的速度，同时迟滞蒙哥马利的前进，在这方面山区地形对我们有利。必须肃清罗马的局势，并将从此腾出手来的部队派往南方的第10集团军，其中的突击师必须在萨莱诺防线的后方集结。驻扎在卡塞塔（Caserta）地区的"赫尔曼·戈林"师将被尽快被派回前线。第1空降师大部驻扎在阿普利亚，在那里的海德里希（Heidrich）将军将不得不充分发挥其主观能动性。

第2航空队已经开始对登陆舰队发起攻击，同时罗马周围的高射炮部队和德国空军地勤机构也进入待命状态，等待敌人的空袭。盟军没有抓住空降的机会，这缓和了罗马的紧张局势。尽管意大利师的人数是我们的三倍，但他们实际上并不具有多大的危险性。可以想到的是，我们不可能在不发生冲突的情况下与我们的前盟友达成和解。然而，与高层的背信弃义行径相反，过去的同志情谊总体来说仍占主流，严重的冲突只在罗马和科西嘉岛发生过。

即使有些夸大，来自罗马的第一批报告听起来很不好。第2空降师紧急奔袭南部郊区，但在铁路线上被拦住了，为的是避免在城市中进行战斗，而根据我收到的报告，这次进攻也随即被取消了。伞兵对位于蒙特罗通多的意大利陆军总部实施了突袭，即使难度大于预期，也只是一个单纯的战术胜利，因为作战参谋人员与罗阿塔将军已经在第一时间逃之夭夭。与此同时，第 3 装甲师在从南方的博尔塞纳湖向北前往城市北郊的路上，几乎没有遇到什么反对。

9 月 9 日，一名在意大利师服役的老法西斯分子告诉我，他们不会再进行抵抗，并准备进行谈判。随后不久，意大利下令放下武器。卡尔维·迪·贝尔戈洛伯爵（Count Calvi di Bergolo）将军和蒙特泽莫洛伯爵上校打着休战的旗号来到这里。在经历了短暂的寒暄后，我把细节工作交给了能干的韦斯特法尔。我要求人员立即遣散并交出所有武器，同意所有士兵都可以返回家园。隆美尔给我发了一封无线电报，指示我把所有的意大利士兵都作为战俘派到德国去，不过我并没有得到他被任命为我上司的通知，我决定不理会这则消息，并且发电报给希特勒说，我现在陷入困境，必须坚持抵制那些无法执行的指示。

我只能按照我认为可行和正确的方式行动，事实上，我再也没收到过这样的消息。如果之前隆美尔把北部的意大利军队遣散，而不是让他们集体离开组成游击队的中坚力量，那么他可能就明白得更多一些。由于在意大利的指挥权是由我和隆美尔共同执掌，再加上希特勒对隆美尔近乎盲目的顺从，导致我要求紧急增援的申请被拒绝。不幸的是，解除意军武装并将武器、弹药和物资安全储存起来的工作，相比起萨莱诺的战术发展情况，占去了我过多的时间和人力。

尽管盟军拥有压倒性的空中优势以及威力无比的海军炮火，而且我们在人数上还处于劣势，但在萨莱诺海滩上的战斗比我原先大胆猜测的预期还要好。幸运的是，9 月 11 日来自卡拉布里亚的第 29 装甲掷弹兵师虽然受到汽油短缺的困扰，但第一批部队仍然赶到并在左翼发动了反击。很快，该师的大部分部队和第 26 装甲师也随之跟上。右翼的反攻由第 15 装甲掷弹兵师发起，并且"赫尔曼·戈林"师的部队也随时准备跟上。中央缺口被先前作为后备部队的第 16 装甲师和仍留在这一区域的第 1 空降师的一个团填补，不过仍然有些薄弱。9 月 11 日，第 16 装甲师满怀希望地发动了反攻，但被困在战壕纵横的战场上，成为盟军海军炮火的目标。另外，9 月 13 日或 14 日，左翼部队在第 76 装甲军的领导下，成功发动了反攻。下午晚些时候，这一消息报告给我，称他们现在有希望把敌人击退到大海中去。维廷霍夫和我都对此疑心重重，而且不幸被我们所言中。如果之前希特勒答应了我提出的那些最正当的要求，那么即使按照英国人的说法"这是戏剧性的一周"，德国也很容易在这一关键时期取得决定性的胜利。

这段关键时期过去后，局势基本上没有发生什么变化。萨莱诺防线的左翼由于有第 76 装甲军后卫部队的保护，同时地形复杂，所以蒙哥马利的推进十分谨慎。英国第 8 集团军把兵力分散部署，但我们没有犯这样的错误，这让我们获益匪浅，在阿普利亚方向没有受到严重的威胁。

9 月 10 日，我已经在地图上标好了连续防御阵地，以备我们从意大利南部撤退时所需。后来当我们真正撤退时，就或多或少地参照进行。我对前两日局势的印象就是，我们必须做好相当大的牺牲准备，但也有可能退防到罗马南部的防线，可能是贯穿米尼亚诺山（Monte Mignano）的防线，后来改为莱因哈德防线（Reinhard Line）；或者是加利格里阿诺—卡西诺防线（Garigliano-Cassino Line），后来改为古斯塔夫防线（Gustav Line）。要想阻止敌人，就必须巩固这些阵地，建设新的工事，并投入新的生力军。这就要靠冯·维廷霍夫和他的第 10 集团军来为我们争取足够的时间了。

我一直遵循着一个基本思路。9 月 12 日，我与维廷霍夫进行了第一次会晤，其间，与德国国防军最高统帅部就提供巩固方式的谈判进行得相当顺利。同时我每天都会搭乘飞机视察前线，密切关注着局势的发展，情况并不总是那么乐观，并且我也不断检查后方阵地的建设进展，肯定已经被高级工程师贝塞尔（Bessel）将军腹诽不已。

出于对前线阵地和总体防御情况了如指掌，我为接下来的几个月起草了一份战略计划，并且基本上没有受到希特勒的干涉。9 月 16 日，为了躲避军舰的炮击，我授权沿海前线脱离战斗，但明确规定，第 10 集团军在 10 月 15 日之前绝不能放弃他们驻防的沃尔图诺河防线（Volturno Line），之后才可以撤离。10 月 1 日，那不勒斯守军在把所有储备物资都撤走后也撤离了。维廷霍夫和他优秀的作战参谋长温策尔以一种堪称典范的方式完成了撤离，并在沃尔图诺河一直战斗到 10 月 16 日。直到两天后，盟军才开始渡河。由于我希望在 11 月初有 3 个休整完毕的生力师（第 94、第 305 和第 65 步兵师）准备就绪，所以我命令莱因哈德防线在 1 号前都处于防御状态。

11 月 4 日，观察到盟军的前哨巡逻队已到达那里。我对这一强大的天然防线充满信心，并希望能固守一段时间，也许可以到新年前后，从而使后方的古斯塔夫防线变得更加坚固，当英美联军啃在上面的时候，能崩断他们的牙齿。

同时，海德里希和他精疲力竭的空降部队也在撤退，他们暂时击退了英国第 13 军的追击，并于 9 月 22 日—23 日在奥凡托河（Ofanto）

再次运用同样的灵活闪避机动摆脱了之前在巴里（Bari）登陆的英国第78师。9月27日，在一场激烈战斗之后，我们失去了位于福贾（Foggia）的空军基地。第1空降师首先回撤到福尔托雷河（Fortore）之后，随后又撤至比弗尔诺河（Biferno）之后。终于在月底的时候，第29装甲掷弹兵师挽救了他们的困境，并填补了面对加拿大师的缺口，掩护了在左翼作战的第10集团军主力的侧翼。我十分认可一位英国作家的评论，他在描述英国军队穿越这些山脉时说："敲小坚果何须使用大榔头？"

所以，德国国防军最高统帅部拒绝从意大利北部派遣一个师来保卫阿普利亚空军基地，这不仅造成了巨大的损失，也给我们带来了致命的打击。不过，其他地区的局势还算是稳定。第10集团军通过激烈地争夺每一寸土地，最终建立了从第勒尼安到亚得里亚海的一条薄弱防线。在半岛的背面，情况就不那么美好了。10月3日，英国第13军在泰尔莫利（Termoli）突然强势登陆，并成功建立了一个巨大的桥头堡。接到报告时，我碰巧在第10集团军指挥部，立即命令第16装甲师驰援那里，把入侵者再赶回到大海里。

发布命令没有丝毫耽搁。因此，在当天晚上10点至11点时，韦斯特法尔报告说，第10集团军指挥官仍然在举棋不定，这让我感到非常惊讶，我当时以为装甲师已经在赶往泰尔莫利的途中了。我不知道军长为什么感到不安，只是命令部队要加倍前进。10月4日，装甲师姗姗来迟，然后被分别击溃。第10集团军指挥部要负完全责任，令我们失去了一场志在必得的胜利。唯一能抵消我们巨大劣势的办法就是提升远见、精心准备、快速决策和保持高度的机动性。这一事件对我和部队来说都是一个教训，后来表明，我们在安齐奥登陆行动的时候的确对此牢记在心。

正如上文所述，我对莱因哈德的阵地寄予厚望。成败在于米尼亚诺山口能否守住，而只要 1170 号高地还在我们手中，山口就能守住。但是，正如在战争中经常发生的那样，我们的希望破灭了。装甲掷弹兵师的一次局部失误使敌人突然占领了那座高地，我将手边唯一的伞兵营派出反击，也未能夺回它。

在敌人进攻的前两天，也就是 11 月底，我和韦斯特法尔在第 65 步兵师总部。冯·齐尔伯格（von Ziehlberg）将军巡视了战场，并在地图上解释了他的部署。在右翼和中间的邻近部分没有发现任何毛病，地形、防御工事和军队部署都看起来很不错。一旦山地营占领了马耶拉山（Majella Block），也可以掩护右翼。然而，左翼部分随着向亚得里亚海延伸，兵力部署却越来越薄弱，既没有什么纵深，也没有设置有利的炮兵观察哨，最重要的是，它的驻防力量是一个新兵部队。另外，它战术前哨已经占据了有利的河流沿岸，在主阵地拥有良好的炮兵观察视野。但是他们能坚持多久呢？

如果第 65 步兵师及其左翼团的指挥官们没有在一开始就同时被重创，并且第 1 空降师能在亚得里亚海的阵地与步兵师换防一下，我认为战争的走向很可能会转入另一个方向，但是时间已经来不及了。由于一系列的巧合，情况也变得复杂起来：在决胜的那一天，我并没有在现场，而是待在军事分界线（亚平宁山脉）的第 51 山地军总部，直到晚上我才收到消息。然后，出乎意料的是，第 44 步兵师（最高条顿骑士师）在增援第 26 装甲师时行动迟缓，导致后者没有及时前往第 65 装甲师后方集结，这严重削弱了我们后备队的力量。最后，第 90 装甲掷弹兵师在从撒丁岛经科西嘉岛返回后，被派往德国国防军最高统帅部后备队，他们也没有立即赶到，并且甚至没有做好战斗准备。正如反复发生的类似情况一样，当最终他们赶到战场时，就被迅速地派去战斗，然后他们的反击也令人失望地失败了。在几天之后，这一不幸的开端才被新任的指挥官巴德（Baade）上校纠正过来。

从 1943 年 12 月 6 日至 12 月 13 日，在进行了十分激烈的战斗之后，这一翼终于迎来了暂时的平静。

第十九章

卡西诺、安齐奥—内图诺与罗马之战

（1943年秋至1944年初夏）

1943 年 11 月 21 日，凯塞林被任命为西南战区总司令；1944 年 1 月 22 日，盟军在安齐奥—内图诺登陆；2 月，德军在安齐奥—内图诺发起反击，无果；1 月、2 月、3 月，德军在卡西诺防御战中连战连捷；5 月 12 日，盟军大规模进攻卡西诺前线，突破加利格里阿诺河防线和卡西诺防线；5 月 22 日，盟军从安齐奥—内图诺桥头堡发起进攻，突破第 15 集团军左翼；德国第 10、14 集团军撤退；6 月 4 日，盟军进入罗马，德军指挥部率先宣布罗马为不设防城市。

桥头堡与卡西诺

局势仅从军事上进行分析很容易，但是皇室和政府从罗马逃走，使意大利政治变得扑朔迷离。不过，拉恩博士和我们的领事莫里森迅速组建起一个强有力的行政机构，成功地使混乱局面恢复了秩序。随后，受德国控制的意大利官僚机构开始征召劳工营并发放粮食。除了特殊情况，结果大都不令人满意，工人们虽然受到良好的照顾，但仍然很不可靠，这是普遍厌战的一个反映。我逐渐认识到，在意大利进行战争，如果想更容易更有效，最好不要通过一个不受欢迎的政府来实施。这确实是德国大使馆和军方之间产生各种根本性分歧的唯一原因。

我十分关注部队从撒丁岛和科西嘉岛的撤离工作。当撤离完成后，我才长舒了一口气。多亏了隆格豪森（Lungerhausen）将军的技巧和岛上意大利指挥官的顺从，我们才得以不费多大力气就撤离了撒丁岛。冯·森格尔-埃特林（von Senger-Etterlin）将军终于成功地把我们的全部部队，近 4 万名士兵，连同他们的武器和装备，运到了厄尔巴岛（Elba）、里窝那（Leghorn）和皮翁比诺（Piombino）。争夺巴斯蒂亚（Bastia）的战斗，以及从那里到意大利本土的跨海输送，让我焦虑了好几个小时。

我不断地请求在意大利建立统一指挥，这无关我在其中会有什么得失。最终我亲自前往元首总部，终于在 11 月 21 日时获得批准，我被任命为西南战区兼 C 集团军群总司令。为了这个迟来的决定，我加倍努力弥补以前的疏忽。我们不再束手束脚，根据我的需要，对于之前由隆美尔下令建设的纵深防御计划进行了修改，该计划以卡西诺山为中心，位于古斯塔夫防线的后方。

经过年底短暂的喘息，对古斯塔夫防线前沿阵地的决战终于在 1944 年 1 月 3 日爆发，最终以法国军队分别于 1 月 6 日占领圣维托雷（San Vittore）、1 月 15 日占领特罗奇奥山（Monte Trocchio）和圣克罗切山（Monte Santa Croce）而告终。我们的新兵师只是逐渐适应了意大利前线的特殊性。这次失败在很大程度上是由于缺乏高海拔作战所需的冬衣和装备，以及对于如何实施山地作战而产生意见分歧。这些问题的解决占用了我相当一部分时间。

　　最近几个月的艰苦战斗使我确信，盟军不计代价的用兵一定隐藏着某种不可告人的目的。对于一个目标明确的进攻来说，这种极高强度与简单任务之间形成了鲜明的对比。我认为亚历山大（Alexander）不会满足于盟军这种行动缓慢却损失巨大的推进方式。总有一天，他一定会以登陆方式来结束这场战争。考虑到敌人的系统计划，登陆行动只能在罗马地区实施。另外，这样的登陆行动明显可以与南线的进攻在某种程度上相结合。要应对这两种情况，必须预留出强大的后备队用于机动。我下令从前线撤出 4 个摩托化师，希望能够赢得足够的时间来调配。

　　1 月 17 日—18 日，盟军集中英国第 10 军的优势兵力，对加里格里阿诺前线发起了进攻。1 月 20 日，美国第 2 军也加入攻势，开始进攻拉皮多河（Rapido）的对岸。德军第 94 步兵师刚刚组建，无法守住阵地。随后敌人大举进攻卡斯特尔福泰（Castelforte），德国第 10 集团军预料到攻势将从利里河谷（Liri Valley）推进到卡西诺山区，但是他们薄弱的后备队无法封锁住这个缺口。正如我亲眼所见，德国第 10 集团军的右翼已危在旦夕。在这种情况下——也许是我们对于卡纳里斯（Canaris）海军上将的报告，他也是军事情报部门的主管——我同意了第 10 集团军指挥官的迫切请求，向他增援了由施勒姆（Schlemm）指挥的第 11 航空大队和第 29、第 90 装甲掷弹兵师，命令他全速前往第

94 步兵师的前线，并稳住局势。但现在的问题是，这样做是否正确，尤其是我收到卡纳里斯发来的一份情报报告，上面提到了在那不勒斯港停泊的舰船数量。根据这份报告，可知那里已有足够吨位的舰船组成一支登陆舰队。

我能清楚地看出敌人可能采取的行动计划。有一件事很明显：美国第 2 军和法国远征军于 1 月 20 日开始对卡西诺山以北阵地发起的进攻，直接配合了在加利格里阿诺河的战斗并最终获胜。另一种可能采取登陆的行动现在还只是一种预感，因为没有任何迹象表明会发生在何时何地。如果我拒绝第 10 集团军指挥官的请求，他的右翼部队可能会被击退，而且难以预测他们会一直退到哪里。当时我预见到了会发生 5 月攻势那样的情况。如果这种失控的撤退与登陆行动同时发生，其后果是难以预料的。拥有百万人口的罗马会作何反应？我不相信美国第 5 集团军的进攻只是为了掩护登陆行动，但我认为盟军在等待，期待南方攻势的进展不仅有助于他们开展登陆行动，更有可能局部配合形成一个包围圈。无论如何，我认为克拉克（Clark）或亚历山大会利用在加利格里阿诺战役的胜利之威来反攻德国第 10 集团军的右翼，除非我们也采取反击措施来遏制他们的攻势，我的这种想法应该不会偏离事实多远。面对这种威胁，应对措施决不能半途而废，反击必须迅速而有效。现在需要做的就是及时平定某一点上的混乱，以便腾出足够的力量来迎接新的挑战。

与此同时，登陆行动的威胁一直悬在我们头上。我军的空中侦察几乎完全停止，收到的报告寥寥无几，既不准确又语焉不详。在登陆行动开始之前的 3 个晚上，我已下令在意大利全境发出紧急警报。当时我的参谋人员的强烈警告我不要使部队因不断的待命而疲惫不堪，如果我当时听从他们并取消了 1 月 21 日晚间的命令，那么我就成罪魁祸首了。

1944 年 1 月 22 日，安齐奥—内图诺登陆行动爆发，刚开始几个小时的气氛十分压抑。到了上午，我感到最糟糕的危险似乎已经避开了。已经登陆的部队在推进时显得迟疑不定，这主要是因为冯·波尔按照我的直接指示，设置炮兵阵地把滩头阵地围绕得水泄不通，连坦克也难以突破。与此同时，驻防在此地的各个营早已在施莱默（Schlemmer）将军的命令下前后连接起来并准备就绪。施莱默将军的任务是把所有到达此处的部队尽可能地向南推进，配合高射炮部队减缓或阻止敌人的前进。每一码距离对我来说都很重要。下午我到达现场发现，我的这一命令被他们莫名其妙地任意更改了，这打乱了我立即组织反击的计划。不过，当我穿过前线时，我的自信又回来了，盟军错过了占领罗马和在加利格里阿诺前线上打开缺口的绝佳机会。我确信时间是站在我们这一边的。

在那些日子里，接踵而来的是一群杂乱无章的部队，各个师都有，相互交错，混乱不堪。除了第 11 空降军，我命令从亚得里亚海防线前来的第 76 装甲军和在意大利北部的第 14 军等两军参谋人员进入桥头堡地区，作为作战指挥主体。1 月 23 日，第 14 集团军指挥官冯·马肯森前往我在索拉泰山（Monte Soratte）的总部进行报告，我告诉他，我认为我们的防御是稳固的，无须担心出现重大逆转。我给了他两项任务：继续巩固防御圈，并采取措施收缩并转移桥头堡。1 月 25 日，美国第6 军对奇斯泰尔纳（Cisterna）发起了猛烈攻击；1 月 31 日，他们再次对奇斯泰尔纳和坎波利欧内（Campoleone）发起猛攻。这都证明了我的判断是正确的，敌人损失惨重却只能换来局部的些微进展。因此对于出现的任何危机，冯·马肯森都毫不畏惧，他能够迅速集结、指挥、派遣增援部队，而且从现在直到本月底，增援部队都一直在源源不断地赶到。

我现在主要担心桥头堡地区，在卡西诺地区东北方向的第 14 装甲军也需要同样关注。法国远征军的主力部队与美国第 2 军并肩作战，缓慢而坚定地向科莱贝尔韦代雷（Colle Belvedere）和特罗拉（Terello）步步逼近，最终于 1 月 31 日攻占两地。面对此时此地的危机，只有动用由经验丰富的指挥官海德里希和巴德指挥的精锐部队以及同样优秀的第 71 师第 211 团。他们也不负众望，最终于 2 月 6 日化解危机，战斗也于 2 月 12 日平息。对于这场战斗，亚历山大元帅写道："这场战斗是属于德国的胜利。"

甚至在后续的进攻中，从 2 月 15 日至 2 月 19 日，印度第 4 师和新西兰师试图攻占卡西诺山修道院和整个卡西诺地区，也徒劳无功。他们首先使用重型火炮和空袭的方式对修道院进行了轰炸，这次轰炸不仅完全没有必要，而且对于后续战斗有害无利。我没有把修道院作为防线的一部分，为的是可以一劳永逸地避免其受到波及。修道院由宪兵把守，任何人未经允许不得入内。尽管修道院中的艺术珍宝和图书馆藏都早已被移到梵蒂冈（Vatican）进行保存，但平民百姓仍然遭受了巨大的伤亡，我们完全理解修道院院长的悲痛。

在桥头堡的战斗仍在继续，美国第 6 军的目标是突破阿尔班山（Alban Hills），而冯·马肯森则计划先牢牢地控制住阿普利亚，然后再发起主要反攻。盟军的进攻被击退，双方都伤亡惨重，我方通过反攻于 2 月 8 日—9 日占领了阿普利亚，2 月 9 日—10 日又占领了科罗切托（Corroceto）。盟军又发起反攻，但未能奏效。他们这次进攻的失利，导致的唯一结果就是，美国第 6 军现在转入防守，在桥头堡地区构筑了纵深阵地。德国第 14 集团军虽然一直兼顾我们的防御工作，但主要任务仍然是进攻。集团军群接收了大量的生力军和补给品。第 2 空军司令部也尽其所能，集结了强大的高射炮部队，战力之盛不禁令人又回想起其往日的辉煌。

即使考虑到对方拥有强大的坚船利炮和压倒性的空中优势，我自己也深信，基于现有的手段，我们也一定能成功地把盟军重新赶回大海。我时刻牢记着，对方的处境对美国第 6 军的参谋和部队都产生了不利的心理影响。他们被困在地势低洼、卫生恶劣的海岸上，一定非常难受。我们的重炮部队和空军部队拥有大量高射炮和轰炸机，可以单独执行任务，即使在我军"休息"时，也能使对方部队疲于奔命。桥头堡驻军人数有限，如果人数太多会意味着造成不必要的重大伤亡，而驻军太少则可能导致失去桥头堡。输送新的部队难度较大且需要时间。在我看来，最重要的是，我们应该尽快进攻，免得敌人有时间恢复他们在近期战斗中的损失，或者巩固在桥头堡地区的中间阵地。另外，也有必要使我们新来的部队迅速适应环境。

我和冯·马肯森都不同意沿着海岸向北通过安齐奥发起侧翼攻击这一普遍观点，因为这样会导致我们的部队集中在一处，暴露在盟军舰炮的侧翼火力覆盖之下，而且我们自己的炮兵部队却无法充分发挥战斗力；此外，德国强大的装甲部队也将受到这片林木茂密、布满地雷的地区的影响，难以相互配合。由于南翼布满沼泽、道路支离破碎，所以自动被排除在外，因此就只剩下阿普利亚和奇斯泰尔纳之间的这一段区域。冯·马肯森计划从一侧对阿普利亚发起主要攻击，同时发动两次辅助攻击进行配合。

希特勒让冯·马肯森把计划报告给他，在他的授意下，攻击任务将由最近刚从德国调来的步兵教导团来实施，而且为了保证我们的炮兵部队能够集火轰击，进攻将在一条非常狭窄的战线上进行。这两个错误让我们付出了沉重代价。一个错误是，虽然我也听说步兵教导团是一支优秀的部队，但我不应该仅仅通过道听途说就加以轻信，而且本应知道一支没有战斗经验的本土防卫部队是无法执行这种重大行动的。另一个错误是，攻击定于 2 月 16 日 18 时 30 分开始，对于该团来说，时间太晚了。因为他们不熟悉地形，其实只能在白天发起攻击。不管怎样，他们最终大败而归。

我坚信，第 29 装甲掷弹兵师或第 26 装甲师是足以胜任这次攻击的。前者在 2 月 18 日的进攻中展现了其传承悠久的战斗精神，从一个没有突击优势的困难阵地出发，一直坚持推进到 82 号公路直至敌人的最后一个桥头堡阵地，也就是其起始防线。

希特勒亲自下令的第二次进攻失败了，这证实了这一观点。虽然我认为换一个地方再次发起攻击也不会有多大改善，但是我无法取消命令，因为我不得不承认德国国防军最高统帅部是出于政治和军事等多方面原因。如果我们把桥头堡回撤到起始防线，的确有可能取得局部胜利。如果能够实现这一点，德国第 14 集团军就能够优化配置兵力，而盟军则要怀疑桥头堡能否守住了。

这一次攻击是从桥头堡的另一侧发起的，即奇斯泰尔纳。第一波负责进攻的是 3 支减配师。他们吸取了第一次攻击的教训，完善了伪装和火力牵制的措施，不过我认为在如此狭窄的地域内，没有必要这样做。原定于 2 月 25 日发动攻击，但这个日期由于天气恶劣而不得不推迟，甚至到了 2 月 28 日也还有周期性的暴雨。那天我像往常一样在重大行动之前视察部队，心里决定再一次推迟行动，但是部队详细部署了这次行动，并且显得信心十足。因此，为了尊重他们的意愿，我决定不延期。事实上，相较于敌人来说，恶劣的天气条件对我们更有利一些，让我们在可能的情况下，有机会在局部发起突袭。敌人将失去坦克的支援，而且海空军也将受到极大的阻碍。2 月 29 日天气转好，这是我们计划的攻击日期，不过上述优势也被减弱了，逐渐变干的地面使得盟军坦克可以越野机动。截至 3 月 1 日下午，我们的进攻没有取得进展，于是我就叫停了。

3 月 15 日，敌人重新对卡西诺地区和卡西诺山发起攻势。他们为了削弱我们的防御，投下的炸弹总量超过了以往任何时期，并进行了大规模的炮火轰炸，动用了英国最好的突击师（第 27 师、英印第 4 师、新西兰师）。但直到最后，我们仍然固若金汤，第 1 空降师牢牢守住了阵地。到了 3 月 23 日晚，英军停止了进攻。

第 2 航空队在冯·里希特霍芬的率领下，曾在西西里岛战役中损失惨重，直到现在也还没有完全恢复，此时的萨莱诺登陆行动又给我们的飞行员带来了新的沉重压力。我最初打算保留我们的空军，以便在罗马南部遭到入侵时，能够在罗马附近打击意大利师。但是现在这一计划已没必要继续实施，因此空军司令部可以集中精力对付登陆舰队。虽然通过这些空袭击沉了一些船只，但登陆行动并没有受到实质性的影响。顺便说一句，U 型潜艇和鱼雷快艇的战术没有取得任何成功。

在随后的战斗中，无论是在空中还是在地面，我都能亲眼看到德国空军在兵力和装备上所处的劣势，也能理解空军中的批评声音，不应该是这样的。我们可能偶尔取得几次胜利，但只配备了 300 架左右的飞机，而敌人拥有 4000 ～ 5000 架，所以我们不能再采取那种无计划的空中作战了。然而，毫无疑问，在桥头堡地区的战斗中，空军向陆军提供的空中支援决不含糊，而且高射炮部队的火力支援也非常有用。冯·里希特霍芬建议在阿尔班山建立一个空军作战总部，由冯·波尔负责指挥，事实证明这一建议非常好，可以直接俯瞰整个战场并远眺大海，在各师联络军官的协助下，能够及时跟踪战场动态，迅速派出近距离支援编队，并驱逐那些非常讨厌的敌军炮兵观察员。

罗马之战前夕

自 1943 年 7 月，各个部队指挥官率领部队开始参与部分行动，并从 1943 年 9 月起参与了全部行动，但直到 1944 年 3 月，他们所取得的战绩并不令人满意。由于双方伤亡惨重，基本可以确定，在发动决定性的进攻之前，会有一段时间的平静。面对即将到来的打击，我们必须利用这段时间来集结大量的后备力量。盟军把南线作战和登陆行动联系起来的想法，即使现在尚未实现，也是显而易见的。从现在起，我们可以沿着这个方向着手准备，除非盟军设法在奇维塔韦基亚（Civitavecchia）或里窝那地区登陆，以代价较低的方式谋求决战。可以肯定的是，他们的战斗力最近得到了增强，一些师已经成长起来，称得上真正的大型战斗编队。

我认为这种局面的形成要归于我国宣传的一个重大失误，即并没有下大功夫去讽刺敌人缺乏主动性，没能促使他们逐步改变作战方针。限定目标，制订计划，然后按照计划谨慎推进，这种做法开始被鼓舞人心的策略所取代，而且这种策略在战争结束几个月前就得到了完善。当时我极力抵制这种愚蠢的宣传，但它仍然给我们带来了损害。为了向希特勒和德国国防军最高统帅部解释我们所面临的胜利希望有多低，我派了参谋长去和元首讨论我们的问题。这可以归结为两点：首先，敌人在陆海空方面都占据优势而且能够完美协调相互的行动，即使是在构筑巧妙的沿海阵地，如果没有纵深，也阻挡不了登陆行动；其次，我们的反攻基本都是被敌人猛烈的炮火击退的。在敌人空军控制的地区，我军只有在特殊的天气条件下或在特别有利的地形中才有机会按照我们的想法开展行动。

到目前为止，战斗显然还是僵持不下，在政治和战略方面的问题也没有变化。现在要让部队在战区中基本实现自给自足，也是我们所面临的当务之急。

这些考虑已在1943年9月开始实施的防御措施中得到落实。因此，古斯塔夫防线上位于不同战场区域的防段也分别得到了巩固。装甲部队和混凝土防线纵横交错，前线阵地和中间阵地之间的纵深进一步加大，即使是非常强大的敌人也能把他们阻挡在防线之后。众所周知，单一的防线无法持续抵御现代化部队的突击，即使是设置纵深阵地也可能面临失守的风险，所以我们在罗马南部一直在建设一条C防线。这条防线横贯阿韦扎诺（Avezzano）直至亚得里亚海海岸，我们对这个区域的地势进行了长期研究。它很自然地与我们在滩头堡周围的阵地连接起来，它们的交界线就在罗马南部。

这些防御措施尽可能保障了我们的战略得以实施，然而，战略也受限于盟国获取的空中优势和 C 防线自身固有的弱点。我们必须接受这样一个事实，即在敌人空军控制的地区——无论在蔚蓝的晴空下，在崎岖的山区中，在开阔的平原上，在稀少却明显的道路上，还是在月光照耀的短夜里——要想采取机动作战方式，只有在非常幸运的情况下才有可能成功。C 防线还处于建设中的第一阶段，台伯河（Tiber）、阿涅内河（Aniene）和罗马都紧贴其后，另外，长度问题也令人感到有些不安。不过，在第 10 集团军和第 14 集团军阵地之间的湖滨防线，受到技术手段和泛滥洪水的保护，反而显得相当安全。北方沿海地区已根据其受威胁的程度适当加强了防御。现在头等大事是在亚平宁山脉建立阵地，要想在那里建设合格的防御体系，还需要好几个月的时间。

尽管西南战区司令部对于空中侦察工作做得很差，但我们仍能或多或少地准确了解敌人的兵力分布，并可据此推断出他们可能的意图，几乎可以肯定地把亚得里亚海前线排除在考虑之外。另外，加利格里阿诺河、卡西诺背后的山嘴部分、安齐奥滩头阵地等地都必须设为战斗前线，也许在罗马以北的奇维塔韦基亚地区还可能有佯攻或牵制性登陆行动，或者在弗罗西诺内（Frosinone）山谷进行空降作战。我估计，美国第 5 集团军和英国第 8 集团军会通过马约山（Majo）、彼得雷拉山（Petrella）和卡西诺山向我第 10 集团军的右翼发起大规模纵深攻击，并向利里河谷推进。法国远征军的作用及其组成和可能的进攻方向，直到进攻开始后的第四天仍然是一个重要而危险的未知因素。

我发出指令"防守"，我想这已经清楚地说明了该如何进行战斗，并且相信所有参谋人员和部队都充分理解了这一点。总的来说，那些坚守前线的人证明了他们的优秀。右翼的第94步兵师在以前的战斗中曾让我失望，如果他们这次被击溃，敌人的突破也能在纵深被拦住。如果右侧的马约山和左侧的卡西诺山仍在我们的控制之下，利里河谷就能够守住。第1空降师控制着卡西诺山，他们的防守是做得最好的。整个左翼却不值一提，几乎没几支部队。

我们在滩头阵地周围的防御几乎无懈可击。第14集团军有足够的后备力量，还配备了高射炮部队，可以在孤立无援的情况下击退敌人的强攻。但是，如果内侧两翼的部队缺乏合作，整个集团军群也将受到严重的威胁。

德国空军受戈林的直接指挥。冯·波尔的职位较低，负责指挥高射炮部队，但他和我们合作得很好。高射炮部队的主力都集中在利里河谷、瓦尔蒙托内和罗马等地。

通信网络的建设也符合各项要求。德国海军指挥部接到命令，要加强海上补给，部署坚船利炮来增强沿海防御。与以前的标准相比，后方包括口粮和弹药存放在内的后勤保障都还算不错。

总而言之，我平静地等待着欲来的山雨。我们已经在每个领域都尽了最大的努力，准备迎接预期中的猛烈进攻。

春季攻势

美国第5集团军和英国第8集团军开始发动进攻，他们首先使用炮击和轰炸来削弱我们的防御，并对德国第10集团军作战指挥部进行了空袭。这些攻击使我们初步了解到，我们将面临怎样的局面。正如我在5月12日上午亲眼所见，第10集团军和第14军的总部几乎瘫痪，他们都失去了指挥官，其副指挥官们都尽了最大努力来继续战斗。然而，经过前几天的战斗，证明了我对敌军空降或登陆的担心是毫无根据的。因此，部队调动和战略储备运用的危险系数都降低了。

前几天的战斗也证实了我们对敌人主要兵力的猜测。战斗十分惨烈，但令人遗憾的是，集团军群还是没有搞清楚美国第5集团军和法国远征军的兵力构成。经过一场势均力敌的激战之后，从利里河谷到卡伊拉山的前线逐渐撤退到坚固的森格尔交接线，但是第14装甲军却开始不听招呼。第94和第71步兵师虽然英勇战斗，但对面敌人的人数实在太多了。集团军群没有掌握足够的数据，从而无法在5月14日或5月15日做出更深远的决策，此外，我们在对第26装甲师进行调动和投入作战安排中也遇到了意想不到的困难。但最让我头疼的是，第94步兵师没有按照我的命令把预备队部署在彼得雷拉高地，反而集中到沿海地区，这样就造成了高地面前出现了一个无法填补的缺口，而这意味着为法国远征军阿尔卑斯部队敞开了门户。

右侧的第14装甲军面临的局势每况愈下，但左翼部队和第51山地军却逐渐站稳了脚跟，第1空降师也没有想过要让出"自己的"卡西诺山。为了与第14装甲军保持联系，我不得不亲自命令这些桀骜不驯的大兵们撤退，这个例子表明下级指挥官如果具有强烈个性有时也会产生负面影响。这也是为什么在第90装甲掷弹兵师的侧面出现漏洞时，我没有让第1空降师的后备队向右填补的原因，也是为什么第51山地军只能推迟撤退的原因。

为了保持防线的完整性，第 14 装甲军必须坚守中间阵地，距离之长似乎超过了正常战术环境的要求，结果导致森格尔交接线的右翼失守。增援部队未能及时赶到，决定了第 10 集团军未来失败的命运，即使第 14 集团军在滩头阵地的防御中取得胜利也无法对其进行弥补，因为美国第 5 集团军再向前推进，也必然会导致第 14 集团军的溃散。所以现在局势变得十分紧急，我于 5 月 19 日将第 29 装甲掷弹兵师调往第 10 集团军。当我下命令时，我完全认为他们能够在 5 月 20 日上午找到一处天然防线，从而把缺口堵上。

但这一切没有发生，因为第 14 集团军指挥官反对调动部队。我收到这一消息时已是 5 月 20 日晚上，当时我刚刚回到我的战斗指挥部。我能理解他不愿放弃他的后备部队，但战斗已经发展到这一阶段，我不能接受他的质疑，尤其是我们在滩头阵地周围正面临着被向北挺进的美国第 5 集团军攻破的危险。

为了使将军认清他的南翼所受到的威胁，并让他相信我的决定事关重大，我下令对战场区划进行重新部署，并让他负责这一区域，直至"斯佩隆加（Sperlonga）—丰迪（Fondi）—弗洛西诺内（Frosinone）—瓦尔蒙托内（Valmontone）"一线。不幸的是，当我于 5 月 21 日抵达第 2 装甲掷弹兵师总部时，我发现他们来得太晚，只能在毫无准备的阵地上进行战斗，其后果也是灾难性的，至于多么糟糕，目前还无法预测。一个绝好的防御阵地就这样失去了，而敌人在泰拉奇纳（Terracina）和丰迪之间建立起一个几乎坚不可摧的阵地。我们的这次损失，送给了美国人一场胜利。

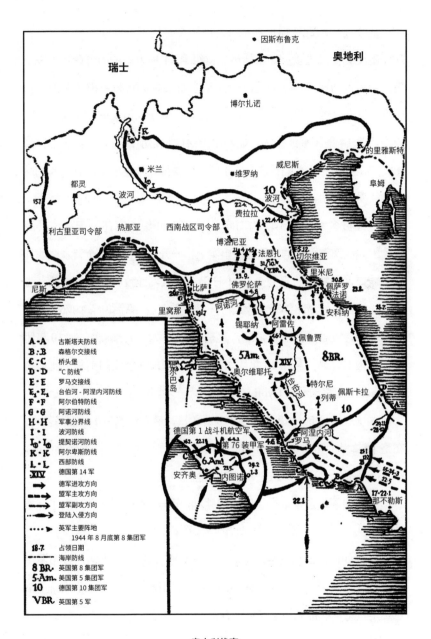

意大利战事

整个局势因此变得更加艰难，但还没有到不可挽回的地步。滩头阵地还没有发起进攻；如果能迅速重组第 14 集团军，仍可在其火线上集结起后备力量。不幸的是，截至 5 月 23 日，即计划从滩头阵地发起进攻的日期，这一工作几乎没有丝毫进展。对于从滩头阵地发起进攻的方式，第 14 集团军的指挥官显然还无法摆脱之前的先入之见。不过毫无疑问，美国第 6 军陷在这个狭小的包围圈里，处境极其不利，我们对此必须妥善利用。

在经过多次令人不快的询问之后，第 14 集团军还是无法填补缺口，因此我调整了它的指挥官。事实上，一开始只需要一个营就能填补这个缺口，但缺口一直到 5 月 31 日仍在扩大，导致我们的侧翼战斗失利，通往罗马的道路终于向敌人打开了。我们在右翼和中部的部队都在英勇战斗，唯独左翼拖了后腿，真是一场灾难。与此同时，第 10 集团军边打边退，最终与第 14 集团军会合，率领部队经山路前往苏比亚科（Subiaco）和蒂沃利（Tivoli），这不失为一项新的殊荣。

这场战役从 5 月 12 日持续到 6 月 4 日，最后以罗马不战而降告终。在整个这段时期内，作战行动极为艰难，除了少数灾难性的例外情况，军队还是都挺过来了，这充分证明了他们的勇气。

无论如何，盟军取得了巨大的胜利，而第 14 集团军则付出了沉重的代价。

尽管如此，面对这场灾难，我仍然信守单方面的承诺，宣布罗马为"不设防城市"对其进行保护。这至少表明，无论我是依靠准确的消息还是直觉，我都对战争形势抱有希望。

第二十章

防守意大利

- - - - - - - - - - - - - - - - ▶ ○- - - - - - - - - - - - - - - - ○

（1944 年夏至 1945 年春）

1944 年 6 月 6 日，盟军登陆诺曼底；6 月 17 日，撤离厄尔巴岛；6 月和 7 月，C 集团军群撤退，巩固新的防线；6 月 26 日，撤离比萨；8 月 12 日，佛罗伦萨德军投降；8 月 15 日，盟军在法国南部组织第二次登陆行动；9 月 21 日，里米尼失守；8 月 30 日，英军开始进攻亚得里亚海前线；9 月，德军在军事分界线（拉斯佩齐亚—亚平宁山脉东南）稳住阵地；12 月，英国进攻波河平原；12 月 5 日，拉文纳德军投降。

1944 年 6 月至 8 月中旬

6 月 1 日，第 14 集团军的处境开始变得越发恶化，其下属各个师级战斗群在退到台伯河和阿涅内河之后，战斗力都已被严重削弱。

第 10 集团军的情况要好一些。由于他们在彼得雷拉山以北进行了顽强而猛烈的抵抗，敌人的推进受到了严重迟滞，双方战斗依然很激烈。但是他们还遇到了其他一些困难：首先，可供撤退的道路很少，而且容易受到空袭；其次，他们离罗马和台伯河距离很远，因此难以迅速集中在河的西部。

我一直避免战火烧至罗马，这个决定从未改变。为此我们放弃了沿台伯河到大海以及沿阿涅内河到蒂沃利的防线。盟军进入罗马后，将其作为下一步行动的跳板，这就把我们在这两个位置绝佳的阵地上的部署完全打乱了。现在我们最大的希望不是沿着河流多防御几天，而是在这座城市的北面及一侧暂时阻遏住敌人。

近几个月来，无论盟军经历的战斗多么艰难和激烈，都不可否认，成功占领罗马绝对意义非凡。我努力在说服自己，认清经过数周的血腥战斗，部队可能会因为罗马陷落而士气低沉，因此我们只能采用严苛和无情的纪律才能继续走下去。但我并不真的相信这一点，也没有根据这个假设来制订计划。第 10 集团军正在台伯河以东，令人欣慰的是，其对面的敌军表现得非常谨慎。我初步查看地图时，曾设想采取阻滞战术，但是实际地形并不利于开展行动。首先，紧靠罗马北部及其临近地区的道路很容易被封锁，这必然在很大程度上阻碍敌人的摩托化部队。其他一切皆取决于此。必须争取时间，让前线战斗部队重新集结和休整补充，还要把非战斗单位疏散到后方，并训练新的后备力量。

目前没有必要进行太多的战略思考。敌人的机动作战虽然危险，但很容易被我们发现，然后就可以对此直接实施反击。美国第 5 集团军损失较小，速度更快，比英国第 8 集团军更早进入罗马。现在美军面前的区域很适合摩托化部队和坦克机动，如果选择继续前进，通往北方的公路畅通无阻。另外，英国第 8 集团军却由于地形的原因，行动仍然十分迟缓。

敌人的行动和我预料的完全一致。如果在 6 月 4 日他们立即大规模推进，派遣坦克部队沿着道路向前穷追猛打，那么我们在台伯河以西的集团军群将被置于几乎不可挽回的困境之中，而我也将被迫紧急撤回第 10 集团军的摩托化部队，横渡台伯河，在特拉西梅诺湖（Lake Trasimeno）以南或以北建立新的防线。但是到了 6 月 4 日晚上以及第二天，似乎没有必要再开始这一命运攸关的行动了。我决定并付诸行动，把我的指挥部部署在罗马以北的索拉泰山，不过后勤事务是另作安排的。我相信我留在前线能够激发部队信心，在 6 月 6 日和 6 月 7 日，我也依然与维泰博（Viterbo）前线的部队保持着直接联系。

第 14 集团军的任务是极其艰巨的，但只要能抓住机会，仍有可能完成，只是其总部有些悲观。诚然，他们有充分的理由感到担忧，因为他们的总兵力只有 2 个师，而对手美国第 5 集团军却有 3 个坦克师和 9 个步兵师。这些数字使其指挥官十分沮丧，他没有注意到，美军必须经由一个狭窄的通道推进，正面只有一小部分军队可以同时行进。与其为那些充满误导性的算计而担忧，还不如拖延敌人进入通道的时间。这在罗马以北地区是可行的，而且在更远的北方也有其他一些机会。例如，弃守奇维塔卡斯泰拉纳（Civita Castellana）山口是一个严重的战术错误，敌人在占领山口后对机动部队进行了初步部署，然后向北部和西北部散开。

在 6 月 7 日之后，我们的主要战略思想仍然是一致的，即从后方和侧面召集后备力量，两支集团军边打边撤，避免出现任何缺口，并在内部接合部两侧之间建立牢固的联系。放弃一部分土地并不重要，重要的是要克服我们暂时的弱点，把我们败退部队撤出来，让他们进行休整并重新武装。

盟军最高司令部（Allied High Command）帮助我们实现了这一作战计划。他们的部队平均分布在整个战线上，这在 6 月 6 日就已经初见端倪，大大减少了集中进攻我两军中间地带的危险。敌人的推进速度出奇地缓慢，随后法国远征军的犹豫不决使局势趋于缓和。

有一种合理的假设是，盟国认为总体局势尽在掌握之中，因此不会贸然全力出击，而根据我们的情报，亚历山大是有足够兵力的。当然，空中侦察不能排除一些不确定因素，但是完全"真空"的情景当然也不会正确。我不分昼夜，走过了所有地方，知道真实情景是怎样的。实际上，防线后方的道路和村庄都被堵得死死的。向前线移动的保障纵队和增援队伍、向侧翼机动的摩托化师，与从战场撤退的部队都挤在一起。

盟军完全没有抓住机会。无头苍蝇似的目标遍布整个战场，尤其是在后方区域，而他们却没有派遣空军进行打击，而且当地游击队也没有得到前线部队的空降支援。事实上，根本没有人试图在我们后方进行战术空降。

我们到达博尔塞纳湖（Lake Bolsena）后，我立即下令在特拉西梅诺湖恢复防守。当然，在此期间，我意识到，在这个地区勉强进行决战并不明智，但争取时间完成亚平宁前线的防御部署却至关重要。

我多次收到德国国防军最高统帅部的命令，要求我不要让出太多的领土，但鉴于我自己对形势了解得更加准确，我认为还是有必要自己决定，并且总体上也是这么做的。我基本不会盲目地采纳最高指挥官时常发来的建议，而是会通过实地调查来计算可行性，然后下达相应的命令。在某些情况下，我在与我的参谋长和作战指挥官在指挥部进行讨论后，就会批准进行撤退，也许有时还会与有关部队的指挥官进行进一步的电话交谈，听一下他们的意见。除了撤离西西里岛之外，我不记得哪一次我因为"独裁"行为而"受到责备"。在 6 月底和 7 月初，希特勒突然专横地要求停止撤退，就地恢复防御。我乘机飞往他的总部，与最高统帅部的人员进行了沟通。这一次，我还带了我的作战指挥官贝利茨（Beelitz）上校一道前往。在花了将近一个小时的时间来解释局势的变化之后，我坚持认为我在意大利应该自主行动。希特勒同样长篇大论地试图让我接受那套曾在苏联行之有效的战略思想。我开始失去耐心了，于是说了一番简短而激烈的话。这里可能不是原话，大意是这样的：

"问题不在于我的军队是在战斗还是逃跑。我可以向您保证，如果我向他们提出要求，他们就会战斗至死。我们谈论的是完全不同的事情。这里有一个更为重要的问题，那就是在斯大林格勒战役和突尼斯战役之后，您是否还能承受得起再失去两个集团军的代价？我越发怀疑这一点，因为如果我按照您的想法来改变我的计划，德国面对盟军迟早门户大开。另外，我也向您保证，除非我的手脚被束缚住，否则我会尽可能地拖延盟军的进攻，把他们前进的脚步阻止在亚平宁山中，从而为 1945 年的战争计划创造条件，这样就会与您的总体战略规划相吻合起来。"

希特勒没有再说什么，或者说，他咕哝了几句。据贝利茨说，那几句咕哝并不是贬损。无论如何，我的观点胜出了。

这次会晤之后，我又像以前一样，履行职责时无须请示德国国防军最高统帅部。举一个常见的例子：当第 1 空降军在佛罗伦萨（Florence）北部作战时，希特勒向他们发了一个电报，尖锐地批评了正在试图撤退的 2 个师。当时我在前线巡视，得知在收到这条电报后施莱姆就准备把所有的后备队都投入进去。我立刻中止了我的行程，直接开车去了他的总部，阻止他牺牲掉这最后的后备力量，授权他继续按照最初的计划行动，那在当时的形势下要更加正确一些。这个决定也向德国国防军最高统帅部进行了报告，但他们甚至连一声过问都没有。他们已经知道了我会全力以赴。

怀着极度紧张的心情，我沿着特拉西梅诺湖以西的坦克辙痕，密切关注着战事的进展。这里部队坚守阵地的时间比我预想的要长。第10 集团军的左翼一直无须多加关注。然而，第 14 集团军在利默尔森（Lemelsen）将军接替冯·马肯森将军之后仍然需要特别的留意。现在第 10 集团军的战斗力也严重受挫，附近的地形也不再有利，而对面的敌军却依然强大。但我可以看出，第 10 集团军在执行命令时并没有丝毫犹豫，反而更加积极。然而，随着德国空军野战师的失败，戈林的虚荣心终于带来了恶报。他之前不愿意把地勤机构中的空军士兵划归到陆军之中用作替换部队，但令人惊讶的是，希特勒竟然容忍了如此业余的行为，他本来应该更清楚这一点。

因此，通过机动战术，我们成功创建了一个逐渐牢固的防线。此时，我的目标是在位置较好的狭窄防线上进行长时间抵抗，这样就能够在不危及阻滞战斗的情况下，迅速撤出位置不利的宽阔地区。我努力控制住局势，保障向亚平宁地区的撤退行动顺利实施，但我感到这些努力并不总是符合将军们的想法。

在意大利战役的整个阶段，一方面，军队得到了高射炮部队的有力支援；另一方面，此时的空中支援行动实际上已经停止，甚至连空中侦察也严重不足。

同时，潜在的侧翼威胁仍是一个重要的未知因素。诺曼底登陆（1944 年 6 月 6 日）开始后，敌军在地中海中已经没有足够吨位的舰船数量，在一段时间内都无法大规模地入侵意大利腹地，但另外，战术登陆行动还是有可能的。6 月 17 日，盟军夺取厄尔巴岛，这种准备行动的迹象表明，登陆危险再次迫近。否则，占领这个地方又有什么意义呢？但当盟军放过这个独一无二的机会之后，我又可以暂时放下对此事的担忧。在紧急情况下，处于休整状态的各师都可以随时参与邻近海岸的行动。

没有明显的迹象表明，在亚得里亚海岸要进行大规模的战术登陆，这里发生的可能性极小。我还把空降作战排除在考量之外，因为可以肯定，已经把所有的资源都调去诺曼底了。德国国防军最高统帅部已经下达了保卫里窝那和安科纳（Ancona）的针对性命令，但在当前局势下，这种命令的约束性也只是在我认为有必要的时候才有效，例如把这些港口加入到我的全部计划之中，否则在必须的时候，还是要撤离这些港口。德国国防军最高统帅部仓皇下达这种专门性的命令，只会让他们自己产生挫败感。

法国远征军和英国第 8 集团军的梯队集中在特拉西梅诺湖的两岸，并在那里从 6 月中旬一直激战到 7 月初，这些都清楚地表明，盟军仍在向佛罗伦萨进发。我没有预料到敌人的目标是对我们亚平宁阵地进行缓慢消耗。我更希望他们能迅速越过佛罗伦萨背后的亚平宁山脉，或者，如果他们发现山脉实在难以翻越，我期望他们能改变主攻方向，从亚平宁阵地最脆弱的地方亚得里亚海岸进行包抄。

在此期间，我再次考察了亚平宁山脉中军事分界线"绿线"（Green Line）的施工进度。我发现这些阵地都得到了增强，并连成一片。

对于亚平宁阵地的防御能力，我的总体印象是感觉能够阻挡住敌人发动的有条不紊的连续进攻。敌人的军队会受到猛烈打击从而损失惨重，再继续进攻下去也不会有多大的成功希望。

因此，我的发号施令，都是考虑到在这片横跨整个亚平宁山脉的区域里，我能够延长阻滞战术的行动时间，尽可能坚守住阿诺河，从而可以绕过佛罗伦萨，我希望能让这座城市避免战火。我还希望精简部队，让各师进行重组，配备新的武器装备，训练新的部队，目的是在军事分界线上部署一支卫戍部队，以防备突然袭击。

从 6 月中旬至 7 月中旬，在特拉西梅诺湖的战斗符合我的战术要求。不过，在锡耶纳（Siena）至佛罗伦萨的公路以东，德军中最优秀的摩托化师就像一串珍珠一样分散排列着，但他们仍通过一些零星的战斗，成功阻止了美国第 6 军的推进。美国第 4 军把这些精锐的德国军队牢牢牵制在毫无价值的侧翼上，为盟军部队在锡耶纳和佛罗伦萨之间成功发起猛攻创造了极大的便利条件。

7 月 20 日事件与意大利战局

7 月 20 日晚，我在我的总部接到了戈林打来的电话。到此刻为止，

我对这个阴谋 ① 还一无所知。格德勒（Goerdeler）曾于 1942 年试图接近我，但没有成功，因为当时联系不上我。无论是在前线还是在后方，部队里都没有骚动。除了几位后来需要我保护的军官以外，陆军、海军、空军和党卫军中的其他人都对这个消息完全感到意外，对此我由衷地感到高兴。

在意大利，我从来没有遇到过需要讨论政治的参谋人员或部队。战事太过激烈，士兵们非常清楚自己军人誓言背后的义务，而且希特勒的人格魅力无处不在，但他的犯罪行为却鲜为人知，所以阴谋才无法得逞。但我会猜测，如果阴谋得逞，意大利会发生什么事情，而且我认为这种猜测事关历史进程。如果我可以用概括的话来说明，我曾指挥过"共和主义"的陆军、"帝国主义"的海军和"民族社会主义"的德国空军。这些形容词揭示了这些军种在思想上明显是不统一的。但在很大程度上，他们狂热拥护希特勒，如果有人宣布了希特勒的死讯并呼吁各军种效忠，反而可能激起最尖锐的对抗，成为一场反对叛徒当权的兵变，并且很可能还会发生流血冲突。在 1939 年，尽管有军人誓言，但军队中仍有一种反希特勒主义的思潮，但到了 1944 年，情况自然已经不同了。那些通过"希特勒青年运动"（Hitler Youth Movement）而狂热献身于希特勒的年轻阶层，已经被吸收到各个军种中，于是各支部队自身的性质也就随之发生了变化。随着这些年轻人在每个部队中所占比例越来越大，他们也会偶尔对最高统帅部的行动表达一些无关痛痒的不满。他们对希特勒的拥护是真诚的，他们向元首发誓，愿意为他献出自己的

---

① 即刺杀希特勒事件。——译者注

生命。即使有个别将军和知识分子是被希特勒的免职威胁而说服的，不管他们是富有远见还是心怀不满，但推翻希特勒仍需要更深入的心理准备，而且负责领导的人员也不确定能否赢得盟军的同情。卡萨布兰卡会议就是一个警示。①

从那时起，我们整个民族就陷入了多年的苦恼，关于阴谋者和拒绝参加者孰荣孰辱的激烈辩论从未停止过。不管是不是叛徒，我对那些阴谋者都怀有崇高的敬意，这些人我很少有认识的，或者很少听说过，但我并不怀疑他们最高尚的动机。

1944 年 8 月

虽然集团军群对于阻滞策略的成功实施非常满意，即使是在佛罗伦萨和亚得里亚海这些异常艰难的地域在 8 月中旬前也是如此，但是我们为亚平宁战役努力保存实力的计划却不幸落了空，只有少数情况下的部队调动才是符合这一要求的。

我认为，盟军在法国北部和南部进行了两次登陆行动，现在整个战争的命运皆系于此，我的军队不可避免地要从当前这个次要战场撤出去。最近东西两大战线的局势都在恶化，我们自己的南线也处于紧张状态，这意味着指挥官自己需要有充分的自信，才能激励部队勇敢坚持到底。在这种危急的情况下，我们的计划却因为上层不断命令我们轮换部队而无法落实，这留给部队的印象是我们只是在敷衍了事。

---

① 1943 年 1 月的卡萨布兰卡会议提出要轴心国无条件投降的宣言。——译者注

在集团军群总部，我们非常重视协调与西部战区司令部沟通意见，以防盟军在热那亚湾（Gulf of Genoa）登陆。我曾要求德国国防军最高统帅部为这两个战区的接合部确定一个共同的战略，但他们迟迟没有发布指示。格拉齐亚尼和我本人确实知道沿海防御工事的情况，也知道在法国南部的第 19 集团军的情况，但是对于盟军在登陆后打算怎么办，我们却一无所知。对付登陆我已经算是个老手了，由此非常怀疑第 19 集团军的实力能否抵抗得住。海岸防卫措施不足，部队没有大规模战斗的经验，更不用说敌人还拥有空中优势。很明显，如果敌人成功登陆，第 19 集团军将会被推到阿尔卑斯前线，这时就必须由 C 集团军群来接手。我认为敌人不会对阿尔卑斯山脉发动大规模攻势，因为会与在法国南部登陆行动的战略理念相冲突，但是我有充足的理由相信，这样做有利于敌人保护他们的意大利侧翼，因此有可能在此地发动进攻。

这个想法后来被证明是正确的。但是，德国国防军最高统帅部也许过于乐观地估计了形势，即使在登陆开始的时候，他们仍然没有发出任何指示，而且第 19 集团军的联系也被切断了，我只好千方百计地与它的侧翼部队以及散乱在山里的第 157 山地师取得联系。海岸上的第 48 步兵师已经到达，并开始归格拉齐亚尼的集团军群管辖，但是侦察部队只能抵达第 157 山地师的一些下属单位。阿尔卑斯山或多或少算是一个边防阵地，我认为盟军对这里的占领决定了后来意大利西北部战事的走向。通过占领这个主要阵地，盟军将能够集结起强大的部队，一举突破意大利的北部平原，这将意味着他们可以与都灵（Turin）—米兰（Milan）地区的游击队建立起联系，并将我们在利古里亚（Liguria）海岸的阵地分散开来，从长远来看，这反过来将可能导致我们不得不调离波河平原（Po plain）。这个攻势何时发起并不重要。我们阿尔卑斯山的峰顶阵地，在冬季开始之前必须保持完整，再往后就要看气候是不是足够严寒了。

出于这些考虑，我不得不派遣第90装甲掷弹兵师去挽回阿尔卑斯山上的局势，并救出第157山地师的最后残余人员。即使我提议只派掷弹兵师去执行短时间任务，并尽快派遣一支阿尔卑斯山地部队来轮换他们，但我还是暂时动用了我的后备部队。

从理论上讲，自8月初以来，这支部队一直在准备迎战在亚平宁前线重新集结的盟军部队。然而毫无疑问，在这个月中旬以后，英国第8集团军正准备对亚得里亚海发动决定性的包抄进攻。虽然我们不知道他们如何和何时发起进攻，但我们必须尽一切努力备战来击退他们。我还解释了要怎么做才能组建起后备部队，但是由于德国国防军最高统帅部一再干预，后备队的计划还是像春天阳光下的雪花一样消散无踪了。

8月25日晚，当第71步兵师正在换防和撤离前线时，英军发起了猛烈的攻击，并取得了巨大的成功。第26装甲师很晚才到达，结果开局不利，影响了整个防线。8月30日夜间，我们不得不放弃军事分界线上的第一条防线，而且在其背后的整个亚得里亚海防区内都没有同等的阵地部署了。

为了向亚得里亚海防线部署新的部队，我们从西阿尔卑斯山沿热那亚湾跨越整个亚平宁山脉已经进行了长时间的部队重组。由于距离遥远，加上敌人拥有空中优势以及参谋人员的惰性，另外还要充分留意敌人的行踪，这些因素都耽搁了部队的行动。但是在9月初，西阿尔卑斯山和利古里亚海的防线基本安全了，而在远离军事分界线的佛罗伦萨北部地区，受威胁最大的第 14 集团军左翼也开始得到增援。第 10 集团军的左翼部队驻扎在亚得里亚海岸，几支具有丰富战斗经验的师也及时对他们进行了增援。有了这些部队，我希望能够阻止盟军前进的脚步。这一希望没有落空，经过 9 月 17 日、21 日和 29 日的战斗，里米尼（Rimini）前线终于平静下来。

盟军经过几个星期的休整，于 9 月初发起攻势，对第 10 集团军和第 14 集团军的接合部进行攻击，我们按照计划退守到军事分界线。攻势进一步扩大，并在 9 月中旬达到高潮，幸运的是，攻势在里米尼开始明显衰弱下去，一场大战没有打响。从那时起，我认为第 76 装甲军要绝对避免与敌人进行接触，命令他们进行规避，但到了 9 月底的最后 10 天，我下令部队全力抵抗，希望这样可以遏止敌人的攻势，帮助集团军群获得足够的回旋余地，进而稳固住博洛尼亚（Bologna）的局势。

尽管如此，敌人还是非常精准地找到了第 10 集团军和第 14 集团军之间的薄弱环节，并抓住了德军的这个弱点。在这几周内，出于地形和战术上的原因，集团军群不断调节两军之间的衔接线。从 10 月中旬起，博洛尼亚南部的局势吸引了人们极强的关注。如果在博洛尼亚和亚得里亚海之间的波河平原上失去一两个阵地，可能无关大局，但如果失去了博洛尼亚南部的前线，那么我们在博洛尼亚东部的波河平原上会随之失去所有阵地，到了这个时候就必须尽快撤离才能挽救那里的部队和物资。因此，我们最强大的师都必须部署在亚平宁防线上的这一部分。

10 月 23 日，我从凌晨 5 点至晚上 7 点视察了第 10 集团军总部和前线几乎所有的师，然后遇到了严重的意外。我的感觉是，危机已经过去，德军的精锐部队并肩作战，能击败任何敌人，并且在 10 月 25 日一

26 日的战斗中证明了这一点。我的参谋长常说，亚平宁山脉北部山嘴
能够完全守住，真是一个奇迹。战斗持续了 8 个星期，其中 4～6 个星
期都是在不利于进攻的地形上进行的大规模战斗。在意大利北部地区，
整个秋季的天气都是变化无常的。我们在这场战斗中付出了高昂的代
价，物资严重短缺而且有时难以补充，但我们的抵抗在大多数情况下都
十分顽强。敌人向精锐的德军发起进攻，只会取得事倍功半的效果。与
前几周相比，进入 10 月之后，敌军的战果逐渐减少，损失却越来越大。
尽管他们有我们梦寐以求的高技术武器和英勇无比的战士，但他们对速
战速决的信念正在减弱，疲惫的感觉随之明显，而进攻的力量却越发无
力了。

可以说，亚平宁战役在德国军事史上留下了光辉的一页。

亚平宁战役后的意大利北方

盟军计划于 1945 年春季在整个亚平宁山脉深处发起决定性攻势，
我想一举击溃他们的愿望已经落空了，但盟军也没有达成他们的远景目
标。[①] 然而，时间对他们来说比对我们更有利。在过去 6 个月不间断的
战斗中，我们吸取了什么教训，又从中得出了什么结论呢？

猛烈的进攻，大量的人力物力投入，这些显示了意大利战区对于
盟军的重要地位，这并没有随着盟军登陆法国南部而有所衰落。在那里
损失的部队已经被外国师（巴西师、意大利师）所取代，空军的近距离

---

① 1944 年 7 月 2 日，威尔逊（Wilson）将军下令越过亚平宁山脉向波河推进，后续计划
越过波河到达威尼斯—帕多瓦（Padua）—维罗纳（Verona）防线。——原注

支援行动在经过短暂放松之后很快又恢复到以前的强度，不过他们的海军活动呈现出一种奇怪的不稳定状态。与此同时，游击战随着其人数不断增加而愈演愈烈。

盟国的战略计划进行了重要的改变。的确，他们在最初计划的执行方面失败了，显然是忽视了借助于海军和空军来包抄或摧毁我们在亚平宁半岛的部队。我们仍然经常在狭窄战线上使用坦克，作战本身也变得更加紧凑，但每支军队的任务都根据其手段进行了调整，前线的宽度和纵深也随着主攻任务进行了大规模拓展。

之前的地中海部队进一步提高了他们的战斗力和战术运用。对步兵的支援由炮兵和坦克现在又增加了空中侦察、空中火炮引导和空中近距支援，迄今已具有一定的协同作战能力。高技术手段已经实现了长足的发展，并得到了很好的运用。另外，规模较小的部队指挥官，他们在主观能动性方面没有特别的进步，也没有接入高效率的通信网络，无法通过各种各样的仪器进行无线通信，这种现象不仅对部队没有帮助，反而带来了障碍。对我们有利的是，敌人依然延续着尊重部队习惯权利的做法，不论当地局势如何，都会在一段时间之后组织轮换。他们的部队的确急需休息，他们的接替者也需要适应环境和进行训练。另外，对他们来说，重要的是缩短德国军队的休整时间，骚扰我们的休养生息，防止我们积累大量的弹药和燃料。

经过在亚得里亚海和博洛尼亚的战役，局势的发展让人有理由认为，盟军即将对德军主力部队实施钳形攻势。波河的前面障碍重重，此时河上的桥梁将具有十分重要的意义，因此可以肯定，盟军空军会尽一切可能来摧毁我们的交通线，这可能对我们的后勤补给以及 1945 年的春季行动产生致命的影响。

要使我们在亚平宁半岛东西两侧的行动协调一致非常困难，因为两边的情况完全不同。整个西侧与东侧并不同步，东侧必然是主要进攻的战场，而呈矩形形状的西部则存在着许多潜在的困难。在热那亚前线撤退速度过慢可能意味着在那里的作战部队会被歼灭。此外，适合山地作战的部队结果在道路网络良好的平原上吃了败仗，而这里离提契诺河防线（Tessin Line）又过于遥远。在整个意大利西北部地区，游击队十分猖獗，导致撤退行动受到了双重威胁。与此同时，虽然整个西侧的战略价值非常小，但是军备工业却有着压倒一切的优先地位，绝对不存在任何立即撤离的问题。在冬天的几个月里，我们确实没有理由认为意大利西北部地区会受到任何来自海洋或西阿尔卑斯山的威胁，但是针对工厂和交通线，特别是对桥梁的空袭，都在预料之中。但是，德意联军在这一地区的兵力非常薄弱，大约只有 4 个师，肯定不能留在孤立无援的前哨阵地上。与之相反，我们需要他们，尤其是其中的德国师，来保卫提契诺河防线，后来又变成阿尔卑斯防线。如果没有这些师，第 14 集团军的右翼将会面临威胁。然而，如果要保护好这一侧，就必须从第 14 集团军和第 10 集团军中撤出一部分部队，但这会让两军元气大伤，导致无法守住自己的防线。因此，必须计划好行动方案，考虑到所有这些不同的问题，一收到行动代号为"秋雾（Autumn Fog）"的通知就立即开始执行。这时就只剩下了一个困难：在心理上做好准备。

意大利前线的东部，尤其是在伊松佐河（Isonzo）以东，与可能进攻的地区没有建立起内部联系。如果 E 集团军群〔指挥官：勒尔（Loehr）〕的右翼部队撤退离开南斯拉夫，把 C 集团军群的战区暴露给铁托（Tito）或苏联部队，戈里齐亚（Gorizia）以东地区的重要性可能就会上升。在这种情况下，就有必要在东部建立一条防线来保护这一侧，但如果 E 集团军群不能为此提供兵力，那就没有其他可用的部队来。即使 C 集团军群撤回左翼部队，或被迫向菲拉赫（Villach）方向撤退，现实局势也可能迫使它同时在两条战线上战斗，这将使它的部队不堪重负。E 集团军群在巴尔干半岛独力支撑着局势，与铁托的游击队打得你死我活，后来苏联人又加入了战局。从 1943 年开始，西南战区司令部一直小心翼翼地保护着的里雅斯特（Trieste）、伊斯特里亚（Istria）和阜姆（Fiume，今里耶卡），避免盟军从海上登陆这些地方，从而有意忽略了敌人可能从东部和南部进攻南斯拉夫和意大利的可能。1944 年秋，苏军对南斯拉夫的威胁开始明显加剧，我提议在卢布尔雅那（Ljubljana）附近进行侦察，选择一片易守难攻的地形构建阵地，尽管当地有相当多的游击活动，但阵地的建设还是开始了。

与此同时，我军还迫切需要在其南部地区建立一套简易的指挥系统。如果能在南部地区建立起一个通用的综合型指挥部，重点负责监管集团军群的内部接合部，那么我不反对把亚得里亚海以东区域全部移交给 E 集团军群。否则，尽管现有安排存在诸多不利因素，但也不得不继续实施下去。

这些考虑都是基于 C 集团军群的计划。第 10 集团军和 14 集团军将边打边退，如果有必要的话，会先退到波河，然后撤到阿尔卑斯防线。

我相信这些战术会得到德国国防军最高统帅部和希特勒的同意，否则，在波河南北建设阵地就成了浪费时间，尽管建设阵地在整个夏天中都取得了巨大成功。

在过去的几年里，德国军队取得了辉煌的战绩。优良的传统和战斗的经验弥补了许多不足，现在许多指挥官和初级军官需要得到训练，希望他们能在这个冬季中得到提高。我们的主要障碍仍然是缺乏空中行动和空中支援。即使装备了高射炮、探照灯和其他手段，也无法解决这个问题。随着该区域不断缩小和瓶颈地区（如布伦纳山口）变得越发不稳定，我们的交通线也注定面临更多的威胁。而其他的问题，如能否填补武器、弹药，尤其是燃料供应方面的缺口，仍然悬而未决。

想把自己或部队所面临的挑战减少到最低，这无疑是徒劳的。但是，如果仅仅因为害怕最坏的结果，就让自己屈从于困难，那当然也是错误的。主要的问题在于，由于我们未能守住亚平宁山脉，现在是否应该向波河后方撤退，还是在盟军进攻之前先不撤退，或者不做选择，就在我们现在所处的阵地上进行决战？

1944年深秋，即使有强大的后方部队掩护，我也决定不立即撤离。在敌人的空中侦察和情报刺探下，我们的规避行动难以长久地秘密进行。尽管盟军面临着地形和天气方面的困难，但他们本也可以在我们之后就继续推进，并在初春时准备完毕，对波河防线发动一场大规模进攻。我们本来也应该把他们引入一个不利于开展行动的大范围地域，这对我们的战略规划来说也是头等重要的，并且纯粹从战术上讲，也会对空战实施和经济问题产生影响。这种观点也阻止了我启动"秋雾行动"。

同样，我拒绝接受坚守现有防线的命令，因为这样做无异于把意大利战区的未来押在一张毫无希望的牌上。由于我们在防御兵力上的差距不容忽视，因此我们将继续实施某种"阻滞战略"。我之所以说"某种"，是因为环境决定了这场战斗的性质是应该倾向于防御还是撤退。如果集团军群决定采用这种办法，那么问题就是如何尽可能节省地度过这个冬天。整个前线的"命门"是在博洛尼亚以南的防线。如果敌人进攻并突破我们的防线，或者在其他任何地方构建他们自己的阵地，那也只是局部的事情。但是，虽然博洛尼亚以东的地形易守难攻，但是南部的地形正好相反，非常适合从亚平宁山脉发起攻击。如果在这里遭遇严重的失败，可能会过早地对整个战线产生不利的影响，特别是对第 10集团军的左翼。由于我决定绕过博洛尼亚，避免其受战火影响，局势将变得更加困难。

德国国防军最高统帅部和希特勒的态度是如何呢？

希特勒在 10 月拒绝了"秋雾行动"的计划，对此我并不感到意外。实际上，我对此是有预料的，我只是首先提出了一个建议，就像试验气球一样，提前把局势的发展和可能的后果通知德国国防军最高统帅部。我深信，要立即开始这个行动是非常困难的，必须仔细、冷静地考虑，并把确切的时间安排书面列出来。因此，我并不把 10 月的否定当作对我提议的断然拒绝，我相信，如果情况变得危急，我有能力使计划重新得以通过。我不管那些批评者，仍然坚持认为，从加利格里阿诺河到亚平宁山脉，连续 6 个月的战斗不仅是为了一码一码地争夺地盘，我总能成功地说服希特勒同意我的建议，并能将我的军队从最困难的战局中撤离出来，不至于全军覆没。因此，我非常乐观，相信在最终决战的时刻能够落实这个计划。

在冬季的几个月里，德国国防军最高统帅部没有过多地干涉我的行动，约德尔给予我很大的帮助。在当前情况下，他也赞同我对局势的处理方式，并能说服希特勒同样做好心理准备，以应对一些不可避免的情况。不过，这并没有让我免去偶尔得到的批评。尽管如此，希特勒知道，如果我清楚地认清命令的必要性，我会竭尽全力地去执行。但他也知道，如果我经过充分的实地调查后做出了另一项决定，那么再强硬的命令也不会束缚住我的手脚。我不止一次地表现出我的独立性。当希特勒给我的任务与我所掌握的手段逐渐变得不相容时，他也不得不同意我的想法。尽管德国国防军最高统帅部很想做些事情来保障意大利战区，但鉴于德国在东西两条主要前线上都承受着巨大的压力，C 集团军群非常怀疑这些意图能否实现，于是制订了广泛的自救措施，只是效果难以预料。

在秋冬两季，德国国防军最高统帅部下令 7 个师进行换防。这也充分说明了其他战线上的局势如何。

关于这一点，我需要再重复一下，在盟军登陆之后，我认为削弱意大利前线的兵力是正确的做法，我甚至提出可以交出比实际命令更多的师。但是我认为，不顾兵力的消耗和后勤的困难，依旧坚持过去的战略计划是错误的。1945 年 3 月 10 日，我最后一次向希特勒重申了这一点。

1944 年冬至 1945 年初

10 月 23 日，经过一夜短暂的休息，我于凌晨 5 时从部队右翼出发，驱车从一个师开往另一个师。我在所有地方都很受欢迎，既能提出建议，又会加油鼓劲，有时还能分配后备队，加强实力。我的感觉是，危

机已经过去，我们能够控制住亚平宁山脉的北坡。我一整天都在被英国
飞机袭扰。下午晚些时候，我正从博洛尼亚沿着大路驶往弗利，准备去
视察最后两个师。当我的车经过一列纵队时，与从岔路出来的一门长管
火炮相撞，这是我最糟糕的经历，头部得了严重的脑震荡，左太阳穴上
也被撞出一个严重的伤口。

　　我出事后不久，就有消息说，元帅干得不错，但那门炮不得不报
废了。不管怎样，我还是被迁回送到了费拉拉（Ferrara），一直昏迷到
第二天上午。在此期间，伯克尔·坎普（Bürkle de la Camp）教授和托
恩尼斯（Toennis）教授这两位专家被专门叫到我的床边诊治。我在住
院期间一直是由我的军医尼森（Niesen）上尉陪伴，他在给我注射后严
厉地说："别乱动你的头。这是命令！"

　　这肯定给我留下了深刻的印象，因为事实上我连手指都没有放在
头上过。

　　第二天，红十字会主席冯·奥特森夫人（Frau von Oertzen）来看望
我。我的脸被搞得一团糟，我对自己的毁容都有些神经敏感了。当她进
入房间后，我终于找到了宣泄口。

　　"你知道什么是真正的善良吗？"我问她，她没有回答。我接着
说："就是像你这样看着我的时候能忍住不走。"

　　希特勒和德国国防军最高统帅部非常担心我就此死掉，于是伯克
尔·坎普教授不得不一连几天每天都给总部发一份报告。后来我被绑在
一架"白鹳"式侦察机上，由我的工程师鲍姆勒（Bäumler）少校从费
拉拉安全地送到里瓦（Riva），又从里瓦飞到梅拉诺（Merano）。

　　1945 年 1 月 15 日，在家里休养了两周后，我到巴德伊舍（Bad

Ischl）的脑科医院做了一次全面检查，然后就回到我在雷科阿罗（Recoaro）的参谋总部。此时我已经离开这里将近 3 个月了。

我一回来就发现，正如我所预料的那样，盟军不断攻击我们的战线，虽然取得了一些局部的胜利，但没有任何决定性的作用，不过这削弱了我们军队的耐性。尽管如此，官兵们的士气还很高昂，比我想象的要好得多。即使在私下里，也没有听说有人投降认输。大家都知道必须要坚持下去。我对部队的实力感到满意，但是其中一些部队的训练状况让我有些担心。

更关键的还是武器、弹药和燃料的问题，而最糟糕的则是我们在空中的困境。

决战的舞台正在搭建。无论我们现在的防御措施是采取阻滞行动还是撤退，在各个地区和阵地至少都有人员保障，时刻处于战备状态，不会出现意外突袭的情况。在波河以南并不适合决战。此时，各师向其他前线的转移仍在继续，必要的后勤补给很少能充分得到保障。尽管如此，起初还是无法说服希特勒重新调整他的命令以适应形势的变化。但是几周过去了，我的计划还没有被否决，我相信到了关键时刻，我能像以前一样采取必要手段稳定住局势。

不幸的是，在建立统一指挥部的问题上，希特勒也拿不定主意。这个问题被德国国防军最高统帅部不断地研究，先是通过了一项初步的决定，但又毫无理由地没有得到任何落实。我几乎怀疑是不是希特勒不敢把强大的兵力集中到一个遥远的战区，交到一个人的手里。

3 月 9 日，我被召唤到希特勒那里，他任命我从 3 月 10 日起担任西方战区总司令。此后，到了 4 月底，我又和 C 集团军群见面了，这次意大利前线也和其他前线一样被纳入我的指挥范围之内。

意大利战役的简要总结

在几年之后，任何对意大利战役重新做出的评估，都必须确定我们在意大利的纵深防线中坚守了两年，从军事角度看是否算是成功的防御，以及所遵循的战略方针是否取得了最佳的效果。

在下文的分析中，我将忽略所有的政治考虑。我已在其他场合明确表示，意大利选择参战的时机并不合适，既不顺应局势的要求也不符合德国的预期，相反，德国最期待的反而是意大利持中立立场。战区的过度扩张带来了极大的不利影响，主要包括对我们的战争潜力施加了过度的压力以及使后勤保障和战略方针变得更加复杂。然而，如果我们的研究只限于军事领域，我们就必须思考一个问题的答案，即尽早交出整个或部分意大利是否会是一个更好的军事方案。

撤出整个意大利，利用阿尔卑斯阵地保卫帝国，其实并不能有效发挥我们的战斗力，反而会使敌人在法国和巴尔干半岛方向上获得充分的行动自由。这就意味着我们失去了一个不可或缺的纵深战区，并将空战战场引到了整个德国南部和奥地利境内。

同样地，如果撤离意大利南部和中部，只占领亚平宁山脉和阿尔卑斯山脉，也不会带来任何人员和物资方面的节省，也不会显著降低盟军从海上和空中登陆的危险，甚至不能避免如上文所述的空战战场向北延伸的问题。

无论是全部撤离还是局部撤离，后勤保障的危险都会增加。

　　早在 1942—1943 年，我们就应该做好准备，在有机会获得胜利的情况下撤军，但当时由于政治原因是不可能的。

　　由此得出的结论是，为意大利而战不仅是正确的，而且是势在必行的。问题是，这只是做了对自己战区有利的事情，而不顾总体战略计划。当然，如果不管在政治上能否获益，目标只是早日结束战争，然后就盲目地认为地中海战争完全没有必要，这种观点恕我不能同意。

第二十一章

意大利游击战

- - - - - - - - - - - - - - ▶ ◦ - - - - - - - - - - - - - - ◦

首个抵抗组织；1944 年 6 月之后，游击战全面爆发；游击战的胜利；组建"游击战临时参谋部"；相关国际法内容；滥用职权。

游击战的发展

最初抵抗德国武装部队的只是一些零星部队，后来在巴多利奥政府（1943 年 7 月 25 日—9 月 8 日）的领导下，这些迹象开始逐渐变得明显起来。他们一定是把伯爵蒙特泽莫洛上校看作一种令人感动的精神。由于伯爵是巴多利奥的副手，由此可以肯定地说，这场运动是在意大利政府完全同意的情况下发起的，而当时意大利还宣布打算站在德国一边继续战斗。

在意大利倒戈之后，间谍和破坏分子的网络急剧扩大，他们向越狱的盟军战俘提供了广泛援助和其他物资，而这些战俘就加入了之前已进入山区的意大利部队，帮助他们组建了第一批游击队。这些意大利部队纵容流氓无赖去迫害正派的意大利人。在 1943 年的秋冬两季，一些分散的、不特别危险的游击队出现在第 10 集团军的后方，这些游击队大多是由盟军战俘所组成的，他们通常是想通过战斗穿越前线。1944年 4 月，游击队第一次在亚平宁山脉两侧给我们造成了麻烦，主要活跃于佛罗伦萨地区。他们的存在已经危及到我们的补给线，因此需要采取军事反制措施。

1944 年 6 月罗马陷落后，他们变得更加激进，实施的行动比我想象的要厉害得多，称得上是全面游击战争的起始之日。他们在前线和亚平宁山脉之间的地区变得尤为活跃，据估计，在这一时期，他们的人数从几千人大幅增长至 10 万人左右。这一增长可以归因于巴多利奥和亚历山大的广播煽动，以及他们预计德国军队将在意大利全军覆没。

经过几次零星战斗，游击队损失巨大，于 1944 年冬天暂时偃旗息鼓。签订停火协议、前线战斗中止、大赦罪犯以及冬季的严寒天气，都是局面趋于平静的原因。他们的人数也下降至数万人。

但德军指挥部对这一切并不抱有幻想。事实上，当山上的冰雪开始融化时，他们的人数又会比以往任何时候都要多，巅峰时期甚至达到了 20 万～30 万人，这个时期是在 1945 年 3 月—4 月。

更有战斗力也更加残酷无情的游击队有这么几支，分别是在伊斯特里亚地区的地方游击队，他们主要受到巴尔干半岛的援助；在伦巴第东北部的游击队，核心活动区域是在戈里齐亚附近；在北部阿尔卑斯山区的游击队，等等。除了袭扰我们的部队外，这些游击队的主要目的是破坏和阻止我们的补给物资经由菲拉赫进入意大利以及从西部和北部进入南斯拉夫。在阜姆—的里雅斯特—戈里齐亚防线以东的山区里，当地民众对他们持同情态度。

这些游击队一般都是地方上的散兵游勇，但随着意大利战争不断变化，也开始出现有组织的行动。

游击队的组织结构

根据《海牙陆战公约》（*Hague Convention on Land Warfare*）第1条，早期游击队的组织特点主要是缺乏负责的领导人员。后来随着一些领导者逐渐为人所知，这一方面也得到了改善。

经过几个月的战斗，德国指挥部越来越清楚地认识到下列事实：

游击战中最高领导位于盟军总部，因此我们认为他们成立了一个依靠意军和盟军的联合控制中心，他们的主体是情报人员，不过也日益受到行动部门的监管。袭扰队和侦察队往往由犯罪分子所组成，通过盟军的联络军官与总指挥部联系，他们并不会自主行动。

所谓的旅级组织早在1944年4月就已经存在了，但那只是在名义上而非实际中。1944年秋季以后，在游击队活动猖獗的地区，例如在亚历山德里亚（Alessandria）地区，有可能出现了一个更有纪律性的组织和领导机构。在那些以退役士兵为核心的游击队中，这些部队来自战争前线，然而，它们的活动范围和战斗力却都偏低，补给在开始时主要从当地强制征收，有时也通过空投或潜艇近岸运输的方式获得一部分物资和人员的补充。

基本上，游击队组织呈现出以下特点：

第一类，受过专业训练的"侦察部队"，一般以小队形式出现。他们通过宣誓彼此约束，都是英勇的战士，时刻冒着生命危险。除非他们违反了国际法，否则在法庭上难以对他们进行指控。袭扰部队也属于这个类别，不过他们逐渐违反了人道主义法律，并且在其中聚集了相当多的犯罪分子。

第二类，流氓。他们不分时间，到处抢劫、谋杀和掠夺，是国家的一害。

第三类，游击队主体组织。这一类组织，随着时间的推移，越来越具有军队性质，他们认为所有的德国人和法西斯人员都是敌人，并根据当地居民的倾向性态度而获得或多或少的支持。在游击队活动的地区中，都有他们占据的村庄，甚至每个男人、女人和孩子都以某种方式与他们有所联系，有的担任战斗人员，有的则作为帮手或支持者。这些人的行为究竟是出于自发还是迫于压力，都没有什么区别。当一颗子弹杀死一名德国士兵时，我们是不可能对动机加以区别对待的。同时，也存在一些地区只是受到了"游击队的威胁"，甚至是"完全没有游击队"。

总体来说，游击队就像是一个盟军、意军、巴尔干部队、德国逃兵和当地平民的大杂烩，汇集了不同性别、职业、年龄、道德观的人，结果爱国主义往往只构成了他们宣泄低级本能的外衣。

游击队的手段

这场游击战完全违反了国际法，也违背了军人单纯为了军事而作战的各种原则。

主要的责任必须归咎于他们缺乏领导者，即使有领导者也是充满各种缺点，这导致他们不可能建立统一的组织并进行训练。相反，南方人的性格容易失控，一旦"爱国使命"与丑恶本能相结合，最后一点遮羞布也就因此被扯掉了。他们三五成群，狼奔豕突，肆无忌惮，在崇山峻岭，在波河河谷，在森林或者道路中，他们借着黑暗或浓雾的掩护，到处干着邪恶的勾当，却从不光明正大地实施。这些游击队所做的包括破坏军事设施、仓库、铁路、公路、桥梁和电报线路以及频繁实施的反人类罪行。从伏击、绞刑、溺死、烧死、冻死、钉死，到各种酷刑，再到向井水投毒、虐待红十字会人员，等等，这些犯罪行径，每天都在发生。

游击队做起这些事来驾轻就熟，因为他们几乎从不佩戴徽章，武器也不露出来，有时会装扮成德国人或法西斯人员四处活动，从而摆脱了穿军装时要承担的义务，这同样是违背国际法的。

这种做法让我们非常愤怒。在游击队活动的地区，德国士兵忍不住会把每一个平民，不论男女，都看作狂热的刺客，或者感觉每一所房子都有可能伸出枪来射击。无论如何，每一个人或参与或纵容，催生出一个让人充满警惕的环境，其中的每一名德军士兵都面临着生命的危险。

只有在极少数例外的情况下，游击队才会进行公平的战斗。一旦他们偷偷地制造了麻烦，或者自卑的感觉使他们放弃了战斗，他们就会消失在平民中或者装作无辜的村间路人。

当他们进行战斗时，他们会完全不顾人类的尊严，特别是面对当地居民的时候。因此，他们往往会给非战斗人员带来大量的伤亡，更不用说对待法西斯人员了。

由于德国士兵在纵深区域内会分散作战，因此我们无法确切统计我们的人员损失，因为所有的人员消失都只会简单地列为"失踪"。在 1944 年 6 月—8 月，我的情报军官向我报告说，大约有 5000 人死亡，2.5 万～ 3 万人受伤或被绑架。我觉得这些数字有些过高。我根据口头报告进行估计，在这三个月里，这些数字的最低值可能是 5000 人死亡，7000 ～ 8000 人被杀或绑架，而最高值就是把受伤人数翻一番。无论如何，单德军一方的伤亡人数已大大超过了游击队的全部伤亡。

与游击队作战

根据轴心国和同盟国都签署过的《海牙公约》第 42 条，当游击战开始的时候，意大利必须被视为"被占领土"（occupied territory）。因此，游击战从一开始就超出了国际法的范围，不存在使《海牙公约》第 2 条生效的先决条件。

然而，游击战是由敌人发起的，敌人完全无视《海牙公约》第 1 条的定义。该条内容为德国指挥部采取一切由《海牙公约》条款或"战争习惯"所允许的反制措施提供了依据。

基于我对历史的阅读和对游击战的第一手了解，我认为游击战是一种落后的战争形式，其实施手段无穷无尽，迟早会与国际法中成文和不成文规则发生冲突，几乎可以精准地预测出，双方都会卷入最严重的罪行。

由于充分认识到这些情况，德国军队放弃了游击战法，唯一的例外是 1945 年 4 月宣布的"狼人计划（Werwolf）"，但这绝不是一个令人信服的反驳，因为这是党卫军及其纳粹党领导人的行为。在和平时期，德国军队没有接受过游击战法的训练或指导，因此我们没有准备好同意大利日益增长的威胁做斗争。需要我重点干预，才能使军队指挥官给予游击战与前线战斗同样的关注。

直到 1944 年 5 月，在前线以外地区打击游击队的行动都是由党卫军"全国领袖"旅专门负责的，他们的话在官方划定的"游击队区域"就是法律。然而我认为，与敌军战斗和与游击队战斗是一个不可分割的整体，党卫军强烈反对这一点，而德国国防军最高统帅部却接受了我的看法，结果从 1944 年 5 月开始，由我完全负责处理意大利战区内的游击队。在这一点上，"党卫军和宪兵最高领导人"从个人角度要隶属于我，必须执行我的指示，但是他可以在自己的职责范围内对游击队采取行动。这种安排在政治上带有假公济私的味道，在军事上也不能令人满意。但这是切实可行的，因为在"党卫军和宪兵最高领导人"总部，"游击战参谋"创立了一种有效的执行方式。

原则上，把对游击队采取行动的指挥权交给高级军官，不论他是属于军队、党卫军还是宪兵，他们具体的职责一点也不会受到影响。

在集团军群下令对游击队采取大规模行动中，各支编制固定或混合的部队在自主指挥下保持着待命状态。在这种情况下，绝对力量并不是决定性因素，更重要的是组建适应游击战的特遣队。

虽然刚开始的时候，我们对步兵部队的表现还感到满意，但随着冲突的扩大和加剧，部队开始不断要求增加大炮、迫击炮、坦克、火焰喷射器和其他武器。训练有素、装备精良的士兵们在当地组建成"突击特遣队"并接受训练，以便随时能在整个后方区域有组织地采取反制措施，同时也可以防御空降行动，还可以在敌人突破前线时，依托山路、村庄入口、防御工事等有利地形，作为后方防御的骨干力量。

因为游击队只在大后方很活跃，没有立即影响到前线部队，所以最高统帅部总是对游击战有所轻视。如果向后方撤退或驻扎在后方地区的排受到了攻击，相关报告往往传达得太慢，而前线的战斗每天都在加剧，因此几乎不会对游击战做出什么反应。正是因为这种冷漠和缺乏战斗经验，最重要的是，我们都确定这场非常规战争即将扩大，所以我下令采取一切可能的措施来遏止，至少限制它不再扩张。这些措施包括：宪兵监视，目标为抵抗力量的核心组织，后来又扩大到整个非法组织；政治安抚，联合梵蒂冈和意大利的教会首领、政治领袖、行政领导以及其他有影响力的人士一起实施；大众福利措施；特赦罪犯；免除兵役和劳役，免费前往德国；广播宣传；等等。我们还采取了其他一些停止敌对行动的努力，暂时、局部或在某些情况下取得了成功。

到了 1944 年 6 月，我已经很清楚，游击队将可能严重影响我军的撤退，因此为了查缺补漏，我命令部队在应对游击战时要采取与前线战斗一样的做法。迄今只在前线使用的武器，如坦克、大炮和火焰喷射器，现在只要有助于尽快消除威胁，将可以随时随地使用。只有调用最精锐的部队才能打赢这种战斗。

因此，我希望通过积极的行动和纪律严明的部队来防止游击战争退化为一种毫无纪律观念的肆意报复，我认为那样只会导致混乱。这场战争有其独特的一面，战术规则必须加以调整。在实施战场侦察之前，必须首先进行连续不断的"敌人侦察"。正规军不适合做这项工作，须有经过专门训练的安保部队和秘密警察来实施。任何行动要想出其不意并取得成功都离不开最严格的保密。找到游击队的一个藏身之处实际上并没有用，除非他们就地防守。对游击队区域进行封锁的做法逐渐成为一种套路，要么是从四面八方收紧包围圈，要么从一条固定的封锁线派出突击部队进行攻击。

对不确定性的危机感和对进攻的责任感，促使我们改进了应对伏击的防御方式。我们不再被动地等待被房子里的人射冷枪，而是主动向房子开枪以消灭潜在的狙击手，或持续射击直至敌人失去战斗力，这是确保子弹不会从背后射来的唯一方法。如果要避免严重的损失，那就要特别重视保护后方区域的补给线以及远距离安全疏散伤员。

面对这些游击队的残忍甚至非常不人道的行径，我曾在某个关键时期不得不下令大量使用武器，以减少我们部分士兵由于某种无动于衷的态度和不合时宜的心软而产生的巨大伤亡。除非有人本来就想自杀，否则在游击战争中，人们的一些自然感情会变得扭曲，而这本身就带来了潜在的凶险。

作为我的行动原则，我放弃使用轰炸机，这本来是最有效的手段，但因为在有人居住的地方，我无法承担给平民造成伤亡的责任。事实告诉我，我的这种考虑极少会收获感谢或回报。在将来，除非游击战被普遍禁止，否则这种顾虑将不得不被抛弃。

事实上，由于暴乱或游击战具有独特的性质，因此国际法允许采用某些手段，但前线士兵对此是感到陌生的。不幸的是，《海牙陆战公约》中的条款语焉不详，而"战争习惯"这个模糊的术语虽然在一定程度上可以用来表示这个意思，但并不准确。需要澄清的问题包括：人质和杀害人质；报复及其性质、范围和比例原则；集体措施及其先决条件；紧急法令和司法程序。

有一点必须说清楚，即国际法的含糊其词及其留下的漏洞导致了双方在争斗正酣时会不可避免地犯下错误并造成人员死亡，这违背了立法的精神。对国际法的解读存在不同版本，如大陆法系和英美法系等，一名负责任的指挥官在实践中不会按照自己国家的解释去做。上文所述的"报复"等许多行为，都属于"观点问题"，必须由负责任的指挥官对具体个案进行彻底调查后做出决定。

按照德国的规定，只有高级指挥官（包括师级）才有权下令进行报复，因为他们配备了专家顾问，基本能保证不会采取贸然行动。

然而事实是，当一个士兵刚刚遭遇到有人卑鄙地企图谋害他的性命时，他只会对此火冒三丈，这种反应当然与一个吹毛求疵的检察官或安然静坐的法官大不相同。

游击战的扩大与滥用职权

陆军情报部门从各个战场接收他们上报的每日报告，然后在地图上进行标注并建立索引，从中可以看出游击队的活动区域正在不断蔓延，其每天制造的事件数量也上升到五六起。破坏铁路、场站和仓库差不多算是局部或常规行动，但是游击队也会按照前线局势的变化而选择其他一些行为，这时他们进行突然袭击的地点和频率就变化多端了。

随着游击队组织的扩大，"游击队威胁"或"游击队占领"地区的数目也在成倍增加，但这些地区只有在与军队行动有直接关联的情况下，才会成为心腹大患。

自与游击队开战以来，德国军人就被指控犯有大量的暴行，不同的事件也曾上过法庭，但几乎总是以被告被判死刑告终。当然，随着这些判决的执行，我们也无法听到他们的遗言！

即使考虑到意大利人性格中固有的夸张和放肆，以及原来由共产党主导的势力所施加的压力，我们也必须承认，德国方面也做过令人憎恶的事情。但事实仍然是，只有在少数例外情况下才有令人信服的证据证明德国士兵有罪。在意大利发生的滥用职权行为或野蛮行径必定归咎到游击队、新法西斯组织和德国逃兵群体的头上，只有很小的一部分应由德国部队承担。同样很多事件可能也是因为那些掉队的士兵在自救时超出了必要的限度。

值得反思的是，通过官方渠道向我报告的此类违规行为非常少，大约只有3～5起，而由墨索里尼向我报告的针对平民的罪行，在我的坚持下，由德国人进行了调查，结果发现都是虚构的谎言或夸大其词。这在一定程度上是由于程序上存在差异造成的，这可以追溯到对《海牙公约》条款的不同解释，如报复的手段、范围和方法等。证据往往相互矛盾，以至于德国士兵被定罪的依据是假定德国方面证人的宣誓证词不可信，而认为对方用刑讯逼供方式提取的证词在公理上是可信的。

可能有人会反对这一观点，认为许多这类犯罪事件没有进行报告，而是被粉饰甚至掩盖。在战争中什么都有可能发生，这种情况或许在个案中也存在。但是，由于我已经建立了一个专门的报告和观察网络，不可能长期无视此类做法，我坚决反对这种一概而论的说法。我的工作还包括一些辅助证据，包括意大利当局和教会向德国部队和参谋人员提供的情报，我本人也经常突然视察德意两军的部队、总部和场站，更不用说我的"特别代表"哈特曼（Hartmann）将军采取的监督措施。此外，战地宪兵、秘密警察和野战步枪队也都保持着警惕。

我认为，在其他地方都没有采取过类似的预防措施来维持纪律和保护民众。在我的治下，一旦有道德败坏或腐败堕落等行为，违反了纪律或损害了我们的声誉、我们与轴心国盟友的友好关系，尤其损害当地人民的福祉，我就会进行严厉的干预。通过这种方法，我在很短的时间内就彻底扭转了第14集团军的混乱局面。

尽管如此，如果在战争期间或之后，暴乱分子被官方认定为爱国分子和英雄模范，甚至还得到《海牙公约》签署国家政府的承认，那么就意味着对公约的极度蔑视和对所有权利概念的破坏。

第三部分

无条件投降与审判

第二十二章

西线总司令

- ▶ ○- - - - - - - - - - - - - - - - - - - ○

1945 年 2 月 23 日，美军向鲁尔河发起攻势；莱茵河左岸
失守；3 月 7 日，美军在雷马根占领莱茵河上一座完整的桥；
3 月 10 日，凯塞林出任西线总司令；3 月，美军在雷马根建立
桥头堡；3 月 22 日，美军在奥彭海姆渡过莱茵河；3 月 23 日
英美联军在莱茵河下游地区发起攻势，在韦瑟尔渡过莱茵河；
3 月 28 日—29 日，曼海姆、威斯巴登和美因河畔法兰克福相
继陷落；4 月 1 日—18 日，B 集团军群在鲁尔被包围并投降；
4 月 4 日，卡塞尔陷落；4 月 11 日，维尔茨堡陷落；4 月 16 日—
20 日，纽伦堡战役；4 月 18 日，马格德堡陷落。

我的任命

1945 年 3 月 8 日，我奉命到希特勒处报到。当我问及原因时，却

无人告知。

次日中午时分，我到达柏林总部。凯特尔和约德尔通知我，我将在西线接替冯·伦德施泰特。当时我就指出，意大利战区还需要我，而我也没有完全康复，缺乏必要的行动能力来完成这项艰巨的任务，他们对于我的反对表示理解，但认为我的理由并不足以说服希特勒。

当天下午我与希特勒进行了会晤，刚开始是私下进行的，最终证实了凯特尔和约德尔的预言。在我详细叙述了整个情况之后，他告诉我，正是雷马根（Remagen）的陷落最终导致他决定更换西线的指挥权。他没有责备冯·伦德施泰特，他对实施这一替换的理由是，现在需要一个更年轻、更主动的指挥官，要有同西方列强作战的经验，并能得到前线部队的信任，只有这样才有可能扭转局势。他知道中途换人的全部困难。尽管我的身体有恙，也必须对此做出牺牲。他相信我能竭尽所能。

然后，他把局势全貌展示给我看，这里我只能概括一下：

东线：这里最具有决定意义，苏联前线的崩溃将意味着所有地方都会崩溃。不过，由于我们所有的防守力量都集中在东线，他对那里的结果也充满信心。他预计敌人的主攻方向是柏林。

他告诉我，舍尔纳（Schoerner）的中央集团军群最近在捷克斯洛伐克和西里西亚打得很漂亮。如果兵员加强和得到足够供给，他将击退任何正面之敌。固守在左侧的是布塞（Busse）和他的第9集团军。他预料敌人的主攻会发生在这里，所以给他们准备了最好的装备、物资和防御工事。

他关于舍尔纳中央集团军群的评价同样适用于右侧伦杜利克

（Rendulic）的南方集团军群。伦杜利克的左翼有可能会卷入决战，但他认为其右翼只会受到一些次要进攻。

第 9 集团军的前线部队装备精良。布塞有充足的步兵、装甲兵和反坦克部队，更不用说炮兵和强大的高射炮兵已在优秀的炮兵将领指挥下进行了纵深部署。构建了良好的阵地和各种各样的障碍，最重要的是在主要战场的前后方都有一道河流防线，同时柏林的环形防御工事和后备阵地也为后续撤退铺好了后路。

苏军永远也突破不了这条防线，他深信这条防线的强大防御能力，并与炮兵指挥官进行了详尽和充分的讨论，感到很满意。

然而，第 9 集团军左侧的海因里希（Heinrici）集团军群必须得到增援，不过他预测这里只会有次要进攻。

勒尔麾下的东南集团军群所起的作用不大，他根据以前的行动认为，其会继续与西南集团军群和冯·维廷霍夫协同作战，阻滞敌军的行动。并且他希望冯·维廷霍夫能够延续我的传统。同样，他也不担心库尔兰（Kurland）或挪威的局势。

西线：经过了几个月的艰苦战斗，美、英、法军队都遭受了惨重的损失。如果向苏联前线进行增援，那么替换下来的部队就可以源源不断地输送到西方的各个主要阵地。即使是他不能提供任何新的师，但持续进行人员和物资流动，也可以争取到时间来让西线疲惫不堪的部队得到休整。敌人也无法忽视我军据守的天然屏障。易受攻击的地方是雷马根，现在迫切要求扭转那里的局势，他相信是可以做到的。

战争到了这个阶段，唯一的问题是如何坚持到第 12 集团军的到来，如何坚持到新式战斗机和其他新型武器批量运用的时候。

　　他将之前的失败主要归咎于德国空军，但他现在亲自负责空军的技术研发，并确保空军取得成功。

　　海军总司令邓尼茨上将很快就会推出新型潜艇，并将大大缓解局势。

　　他对国内人民付出的超凡努力和忍耐力大加赞赏。

　　武器生产由装备部的绍尔（Saur）负责协调，他很信任这个人，深信他能满足各个集团军的主要需求。然而，部分生产还不得不照顾到一些正在组建的新部队，这都是德国国防军在这场战争中成立的最精锐的部队，他亲自为它们挑选一流的领导班子。因此，这又一次需要争分夺秒。

　　希特勒连续解释了几个小时，条理非常清晰，对细节的把握令人震惊。

　　之后，凯特尔、约德尔与我更详细地讨论了各个问题。他们对我的提问一一进行了解答，让我对局势有了更深入的把握，但并没有实质性的帮助。

　　我的任务很明确，就是坚守！让我更加担心是，当时我必须"匿名"指挥，因为我的名字还需要在意大利继续发挥作用。

当时的局势与初步的措施

　　1945 年 3 月 9 日晚，我驱车前往位于齐根贝格（Ziegenberg）的西线司令部。参谋长韦斯特法尔是我在意大利的老部下，他向我详细阐述了他了解到的情况。

前线形势的主要特点是敌人在地面和在空中都在兵力和物资上占有绝对优势。

我们只有 55 个减配的师，缺乏足够的补给，对面却是 85 个齐装满员的美、英、法师。我们步兵师的每日兵力调动从原来的 1.2 万人下降到平均 5000 人。另外，我们为数不多的装甲师的每天兵力调动大约在 1 万～1.1 万人。总而言之，这意味着前线上每千米最多只有 100 名战斗人员。他们无暇谈论后方的局势，不可能从前线撤出哪怕是很小的一支后备队，也没有足够兵力来驻守"西墙"（West Wall，即齐格菲防线）上的众多碉堡。伦德施泰特考虑到苏联前线的局势发展，向其调动了 10 个装甲师、6 个几乎完整的步兵师、10 个炮兵军、8 个烟雾发射旅和其他许多部队。东线许诺会进行补偿，但到目前为止也还没有补偿的迹象。韦斯特法尔告诉我，根据报告和他个人的观察，他相信部队当前的士气总体上仍然高涨。当然，士兵们非常疲惫，并担心他们在国内的家人，但他们仍在继续履行自己的职责。他们很清楚自己的任务有多么重要，要牢牢守住苏联前线的后方。他相信他说的是对的，西线的每一名士兵都知道，他们守护的是祖国的土地，要从苏联人手中拯救东部省份的人民。这一点，以及把无条件投降当作备选项的认识，共同维系着前线的稳定。

晚上，在与德国国防军最高统帅部的电话交谈中，我毫不掩饰地谈论了自己的印象。经过切身体会，我发现局势似乎比我想象的要严峻得多。因此，我告诉他们我的要求必须尽可能得到最大的满足。

3 月 10 日下午，我与指挥西线空军的指挥官施密特将军就空中局势进行了详尽的磋商。施密特告诉我，他的司令部并不隶属于西线司令部，不过并没有影响到我们之间的合作。然而，德国陆军与防空部队的利益需求有时是相互冲突的，帝国空军司令部的行动是由头脑灵活的施通普夫指挥的，因此没有一直公正地对待陆军的利益。有太多的事情要做，却没有那么多的方法。其他困难还包括盟军掌控着空中优势，德国空军地勤机构存在差距和不足，新型"斯特拉勒（Strahler）"飞机在技术和操纵方面都有问题，在莱茵河流域的春季天气变幻莫测，汽油和替补部队极度短缺，高射炮部队机动性不足同时人员训练也欠缺，等等。

我建议施密特要特别注意两点：合理地集结兵力，目前必须集结在雷马根地区；集中空军和海军的所有力量摧毁雷马根的大桥和所有浮桥。

3 月 11 日上午，我视察了 B 集团军群并出席会议，与会者包括 B 集群指挥官莫德尔（Model）元帅、第 15 集团军指挥官冯·灿根（von Zangen）上将及其下属指挥官。他们估计，2 个美国步兵师和 1 个配备火炮的装甲师部署在莱茵河对面，我们在那里没有相应的兵力可以集结起来对抗他们。最重要的是，我们的弱点就是在桥头堡附近的侧翼防线。弹药供应也开始出现短缺。除非加快人员物资的补充，否则摧毁桥头堡的希望渺茫。

前线后方的情况不太令人满意，所以我对局势一直心存忧虑。

当天下午晚些时候，我又去了莱茵河下游的 H 集团军群，在空降集团军总部与布拉斯科维茨（Blaskowitz）进行了磋商。从这次谈话中我了解到，该集团军群对自己相当有自信，只是还需要至少 8 ～ 10 天的时间来重整装备、构筑阵地、运送补给和进行休整。他们喜欢保卫莱茵河的任务。

在荷兰的行动是由布鲁门特里特（Blumentritt）指挥的第 25 集团军实施的，他们的实力不足，难以完成这个任务，而他最精锐的部队正在左翼开展行动，在那里，施勒姆的空降集团军最远已重新占领鲁尔（Ruhr），但将不得不在主要战场上承受对方的猛烈反击。在利珀（Lippe）和鲁尔之间接合部的兵力较弱，但还能坚持（不幸的是，后来证明这只是一种过于乐观的看法）。后备队也很强大。

我所看到的一切都给我留下了很好的印象。一想起空降集团军在莱茵河以西的卓越表现，我就满怀信心地期待前线右翼的战斗。

直到 3 月 13 日，我才得以视察位于莱茵—普法尔茨（Rhine Palatinate）的 G 集团军群并出席会议，其右侧是第 7 集团军，左侧是第 1 集团军。两支集团军都认为，现在局势很危险，但只要组建几支机动后备队，并非没有希望。第 7 集团军正忙于修筑摩泽尔防线，它的左翼部队则陷入了激烈的拉锯战。

到 3 月 13 日晚上，我对局势形成了一个肤浅的个人印象。不幸的是，时间紧迫，前线又太长，加上我受伤后仍然难以四处走动，导致我无法通过视察前线部队来收集第一手资料。这是一个遗憾，因为我本来能够对局势和部队状况形成一个更有说服力的结论，也许还能做出不同的决策。

在我看来，局势是这样的：

强大的敌军集结在雷马根地区，对面是驻扎在萨尔布吕肯（Saarbrücken）一侧的第 1 集团军。

有迹象表明，美国第 3 集团军正在强力集结，对面是我第 7 集团军的右翼部队和空降集团军。

盟军正在特里尔（Trier）以南对我第 1 集团军右翼发动连续的猛烈攻击。荷兰前线、莱茵河鲁尔段和莱茵河上游前线的敌人明显忽视了这一点。

盟军部队的集结让我们很难猜测他们的意图。可能包括：

（1）挟雷马根侥幸胜利之威，要么把德国西线的部队一分为二，通过最短的路线与苏军会师，要么逐渐停止向东推进，转而从南方或东南方进攻鲁尔区，后者可能性较小。

（2）对莱茵河以西仅存的要塞萨尔—普法尔茨（Saar Palatinate）发动包围战，目的是消灭 G 集团军群，并由此渡过莱茵河，建立一个对德国南部作战的安全基地。

（3）英军发起攻势，强行在空降集团军的前线打开缺口，渡过莱茵河，并建立一个桥头堡，从而在战略上获得了 3 个方向的进攻选择。

总之，敌人在人数和物资上都占有优势，而且他们的空军控制了整个战场。经过顽强而惨烈的战斗，我们的部队又退回莱茵河防线和仍然完好无损的"西墙"，只有一小部分部队需要进行重组和重整装备。至关重要的后备队，要么还没有建成，要么在战术上还没有到位。

最严重的危险在于，雷马根需要越来越多的增援，这个地方几乎把供给西线司令部的替补部队和补给都消耗光了，还极大地牵制了左右两侧的部队，这就使得其他集团军群在必要的时候更加难以开展重组、休整和换装工作。事实上，我们对于敌人首批渡河的部队并没有用坚定凶狠的方式进行反击，否则本可以迅速恢复防线，整个莱茵河防线的命运都取决于我们能否打掉盟军的桥头堡。

我们自己的莱茵—普法尔茨桥头堡是专门针对敌人侧翼进攻的，

这肯定很快就会开始。同时摩泽尔防线背后的地形易守难攻，拥有令人敬畏的工事"西墙"，并且"西墙"防线与第1集团军防区接壤的地方不能直接越过。而在西普法尔茨（West Palatinate）有着一连串天然阵地，导致进攻更加困难，并有助于我们实施机动防御。一切都取决于在适当的时间将必要的增援物资和后备力量调集到适当的地点，不过我军缺乏大规模的机械化后备队，导致前景变得扑朔迷离。

德国空军掌握着大量的高射炮部队。对混凝土炮位上的部队实施临时机动，在一定程度上填补了巨大的缺口，这种方法还可以用在其他地方。事实上，有太多的工作要做，因为高射炮几乎是我们仅有的远程火炮了，意义重大。与陆军的火炮相比，高射炮弹药更加充足，可以成为前线的中坚力量。

这也意味着我们本来十分薄弱的空袭防御又被进一步削弱了，但是我们的高射炮无论如何也不足以进行有效的防御，此外，敌人的主要空袭目标也已从城镇和工业中心转移到战场和部队调动区域。权衡利弊后，我不得不优先部署前线和交通线。

我们的飞行员尽了最大的努力，但他们甚至自己都无法坚持胜利的信念。他们失去了信心。敌人对机场的攻击加上不利的天气条件，都让他们士气低落。也许我们还可以做些什么，来恢复过去灵活的地空支援做法，重拾德国空军失去的光环，但现在是否为时已晚？

后勤保障情况很差，在某些地方甚至非常严峻。由于难以确定补给列车何时到达，无法避免分配出现错误。铁路网络遭到了严重破坏，如果线路进一步中断，那就不能再指望了。

此外，在这些不安表象的背后，已经显露出一些崩溃的症状。"失踪”的人数不断增加，表明局势正在恶化。从部分地区民众的态度中，特别是在莱茵—普法尔茨和萨尔地区，也能看出这一趋势。甚至在参谋中也能听到谈论政治的话语，这破坏了部队的团结，在下级部队中滋生了失败主义。

不过，我的命令是明确的："坚持住！"

在我们连续撤退了近三年半之后，就连希特勒也不再指望在莱茵河谋求决战了。相反，他下令缩短战线，希望地形能弥补暴露出来的弱点，这一目的是争取时间，坚持到苏联前线局势成熟，以及新的部队和武器开始发挥作用。就萨尔—普法尔茨地区而言，对战争经济的思考很有说服力：西里西亚失守后，鲁尔和萨尔顺理成章地成为维持战争的决定性因素。另一个思考是：当敌人逼近莱茵河时，除了萨尔的化工厂，莱茵兰（Rhineland）的重要武器工厂和路德维希港（Ludwigshafen）也将不得不关闭。

当然，在德国腹地采取阻滞行动，本来也是"争取时间"的一种方式，但这相当于撤离工业区，目前还不能考虑这一点。

因此需要守住莱茵河和萨尔普法尔茨要塞；摧毁或削弱雷马根桥头堡。

再次前往元首总部

1945 年 3 月 15 日，由于在萨尔—普法尔茨的战事发展不利，我再次与希特勒讨论了局势。

希特勒总体上同意我的建议。

他批准第 1 集团军右翼部队撤出"西墙"，并撤到中间阵地。

他意识到了雷马根的困局，但想拼死一搏来削弱桥头堡。此时，他提到了鲁尔、萨尔以及在莱茵河和美因河之间工业区的重要地位。

他告诉我，他从丹麦抽调了一个齐装满员的师前来驰援，但他无法保证更多的部队了，否则就会危及他组建新师的计划，从而影响战事的进行。另外，他会及时提供大量的替补部队和补给，特别是坦克。虽然他已经采取措施加快战斗机的生产，但在一段时间内，还无法向空军提供增援。

3 月 15 日晚，我驱车返回。这次会晤给我的印象是，希特勒固执地认为我们可以在东线击败苏联人，而西线的战局既没有让他惊讶，也没有让他特别担心。他想当然地认为，一旦苏联前线得到巩固，他就能够调动部队，在新成立部队的帮助下肃清西部。他同样相信，增加供应的命令将得到严格执行。

现实却截然不同。丹麦师的战力并不齐整，派遣得也太迟，我甚至不能指望在雷马根用上该师。当该师行至半途时，又不得不紧急驰援第 11 集团军，他们正在卡塞尔（Kassel）地区进行激烈的战斗。替补部队和补给的消息不断传来，但物资却只是零星送达。

普法尔茨失守

1945 年 3 月 19 日，普法尔茨和雷马根的局势进入了关键时期。第 7 集团军的右翼已经被打散，而盟军对奥彭海姆（Oppenheim）方向的进攻，如果同时派遣坦克部队突破克罗伊茨纳赫（Kreuznach）并向沃尔姆斯（Worms）一路德维希港方向推进，那么可能会使整个 G 集团军群陷入危境之中。此外，在普法尔茨中部，两支集团军之间的接合部已被突破，部分部队退到一起并被包围。很明显，普法尔茨已经守不住了。"自主行动"的想法化为泡影。

我非常重视在那里迅猛发展的局势，在 3 月 16 日—17 日和 3 月 21 日—22 日，我曾 4 次前往普法尔茨。在很大程度上取决于第 7 集团军的表现，他们必须知道，他们的战术将决定第 1 集团军的命运，但第 1 集团军又要求他们必须控制自己的行动速度。他们的任务很艰巨。从纯粹战术角度来看，第 1 集团军的处境更加艰难，他们的左翼部队负责防守莱茵河沿线，其战事关乎全局，并且必须按照中路的速度来调整自己的撤退速度。普法尔茨森林是一个关键点，因为后续要进行机动必须首先占领它。

当我在总部与斯佩尔（Speer）部长和勒希林先生（Roechling）开会时，突然遇到空袭，会议中断了一小会。① 下属报告说，美国坦克已经到达凯撒斯劳滕（Kaiserslautern），这是个好消息，说明第 7 集团军右翼部队发动的孱弱反击还是阻滞了敌人前进的速度。我个人确信，莱茵河上在施派尔（Speyer）和盖默斯海姆（Germersheim）的桥头堡已经得到巩固并部署了强大的高射炮部队，因此从 3 月 16 日起，我每晚都能看到后方部队源源不断地撤回过莱茵河。我们的空军部队接到命令，如果有任何敌人从北方沿着莱茵河向施派尔方向进发，都要不计损失地予以遏止。令我松一口气的是，敌人的攻势尚未如此紧迫。

---

① 和之前对我总部的三次袭击一样，敌人肯定是已经准确知道了参谋人员的习惯。在这次袭击中，敌人在晚餐时间首先攻击了餐厅、我自己的卧室以及书房。——原注

莱茵河左岸部队的撤退收尾工作，最后几天是由各军长和师长们自主组织的。由于他们的主动作为，无数困难得以克服，包括交通堵塞、盟军对拥挤道路和村庄的空袭，以及马车队、机动车辆和信号通信的瘫痪等。首要功劳要归于第 1 集团军的参谋团队，他们从 3 月 21 日起接管了莱茵普法尔茨所有部队的指挥权，同时 G 集团军群和第 7 集团军要在莱茵河东岸修筑防御工事。在 3 月 21 日撤出路德维希港之后，为保护最后的部队通过，在施派尔、盖默斯海姆和马克索（Maxau）还需要再守好最后几座桥头堡。我于 3 月 23 日下令让这些部队撤离，并于 3 月 24 日—25 日完成。

敌人的行动方式符合萨尔—普法尔茨突出部的特殊性。他们在最早的时间发起了攻势，但却未能把握住机会来实施钳形战术。

敌人在坦克进攻方面是大胆的，甚至对第 7 集团军右翼的攻击称得上鲁莽。值得注意的是，他们采取的是连续快速的单一行动，即在完全不适合大规模坦克行动的地区，以灵活的指挥方式和不怕牺牲的精神来开展坦克战，这表明在意大利那种步步为营的方法被抛弃了。由于我在意大利曾有过在类似地形上的作战经历，我没有考虑到美国装甲部队能取得如此迅速的成功，而德国军队的失败，部分因为其已经弹尽粮绝。然而我惊讶地发现，他们在成功突破后，并没有利用这个稍纵即逝的机会，通过空中支援，在莱茵河的各个桥梁上把 G 集团军群拦腰切断，从而进一步摧毁它。正是借此失误，败退的该集团军群才能够把大部分兵力撤过莱茵河，并沿河构筑了一条新的防线。

在普法尔茨，最重大的一份荣耀属于盟军的空军。

我与集团军和师级指挥官们进行了会谈，但这并没有让我预料到，我军会突然崩溃。关于其原因，我来设法解释：

几个月来，军队几乎在连续行动。反复强调他们要坚守不退，结果导致我们无可挽回地损失了最优秀的士兵和大量物资。此外，希特勒对前线缺乏了解，但还不断发布干扰指示，等到这些指示被推翻或被修改，宝贵的时间已经被浪费了。指挥战斗不能只坐在办公桌后面。

过去数月的激烈防御战给我的身体和精神带来了极大的压力，鉴于我们士兵们的出色表现，这种压力远超过我在第一次调查时的感受。局势的恶化和漫长的前线，使我无法视察到防线上的所有部队。如果我知道第7集团军左翼和第1集团军右翼的真实情况，我很可能会更坚定地要求希特勒改变我的任务，尽管这可能也不会对结果产生任何实质性的影响。我们的汽油和弹药供给既不充足又不稳定，不管是打打停停还是进行决战都不能满足。美军的进攻开始得特别早，我们后备队的组建还没有完成。

3月15日晚，我从希特勒那里争取到了命令，"西墙"的部分部队可以撤离，但这为时已晚。如果能提前一天撤离，我们在普法尔茨森林的溃败就不会如此惨烈了。

我们的飞行员无能为力，莱茵河谷的恶劣天气也没有帮上忙。恰恰相反，敌人在空中势不可当，而我们本就脆弱的通信网络又遭到了猛烈的轰炸。

然而，正是因为形势如此绝望，我们的部队在实力大减的情况下仍然忠诚、积极地进行战斗，让人终生难忘。

奥彭海姆渡河战斗及结果

我有意把撤离莱茵河左岸及桥头堡的行动推到最后一刻，这样至少保证了右岸的大部分兵力可以重新勉强集结起来。在战斗最激烈的地方，如 G 集团军群的左翼，敌人连续数周都没能跨过莱茵河。右翼的情况则不同，巴顿（Patton）的师在击败西岸的德国后卫部队后，几乎立即开始强行渡河。

负责右岸防御的是第 7 集团军，我早已告诉他们我的看法并警告他们可能有人会企图渡河。因此，当我听说美军在 3 月 22 日晚几乎不费一枪一弹就在奥彭海姆过了河，我简直目瞪口呆。从战略上讲，他们有机会继续向仍在西岸作战的德国第 1 集团军发起攻击，以确保下一步在法兰克福（Frankfurt）盆地开展行动。由于我们没有立即进行反击，现在必须集中力量，趁敌人立足不稳，把他们再赶回到莱茵河中。首先我派遣了一支精锐师，配备了突击炮和其他火炮。但还需要更强大的部队，因为这次反击失败了。他们的指挥官伦格（Runge）上校并没有指挥失误，最后英勇牺牲，这对我来说是个悲伤的消息。

之前雷马根成了 B 集团军群的坟墓，现在似乎奥彭海姆的桥头堡也将埋葬 G 集团军群。这里也是一个突出部，很快会变成一个缺口，逐渐吞噬所有从其他防线调来的部队和从后方运来的物资。的确，德国是我们所熟悉的土地，但是在巩固阵地方面，我们没有什么太好的办法。当然，这里和其他地方一样，我们能从空中得到的支援为零，而且高射炮部队的支援力度也非常小了。

最好的将军也会面临无米之炊的窘境。德国空军为什么会油尽灯枯直至崩溃，原因不得而知。我们缺乏各种类型的轰炸机。由于盟军对工业区进行袭击并破坏了铁路，战斗机的生产也几乎已经停止。我们喷气式飞机的技术性能优于敌人的战斗机，飞行员的训练也非常好。但这种高科技飞机也有很大的缺点：依赖超长尺寸和高度平整的跑道，起飞和着陆存在困难，飞行时间短，事故率高等。由于空战的节奏受到敌人的控制，起飞和降落都需要进行专门的保护，但这难以时时到位。1945年的三四月份，在莱茵河谷的天气条件尤其恶劣，这进一步限制了本就极具风险的飞行。

这时，在集团军群指挥官的建议下，我开始考虑让整个莱茵河前线撤退。但我最终决定不这么做，因为这肯定会演化成一场溃败。我们的部队已经疲惫不堪，几乎不能动弹，在大多数情况下已经停止了战斗。杂乱无章的后方部队也是一个问题。而敌人在各方面都有优势，特别是在机动性和空中方面。如果敌人不加限制地肆意进攻，我们正在撤退的部队一定会被打垮。这样的战斗，已经不是实现目标的手段，也不是为了争取时间，它本身已经成为目的。在莱茵河上战斗的每一天都是对前线的支持，哪怕只是在防区内对散兵进行甄别和重组。

3 月 27 日—29 日，决定性战斗发生在伊德施泰因（Idstein）和阿沙芬堡（Aschaffenburg）之间的区域。第 7 集团军的新任指挥官是精力充沛的冯·奥布斯特菲尔德（von Obstfelder），现在他们面临着一项艰巨的任务，即阻滞美国第 3 集团军挺进德国中部以及美国第 7 集团军进入德国南部。一个装甲师莫名其妙地出现了问题，使封锁路线的任务变得复杂化，而美军可以沿着这些路线从吉森（Giessen）前往黑斯费尔德（Hersfeld）以及从盖尔恩豪森（Gelnhausen）到富尔达（Fulda）。

但是更糟的是，我们的 B 集团军群以及与其右翼部队挤在一起，并失去了对其左翼的全部控制。直到我派遣来自奥斯特坎普将军第 12 军第二总部的参谋前去处理，这一尴尬局面才得以恢复。3 月底，在从黑斯费尔德至富尔达及南方的施佩萨特山脉之间区域，第 7 集团军展开了一个松散的战斗序列（order of battle）。

第 1 集团军不得不配合第 7 集团军的行动，向右侧进一步延伸。然而，在 3 月 30 日，第 1 集团军又被逼退回米尔滕贝格（Miltenberg）—埃伯巴赫（Eberbach）—海德堡（Heidelberg）防线，从而危及至关重要的陶伯河（Tauber）防线。

从奥彭海姆和曼海姆的桥头堡开始，敌军部队从南方向东再向东北散开，这种做法违背了集中兵力的原则，但取得了成功，有力证明了德国军队的战斗力出现了下降。

鲁尔要塞

经过反复斟酌话语，我把 B 集团军群与东侧第 11 集团军建立联系的任务描述为"尝试突围"。事实也是如此，因为最有利的时机已经过去，包围圈内外的机动部队都很弱，而在易北河以东马格德堡地区的第 12 集团军正在组建，在 3 个星期内都无法派遣行动。更复杂的是，H 集团军群的左翼被逼退到鲁尔，使得蒙哥马利的右翼可以无所顾忌地对突围部队的左翼进行攻击。然而，由于我们没有抓住在 3 月更有利的时机，或者说无法进行利用，现在就必须这么做了，这已经是我们最后的机会了。

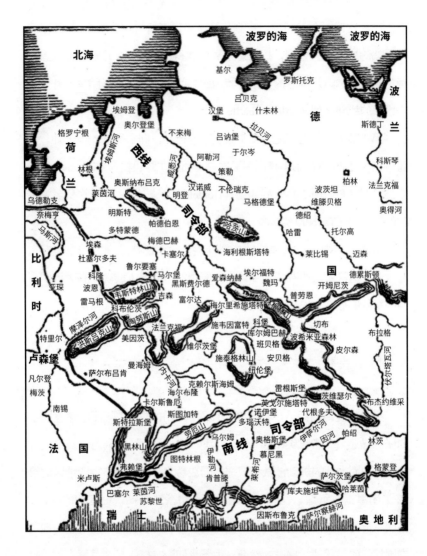

终局之战：1945 年 3 月 11 日布防图

然而，事实证明，我们为集结所做的努力和我现场给出的指示都是徒劳的。我于 4 月 1 日回到图林根林山中的莱因哈德布伦（Reinhardsbrunn），我的作战指挥部就设在这里。我的参谋长向我报告称，刚刚收到元首的命令，取消鲁尔包围圈的突围计划，B 集团军群将作为防守鲁尔的"要塞"，接受德国国防军最高统帅部的直接指挥。

最高统帅部的这个决定让我彻底惊呆了，打乱了我们所有的计划。他们可能认为突围行动已经没有任何成功的希望，还不如利用一个被包围的集团军群来牵制住尽量多的敌军，从而削弱东线的强大攻势。他们也可能认为部队可以从鲁尔就地得到补给，因此可以省出更多的补给提供给前线其他部队。

然而事实上，鲁尔地区的粮食只够军队和民众最多两三个星期之用。从战略角度来看，艾森豪威尔对鲁尔毫无兴趣，他的目标远在东方。要想牵制住强大的围城部队，唯一的希望在于建立一个进攻性的稳固防御，但以我的所见所闻来判断，至少在表面上看是不可能的。B 集团军群的 30 万人根本无法填补条顿堡林山（Teutoburger）和图林根林山之间的缺口。

鲁尔包围圈的战事进展正如人们所预料的那样，4 月 17 日就以德军投降结束了。原因很简单，官兵们都已看不到继续战斗下去的任何意义。

B 集团军群的悲剧于此日落下帷幕，其指挥官莫德尔，一位勇敢无畏的战士，结束了自己的生命。今日回首，何人之过？他现在就浮在我的笔端，并将永远活在我的心中。

盟军突破莱茵河下游

在 G、B 两个集团军群大难临头之际，H 集团军群在相对不受干扰的情况下进行了人员重组和装备重整。敌人的空中行动明显局限于一个特定区域，他们对德军总部进行空袭轰炸，对建桥材料进行集结并提供烟幕保护，这些都表明敌人打算在埃默里希（Emmerich）和丁斯拉肯（Dinslaken）之间区域发起攻击，主要目标在雷斯（Rees）一侧。

春季的天空晴朗无云，有利于蒙哥马利进行大规模空降，并充分利用空军对地面部队进行支援，因此 H 集团军群几乎无法开展任何机动。

如我所料，加拿大军和美军在空降作战的支援下横扫前线。我与集团军群指挥官达成一致，要尽一切可能来摧毁两军。但结果是，在前线局势几乎明朗之前，集团军群就已经耗尽了主要的后备队。这样的错误迟早会为之付出代价，而现在时辰已到。

令人遗憾的是，后备队只在向丁斯拉肯的一次进攻中取得了成功。如果我们在 3 月 23 日—24 日投入兵力时更加谨慎，如果雷斯能够得到火炮支援，那么 3 月 25 日晚上的战况就不会那么糟糕了。事实上，我没有纠正部队对这些后备队的定位，导致的错误不仅输掉了莱茵河上的战斗，而且还影响了以后的行动。

结果，H 集团军群只得接受这场注定的失败，就像宿命一样在历次会议中已有所体现。第 1 空降军指挥官、富有才华和干劲的施勒姆受伤退出，产生了不小的影响。随着美国军队转向英军右翼，德军下达了突围的信号。正如 B 集团军群所做的那样，现在 H 集团军群也将总部迁往北部，而不是靠近威胁更大的侧翼，这个做法表明，它的行为甚至一切都取决于坚定的立场。

相反，在 3 月 28 日，此时 H 集团军群中只有左侧的阵地还算存在，他们认为有必要向我和最高统帅部提交一份其职责之外的形势分析报告。这种越过我向最高统帅部汇报的做法有个很大的缺点，那就是我只能在报告提交并听取他们的决定之后才能表达我的意见，而且这次使得希特勒十分恼火，我再也不能指望对其施加什么决定性的影响了。任何一位拥有高级指挥权的将军都应知道如何从心理上迎合他的上级，但这份形势报告却成了激起阿道夫·希特勒怒火的一个反面典型。尽管他们对自己的失败及原因只字未提，但在报告中表达了正是担心自己陷入 B 集团军群的困境才决定撤退的。

不论在策略上是对还是错，批评上级没有能够掌控战争全局，这本身在思想上就是错误的。希特勒站在总参谋部的角度认为这是一种"令人无法容忍的傲慢"。我觉得这种批评是有道理的，因为我曾在意大利战争中担任总司令但被希特勒剥夺了自由决策权，这只不过是以另一种方式而已。我很清楚元首在这次事件中会做出什么决定。

我一直都认为鲁尔区不是当时美军的目标，英国第 2 集团军和美国第 9 集团军将会向东北和偏东方向继续进攻，也就是说，他们将越过鲁尔区。最令我震惊的是第 47 装甲军在前线的失败。现在向鲁尔区增兵是一个错误的资本投入。如果这一做法导致正面阵地被突破，那就不仅是一个错误的问题了。

我下令对敌人先头部队的南侧进行反攻，但也失败了，因此在 3 月 28 日—30 日的一次私人会晤中，我再次提出了我对局势的判断以及该如何应对的观点。通过这样做，我希望让 H 集团军群的指挥层能按照我的想法进行调整。

H 集团军群的形势报告中充满了悲观主义，这让希特勒大为恼火，他再次迁怒于布拉斯科维茨，因为他拒绝执行在 3 月底下达的"元首命令"，即从南北两侧进攻敌人盘踞在明斯特的部队并填补防线的缺口（我也认为这个任务不切实际）。他派斯图登特去协助布拉斯科维茨，意图表现得很明显。

在盟军中，蒙哥马利的任务最艰巨。他的军队在莱茵河以西的几次战斗中损失巨大，现在面临着一个最可怕的障碍，其中驻防的这些师素以战斗力强悍而出名，而且得到了 10 天的缓冲时间，并且拥有大量后备部队做后盾。然而，从技术上讲，这次行动的准备工作堪称典范，集结了足够的兵力并获得了充足的资源。

3 月的莱茵河上游局势

莱茵河上游地区由布兰登布格尔（Brandenburger）将军领导的第 19 集团军防守。

再也不用担心盟军在瑞士横冲直撞了，敌人的主要进攻显然转到了另一个方向。第 19 集团军不能再继续把兵力投向它的西侧防线，那里已经足够强大了。莱茵河之所以是一道屏障，与其说是因为它很宽，不如说是因为水流湍急。河边的防御工事已经过于陈旧，布置得也不专业。希特勒意识到了这一点，因此我们可以把主要防线转移到黑林山（Black Forest）。黑林山的周边和高地上都布设了阵地，保护着符腾堡（Württemberg）南侧免受来自西部的进攻。贝尔福（Belfort）洼地对面的伊德施泰因地区，在和平时期就曾筑有防御工事。即使那里的防御工事已经过时，部分还被夷为平地，但仍然具有强大的威慑作用，不过也就只有这点用处而已。来自西北和北方的危险正在向斯图加特（Stuttgart）推进，甚至会向东穿过海尔布隆（Heilbronn）和普福尔茨海姆（Pforzheim），然后绕过黑林山。如果萨尔—普法尔茨突出部陷落，盟军在卡尔斯鲁厄（Karlsruhe）渡过莱茵河，这种危险就可能变得十分严重，因此，防止或阻滞这种情况的发生，显然是对黑林山防区和第 19 集团军最有利的。于是，我们必须把最富有经验的师调到 G 集团军群，以保卫萨尔普法尔茨。

然而，局势发展得太快而调动却显得太慢。两个师到达 G 集团军群防区的时间太晚了，他们还未形成规模就仓促地投入战斗，结果他们并没有取得预期的成功。实施增援的难度主要在于集结部队。我们没有固定的编制，不得不组建大量的临时性部队。时间如此紧张，根本无法建立起强大的战斗队。尽管如此，如符腾堡"人民冲锋队"等部队的表现还是好于我的预期。由于缺乏通信部队，行动受到了很大的影响，而且几乎无法弥补。第 19 集团军尽其所能完成了必要的防御准备，并充分注意到了其侧翼的危险。等到了 4 月初，缓冲期也就结束了。

回顾与展望

我在西线战事最严峻的时刻被任命为西线总司令。当我对整体情况有了大致了解之后，我觉得自己就像一位音乐会钢琴家，被要求在一架古老、摇晃、走调的钢琴上，当着一大群听众的面来弹奏贝多芬奏鸣曲。在许多方面，我发现情况与我全部的原则都相抵触，但事态发展得太快，我没有时间来改变它们。

西线总司令这个职位太重要，级别也太高，令我无法逃避自己肩上的责任。因此，我会对所有因我指示而导致的一切结果负责。如果我不能使希特勒的想法和命令与我的良心和观点协调一致，那我就只能按照我认为最好的方式来解读和修改。这种事情仍然经常发生，此时与彼时并无差异。另一种选择是与希特勒摊牌。如果摊牌之后，我仍然没有信心或办法来使他改变主意，我肯定会要求解除我的指挥权。我知道其中的难度。在最初的 6 个星期内，我去见了希特勒 4 次，坦率地阐述了我对局势的看法，他也很欣赏我的直率。我是一名军人，不能仅仅因为我不同意或确定有充分的反对理由，就可以拒绝接受某项意见或命令。我也明白，对于在战争最后阶段和最严重危机中产生的诸多分歧，现在也有必要暂时搁置起来。我总会详细地解释我的命令，来让下属充分理解。

我感到西部的条件让我完全茫然。我对自己说，不同的指挥官有不同的方法，而且各有各的道理。我的前任冯·伦德施泰特理所当然地认为自己继承了第一次世界大战最高统帅部的传统。战区的规模、自己的职责、指挥的构成等因素完全一致。他把握形势的脉搏，待在总部中发号施令，几乎从不去前线，也很少用电话。与下属或上级的联系差不多完全掌握在他的参谋长和参谋人员手中，这套做法有着不可否认的优点：总司令心无旁骛，不受前线令人担忧的状况的影响。他是一个远距离施法的大祭司，人们对他只有敬畏之情。即使我的方法不同，我也能理解冯·伦德施泰特的做法，不过我无法说服自己去接受它们。战争第六年的情况与第一年的常态相差太大。各地纪律松懈，需要指挥官和部队建立起私人联系；不能再无视这种直接影响，特别是在许多问题都缺乏一致意见的时候。这套做法对双方来说都是一个麻烦事，但利大于弊，可以借此透过现象看到本质和人心。

我认为指挥官的位置应该出现在发生局势逆转或危险情况的地方，所以我选择靠近前线设置作战指挥部，并经常改变指挥部的位置，除非受到敌情的制约。韦斯特法尔是我见过的最好的参谋长，我们在意大利合作得很融洽。他了解我的癖好，当然我也一样。

西线司令部下辖3个集团军群。我自己也曾指挥过一个集团军群，而且时间很长，长到我都不知道为什么要设置这么高的一个职位。他们的指挥官完全有权坚持在任务范围和自己防区内独立行动。我现在也坚定地尊重这一点，不过实际上，如果发生了异常状况，我仍然会经常进行干预。我不喜欢这样做，虽然我也曾在陆军担任过总参谋部军官，但我毕竟来自空军，因此总感到有一丝不安。

各个集团军群的指挥官都是第一次世界大战时的老兵、优秀的总参谋部军官和具有出色资历的领导者。

师级指挥官各不相同，但最近几个月中，也有许多人为自己留下了浓墨重彩的一笔。正常情况下，其中一些人将不得不调离，因为在1945年春，时时处处都很艰难，不是所有人都能在这种条件下进行战斗。当德国军队的人数被限制在10万人以内时，优秀的将军还非常少，经过5年的战争，大批新的部人出现，伤亡又十分惨重，不足以把无能的将军都挑出来。我们要使用好这些将军们，但同时也有义务对其进行干预。

多年来，德国武装部队的惯例是安排高级指挥官退休。原则上我不赞成这么做。因为这样会让许多杰出的军事领袖过早地被束之高阁，错过了随后几年的战争，而真正需要退休的将领又在一定程度上不得不推迟退休，因为没有一流的将军来接替他们。我只有在发现相关指挥官对自己的任务失去信心或者他的态度开始破坏士气时，才会采取那些备受争议的手段。

更大的难点在于，集团军群甚至初级指挥部都可以与德国国防军最高统帅部以及希特勒建立直接的联系。直接向最高统帅部发送作战报告可能满足了最高统帅部的好奇心，缓解了他们的紧张情绪，但这却彻底搅乱了在战场的上级参谋人员的正常工作。

3月底，我不得不承认，我的主要任务尚未完成。经过惨烈的战斗，萨尔—普法尔茨还是失守了。盟军已经突破了我们位于雷马根和奥彭海姆的桥头堡，并将其作为下一步大规模行动的出发点。甚至在莱茵河下游也是如此，盟军在极短的时间内就成功渡河。大致说来，敌人的目标是明确的：把德国南北的主要部队割裂开来，并与苏军会师；英国占领德国右侧的北海港口；美法联军南方集群占领德国南部。

这些惊人的结果是如何产生的？毫无疑问，一支拥有足够兵力和必要装备的正规德军部队仍然能够顺利执行任务。同样毫无疑问的是，如果每个集团军群都配有几个装甲师或装甲掷弹兵师以及大体相当的空军，那么也是可以"自主行动"的。虽然拥有装甲师后备队的 H 集团军群被击败了，但这一事实本身并没有驳斥上述论点，反而进一步证实了我的观点，即"自主行动"并不能解决问题。因此，我拒绝听从一直要求"自主行动"的呼吁，这只是完美主义者的一段快乐回忆，现在随着汽油和其他物资的短缺以及军队的训练不足，那样的时光一去不复返了。然而我不能否认，这种顽固的主张让我感到不安，并在我和我的指挥官之间造成了某种信任危机。经过5年的战争，我的将军们有了不同的想法，对政治、经济、军事等方面的可能性有了自己的看法，都想拿来辩一辩，这完全是可以理解的。但是，不能让这一切动摇了根本性问题，即一个真正的军人在面对流言诽谤时，也会收起所有疑心，树立起光辉的榜样，让士兵坚定地追随他。即使在这个时候，我也看到许多军人身上散发出这种力量。

我从第一次世界大战时就开始面对具有压倒性优势的敌人，多年的经验告诉我，如果按照希特勒的命令，不管在内陆还是沿海，在主要防线上只是简单地构筑局部防御，当我们面对敌人陆海空联合进攻时，无论如何也是无法取得预期战果的。我军在陆地和空中都很虚弱，而且我们也没有足够的施展空间。我们所能做的，就是打一场"有限的运动战"，守住我们先前选定的区域。

与此同时，国防军最高统帅部与陆军司令部之间的矛盾之前本已存在，现在却日益尖锐。他们之间不可调和的不信任，给行动带来了破坏，在许多情况下造成了分裂，其结果是陆军司令部时常感到受到束缚和误解。希特勒把失败归咎于军队指挥官的任性，并且经常插手哪怕是最微小的战术事务，这些做法都被视作纸上谈兵，而他的战略命令和直觉也被嘲讽为太过业余。这种潜在的敌意严重制约了主观能动性，破坏了指挥的统一完整，并浪费了宝贵的精力。

在过去的半年中，代价惨烈的战斗和屡战屡败的撤退，使官兵们的身心都处于精疲力竭的边缘。许多军官精神崩溃，其他一些则遭受着健康问题的折磨，还有一些根本就不称职，而且我军还严重缺乏初级军官。部队的实力令人不满，到达前线的替补部队也显得训练不足，他们没有战斗经验，人数也少，并且到达得实在是太迟了。因此，他们并不是有效的作战力量。只有当一名充满智慧的指挥官率领一大批经验丰富的下级军官和老兵骨干时，部队才会凝聚在一起。

战线后面的散兵过多，说明此处的部队已所剩无几。散兵的威胁也很大，这种状况会传染蔓延，并且阻碍交通。同时他们也是一个人才库。许多人是真正地走失了，他们在行动中与部队失散，或者离开医院或临时营队返回自己的部队，但找不到正确的方向。还有一些人，占了大多数，却是在逃避，试图尽可能地远离火线。这就是我对前线背后的第一印象，这让我感到震惊，于是下令采取严厉的措施。我建立起了连续的拦截线，但仍然有太多的漏洞，因此我又成立了一个"野战突袭特遣队"，将制度的网子收得更紧。

对于多年来一直在急剧滑坡的德国空军，现在已不能再指望对其提出什么要求了。我自己就是德国空军的一员，因为对此束手无策，所以对其战斗力低下倍感苦恼。陆军不断批评空军无所作为，这是不合理的，不过如果有更积极的领导肯定会产生更好的结果。空军司令部的任务是把所有的攻击力都集中在当前的主攻点上，但这也因此而失去了机动性。当前的空军组织分成了3个空军师，如果将其合并成1个便于控制的紧凑编队，并根据战场内的战事需求，不怕牺牲地英勇战斗，也许能够扭转现在的困境。

在战争中的平静期，纳粹党依然活跃，并且有时表现得过于活跃。它从一个政治组织发展成为一个绝对的"监管"组织。由于纳粹党的机构非常之大，导致许多高层官员在任职时不顾他们的培训经历，也不看他们的人品素质。几乎每一个德国人在天性中都有种想做点什么事的渴望，这种渴望也充分体现在纳粹党内领导喜欢事事插手的做派上。纳粹党总理府主任鲍曼（Bormann）负责此事，他频繁地向希特勒报告，以显示设立这个"监管机构"的正当性和必要性。这需要强大的心理素质承受来自上面的压力。有一些人做到了，尤其是在年轻一代中，但是总的来说，纳粹党暗中监视人民和军队并向希特勒报告，这种行径让人兴不起配合的念头，并在忍无可忍的官兵中逐渐引起了争执和怨恨。

各大区长官（Gauleiter）作为"帝国国防委员会委员"（Reichs Defence Commissioner），也身兼军事任务，在省内与军区司令部一起共事。他们也有权利干涉行政和经济事务，由此而产生的分歧和对抗使得这种安排威信扫地。

西线总司令只有通过纳粹党的最高领导层才能与各个大区长官保持必要的密切联系，这导致几乎不可能采取快速的行动，因此我在参谋团队中安排了一名具有通天权力的纳粹党高级官员。这本来是件好事，但在任命了这位狂热的纳粹人员后，事情反而变得不那么顺利了。我不需要一个监视我的参谋人员的间谍。因此，我没有听他提出的抗议就直接开除了他。

另外，我与宣传部的一名特别代表也在一起合作，他各方面的工作都令人满意。除正常事务外，他最近也不断地向我通报我国想与盟国讲和的试探结果或有希望的停战谈判的消息。

我与希特勒及国防军最高统帅部的关系

我在柏林陆军和空军的长期工作经历，让我认识了所有的重要人物，这使我的工作易于开展。因为有帝国元帅赫尔曼·戈林，我可以毫不犹豫地说，我们空军元帅们享有特权。

正像德国空军的组建过程一样，戈林亲自处理所有重要的外部事务，我们很少与希特勒直接接触，因此我们与德国国防军最高统帅部的领导们建立起了更为密切的联系。在最开始的几次战争中，各种关系没有什么变化。后来地中海战区和西方战区被称为是"国防军最高统帅部战区"，没有陆军司令部的什么事情。

我作为南方战区总司令，后来在战争后期担任西方战区总司令，我几乎只与希特勒和最高统帅部打交道。到1944年底，经历了各种起起落落，我终于赢得了希特勒毫无保留的信任，这当然也是把我调到西线的原因。在意大利，我必须自己争取行动的自主权，最终我得到了；而在西线，我却要一直受到东线战局的制约。在3月20日—4月12日，我去见了希特勒4次，他对我的焦虑表示极大的理解。尽管我们遭受了严重的失败，但他从未说过一句责备的话，当然也是因为他认识到西线的局势已经恶化到无法挽救的地步了。

希特勒在夜间任何时候都能接待我，听我说什么都不会打断，对我提出的所有问题都表现出极大的理解，几乎总是按照我所提出的方案做出决定。他灵敏的思想与身体状况形成了鲜明的对比。在做决定时，他不像以前那样啰唆，并且对我表现得非常友好和体贴。他两次把他的车和个人司机借给我，送我回总部，并指示司机开车要小心。我本来已经习惯了他保持着恰当的礼貌，但现在突然转为殷勤的关怀，实在令人感到费解，因为我与希特勒只是普通的工作关系，而且我也能看出他和将军们之间的裂痕在不断扩大。

希特勒从未要求我去做任何违背我军人职责的事情，我也从未要求他为我提供私人帮助。我只能把他对我的信任归因于一个明显的事实，即他知道我并无恶意，多年来我每时每刻都在尽心履行我的职责。

由于他对每个人都或多或少地怀有某种病态的不信任，最终只能自己处理所有的国家事务。他在挑选左膀右臂方面也很不幸。这两个因素都对军队和战局产生了负面的影响。

我最后一次见到他是在 1945 年 4 月 12 日，当时他仍然很乐观。他一生都在演戏，很难判断他的真实想法。现在想来，我觉得他确实痴迷于某种奇迹般的救赎，就像一个溺水的人紧紧抓住一根稻草一样。在我看来，他相信东线会取得胜利，相信新组建的第 12 集团军，相信各种新式武器，甚至相信敌人的联盟会土崩瓦解。

所有这些希望都是虚幻的。当苏联开始进攻后，希特勒把自己关了起来，越来越孤独，生活在自己的虚幻世界里。

国防军最高统帅部战区的负责人是约德尔将军，和他一起工作很愉快。他是一个精明能干的战略家和战术家，是最适合担任这个职务的人选，尤其是他沉着冷静，工作起来不知疲倦，如果他的作战经验再多一点就更好了。他的处境非常困难，因为希特勒绝不是一个容易受人影响的人，而且交到他手边的所有议案都因为最高统帅部和陆军司令部之间存在分歧而难以达成一致。那些意图评判约德尔的人其实并不了解他的外交手腕阻止了什么，又赢得了什么，至少这些批评者们应该首先证明自己在这种情况下能做得更好。作为德国国防军的作战参谋长，他的观点比最高统帅部更加重要，即便如此，他所为之辩护的许多观点和措施，实际上是他之前竭力希望进行修改和完善的。约德尔的同事，如冯·布特拉尔（von Buttlar），都是训练有素、公正客观的军官，他们会明智地根据约德尔的想法进行合作。在我和约德尔之间，我们对形势的看法或采取的步骤很少出现分歧，我和我的参谋团队总能得到他的支持。

　　我和凯特尔元帅之间打交道相对较少。他关于组建新部队或替补部队的指示都是根据元首的命令，即使有争议，这些命令也是不能更改的。例如，希特勒认为组建新的师是维系战争的根本，这就意味着需要为此目的而预备人员和物资。我和其他许多将军持相反的观点，认为组建新军是不经济的，而且在战争的最后阶段，我们需要的是战术胜利而不是组织编制。

德国中部的战斗

　　B 集团军群在鲁尔区被围歼，也决定了德国中部的命运。

　　盟军的目标是显而易见的，尽管分出了部分兵力来包围鲁尔要塞，但他们还是能够达成目标。对我们来说，敌人的集结问题已不再是一个谜团，且已不再那么重要了，因为我们实在没有机动部队或空战力量来攻击他们，这么做毫无胜算。我把这段时期的战争称为"权宜之计"，在此期间最重要的就是官兵之间的心态和士气。

　　这片区域宽达 150 英里，显然无法临时抽调部队进行防守。因此，在这一地区的部队要分散作战，任务是阻滞敌人的前进，直到一支更强

大、更有组织的部队前来救援。这支部队只可能是在 3 月底组建的第
12 集团军。只有在该集团军的支援下，才能确保苏联前线的战事不会
受到西线的影响，并防止德国被一分为二。

因此，第 12 集团军是在西线开展行动的最重要因素，无论局势如
何发展，它都可以部署在哈茨山区（Harz Mountains）执行任何任务。
因此，哈茨山和前线的这段区域需要保持畅通。在最好的情况下，我们
的兵力也严重不足，而且我们决不能过早地把兵力耗尽，因为还要从山
区突围。另外，哈茨山也非常有利于伪装。

因此，脆弱的德国军队被迫撤退到哈茨山区，他们相信，即使阵
地薄弱也可以在那里建立据点。此外，命令已经下达，图林根森林作为
一个重要的工业区也要固守。同时，我几乎不敢想象，强大的美国军队
会被我们弱小的军队拖入深山，这一愿望居然实现了。在正常情况下，
在相距五六十英里的两座大山之间，甚至只在一座山的侧面，进行决战
是非常危险的。然而，敌人已经知道西线中部的德国军队差不多已经耗
尽，这样就不存在什么大的风险，而且凭借其机动侦察部队和齐装满员
的空中力量，他们足以粉碎任何来自侧翼的威胁。但是，我们的第 7 集
团军和第 11 集团军就这样摆脱了强大的美国军队，遏制了敌人的前进，
给第 12 集团军留出了时间进行组建。敌人可能还受到其他一些因素的
影响，如盟军之间的政治协议、后勤保障方面的困难，以及对在该地区
分散作战的德国特遣队的些许尊重。然而事实表明，不是所有的机会都
会得到充分的利用，因此，我们在苏联前线的军队能够集中精力进行决
战，而无须担心西线盟军会威胁他们的后方。

4 月初，我的指挥所迁到了位于前线主攻阵地的后方，距柏林不

远。尽管有这种有利的位置，我与两翼之间的通信却变得越来越困难，通往集团军群总部的道路也更加迂回和危险。在前线消灭 B 集团军群，并把德国从中心一分为二，这两种威胁要分别应对，不再需要统一的指挥部。因此，元首在 4 月 6 日颁布命令做出调整。一个司令部负责西北地区，其南部边界沿着哈默尔恩（Hameln）—不伦瑞克—马格德堡防线。这条防线南侧的前线战斗仍由我来指挥。

在 4 月初期，我还接到通知称，如果中央司令部无法指挥西北、南方、东方等 3 个战区内的行动，就将实施某项安排。根据这一安排，我将以南方战区总司令的身份，带领温特（Winter）将军和一小部分最高统帅部参谋，全权接管整个南方战区的指挥权，包括意大利、南斯拉夫和苏联前线的南段。在北方，同样的任务分配给了邓尼茨上将和国防军作战参谋。希特勒的目的仍不明朗。在这次改组提议中，最有趣的是两个司令部分别交给了两位军人，而公认的希特勒继任者戈林和纳粹党都被排除在外。

4 月 8 日，德国国防军最高统帅部宣布建立哈茨山要塞，并指派第 11 集团军进行防守。4 月 12 日，敌人的第一批坦克开始出现在马格德堡前，图林根林山的战役也已接近尾声，但此时哈茨山区仍然在坚持战斗，直到 4 月 20 日第 11 集团军投降，那里的战斗才结束。与此同时，在该段前线的中部区域，从马格德堡到里萨（Riesa），第 12 集团军正在坚守易北河，竭力控制这部分河段。在这段时期临近结束时，在易北河和穆尔德河沿岸已经建立起一条新的防线，莱茵河上在 3 月中旬被撕开的缺口现在已在易北河上堵住了。但这条防线注定也会失败，因为敌人正在同时从东西两侧夹击德国。

第二十三章

战争结束

- - - - - - - - - - - - - - - ▶ ◦- - - - - - - - - - - - - - - - - - - ◦

　　1945 年 4 月 21 日，在意大利的德军前线崩溃；4 月 25 日，美军和苏军在易北河边的托尔高会师；4 月 28 日，C 集团军群的全权代表在卡塞塔签署停战协议；4 月 28 日，墨索里尼被枪决；4 月 30 日，慕尼黑陷落；4 月 30 日，希特勒在柏林自杀；邓尼茨出任帝国总统；5 月 2 日，C 集团军群正式投降；5 月 4 日，G 集团军群在慕尼黑投降；5 月 5 日，西北战线总司令投降；5 月 7 日，南方战线总司令（凯塞林）投降；5 月 7 日，德国在兰斯签署投降书；5 月 9 日投降生效。

德国南部

我深信战争最终将在德国中部地区决出结果，因此我有意忽略了两翼，特别关注中部的事态发展。如果苏军和西线盟军在易北河或柏林会师，那么不管两翼的局势多么有利，也都将变得无关紧要。此时此刻，要维系这场战争，只有一条出路，那就是必须争取时间，让在东线作战的德军胜利班师，再与英美作战。

我已经说过，德国中部的局势只能指望新成立的第 12 集团军。在很长一段时间里，我都不知道这支备受吹捧的神秘部队的真实情况。随着局势的恶化，希特勒通过当面或电话交谈，再加上最高统帅部作战参谋在旁边煽风点火，总是让我相信，这支军队拥有"扭转乾坤的力量"。但当我从其整个组建状态推断，意识到这支神奇的部队无法及时参加战斗，甚至对于德国中部的局势起不到丝毫帮助，我想我最好还是把注意力集中在南方吉凶未卜的局势上，因此我在 4 月 10 日把司令部迁到了上普法尔茨（Upper Palatinate）。

在德国南部，美军于 3 月底在奥彭海姆跨过莱茵河，然后又击败了 G 集团军群右翼部队，现在他们向东北可以直达吉森和黑斯费尔德，向东直通维尔茨堡（Würzburg），向东南则是几无驻兵的平原直通纽伦堡。

再向南，美国军队已经到了曼海姆和海德堡以南及东南的莱茵河谷。3 月底，阿尔及利亚第 3 师和摩洛哥第 2 师在施派尔和盖默斯海姆之间的地区渡过莱茵河，随后法国军队在南普法尔茨（South Palatinate）转向北方进军。这些师继续向东南方向推进，密切支援美军的侧翼，扫平了莱茵河谷，为法国殖民地第 9 师和法国第 5 装甲师渡河提供了条件。

3 月 26 日，敌人的基本计划已经相当明了。现在的局势清楚地表明，敌人在南方的战略目标是从北方肃清这一地区。这项计划的优势在于：

大规模渡过莱茵河的行动主要发生在由盟军部队控制的地区。

对山地前线和沿河工事进行正面进攻十分困难且代价高昂，但现在此类行动已经不必要了。

在德国南部作战的美国第 7 集团军左翼部队与在其左侧推进的美国第 3 集团军仍然保持着松散的联系。

然而，对这些意图的解读并不能弥补我方在战略选择上的欠缺。德军在这一地区的唯一依仗就是地形。但即便如此，他们在沿河防线（美因河）和山地（欧登瓦德山）背后的防御也令人非常失望，那里的部队有些是在调动过程中被发现和消灭的。因此，我们要做的必须是在适当的时机进驻阵地，然后尽最大努力巩固防御，直至我们找到另一个有利时机撤退到新的阵地，这意味着我们要选好一些天然防线，在那里进行阵地战而不仅是运动战。但至少第 1 集团军的左翼和第 19 集团军目前就在防御阵地上，其中第 19 集团军集结在右侧，位于黑林山的北部边缘，所有可用的部队差不多都调集给它，但这也意味着削弱了黑林山西侧的防线。这些被削弱的防线占据地形的优势，在防守时可以相对稀疏一点。但是，有一个事实无法忽略，即对于挟胜利之威而来的敌人，在面对人数、训练和装备都不如他们的守军时，是不可能被牵制很长时间的。

为了使这个边打边撤的计划得以顺利实施，我们着手巩固了阵地，并调集了大炮和其他重型武器来支援。但这也是我们最匮乏的地方。

这段时期我没有处理日常事务，而是在总结我所认为重要的战术阶段以及其中的关键部分。

敌人在突破了米尔滕贝格（位于美因河转弯处）与埃伯巴赫之间

的接合部，紧接着又在阿沙芬堡攻占了美因河上的桥梁，这标志着敌人开始了两项重大行动，打通了前往维尔茨堡的道路（4 月 1 日—7 日），随后经此打通了前往班贝格（4 月 15 日）和纽伦堡的道路，紧接着越过梅根特海姆（Mergentheim）到达纽伦堡（4 月 16 日—20 日）。

敌人没有改变战术方案，他们的装甲师进行了广泛深入的穿插，并借助于快速集结的方式，为步兵师的后续行动开辟了道路。敌人在这一阶段实施的装甲部队快速前冲的战术，实属罕见。

在把第 1 集团军左翼部队调配至突围部队的过程中，G 集团军群和第 1 集团军的指挥官们都表现出了非凡的灵活性。然而，他们到达得太晚了，甚至没有及时赶到陶伯河—亚格斯特河（Jagst）防线。基于现有的部队，连敌人的先头部队都无法阻挡住。

这种压力也让最高统帅部感到担忧，他们于 4 月 3 日命令 G 集团军群的新任指挥官舒尔茨（Schulz）将军，让其在第 1 集团军右翼背后组建一支由托尔斯多夫（Tolsdorff）将军率领的强大突击队，从北方发起进攻切断敌人向维尔茨堡的推进，并与第 82 军连在一起。这一命令是行不通的，我撤销了这一命令，随后上报最高统帅部并获得批准。这个例子与 H 集团军群的情况类似（命令斯图登特发起进攻），表明地图和报告永远不能代替个人观察。

在我们看来，敌人在美因河流域的快速推进，让美国第 12 集团军群有能力将正在图林根林山西侧和南侧作战的第 11 装甲师、第 14 装甲师转到东南方向，来掩护和加强美军受到阻击的左翼。

在第 1 集团军的左翼，第 13 军和第 8 军的各师屈服于敌人的压力，被迫退到亚格斯特河和内卡—恩茨防线（Neckar-Enz Line），然后在 4 月 10 日又退到科赫尔河（Kocher）。现在已经建立起了通信联系，而且事实上，在他们到达这些防线之后，战斗出现了短暂的平静。4 月 10 日，第 1 集团军驻守普瑞根施塔特（Prickenstadt）—乌芬海姆（Uffenheim）—下施泰滕（Niederstetten）—英格尔芬根（Ingelfingen）—科赫尔河防线，其右翼差不多位于施泰格林山（Steiger Forest）的西部边缘。第 1 集团军的左翼和第 19 集团军的右翼共 3 个师调到了受威胁较大的纽伦堡地区，但这也削弱了在战略上相当重要的内卡—恩茨防线和科赫尔河防线，不过，这些防线也依托地形进行了巩固，而且似乎没有什么迫在眉睫的危险。令人遗憾的是，调防的 3 个师很晚才抵达新的战斗区域，而且从其实力上看，也不像人们所期望的那样强大。

德军右翼的局势发展使这种转移非常必要。疲惫不堪的第 82 军各师无力抵挡美国第 7 集团军和第 3 集团军侧翼师的追击。而在班贝格（Bamberg）地区，第 36 国民掷弹兵师和第 416 步兵师被分割开来。4 月 15 日，班贝格和拜罗伊特被攻占，南方的国土向敌人敞开了大门。

在西部，我们的调动更加完整顺畅，前线也并没有土崩瓦解。4 月 14 日—15 日，我们在艾施（Aisch）开展了一场战斗，因为纽伦堡像磁石一样把美国第 7 集团军吸引了过来。

要不是党卫军第 13 军第 2 山地师和党卫军第 17 装甲掷弹兵师在最后一刻及时赶到，这一战事必然遭到灾难性的失败。同时，我重组了两个损失惨重的师——第 36 国民掷弹兵师和第 416 步兵师，他们由经班贝格撤退而来的部队和一些新招的应急部队所组成。这样他们匆匆忙忙地重整装备，并于 4 月 16 日—17 日在高速公路以南建立了一小块防御阵地。不幸的是，第 17 党卫师的一个团不得不为了保卫纽伦堡而先行撤离，而这在第 82 军和第 13 党卫军之间造成了一个缺口，并且一个美国师抓住了这个机会潜行而入。现在弗兰克尼亚瑞士（Franconian Switzerland）、上普法尔茨直至纳布河（Naab），整个侧翼都暴露在外，要想加以防护，只有调用在格拉芬沃尔（Grafenwöhr）军事基地中的一个战斗队，其他再无部队可用。这些格拉芬沃尔的部队（装甲兵和卡车步兵）被派往美国第 14 装甲师的侧面，这支美军正在从拜罗伊特向纽伦堡推进。我当时就在现场，目睹了这场攻击。战果不大，这并不完全是由于部队实力薄弱，主要原因还是缺乏前线经验、战斗训练和冲锋气势。因此，除了从上普法尔茨延伸至纳布河有个缺口外，德军还是在 4 月 18 日—19 日从安贝格北部经施瓦巴赫（Schwabach）、安斯巴赫（Ansbach）和哈尔（Hall）直至劳芬（Lauffen）建立了一条可怜的防线。

随着这条防线的建立，第 1 集团军再次显示了战斗力。在 4 月 14 日—15 日，敌军向前推进，在海尔布隆的内卡河两岸建立了一座桥头堡，这不能归咎于第 1 集团军指挥部或部队。

从海尔布隆到普福尔茨海姆，内卡—恩茨防线的突出部挡住了欧登瓦德山和黑林山之间的通道。如果突破内卡河前线，则意味进入了斯瓦比亚汝拉山（Suabian Alb）北部平原，这里非常适合坦克自由行动，并可以渡过恩茨河进一步威胁斯图加特和位于黑林山和汝拉山之间的南部盆地和河流。

在 3 月底，局势已经很明显，美国集团军群的南线部队并不想在路德维希港—海尔布隆防线以南的地区开展实质性的冒险行动，这意味着巴登和符腾堡将是法军的行动区域。

4 月 13 日，法军从卡尔斯鲁厄地区向我们在黑林山北侧的阵地发起进攻，到 4 月 18 日已向维尔德巴特（Wildbad）和黑伦阿尔布（Herrenalb）进行纵深推进，并对普福尔茨海姆形成了部分包围。即使在一个坚固的区域后面，我们的部队也站不住脚了。因此，在机动性如此强大的敌军面前，任何"计策"都注定要失败。第 19 集团军现在已无力实施阻滞行动，这是无法掩饰的事实。即使是装备最好的第 8 军和第 64 军在强大的天然防线背后都没有多少抵抗能力，那么地区防御营和其他部队又能指望上什么呢？在开阔的平原上，所有的战术行动都以逃命而告终，不过，尽管失败让德军跑得飞快，但敌人移动得更快。尽管第 19 集团军重新集结力图重振旗鼓，但还是不能阻止敌人横扫普福尔茨海姆东部地区。

美军和法军从普福尔茨海姆出发，至 4 月 20 日—21 日已到达斯图加特附近，期间一支美军向斯图加特以东发起进攻加以配合，这切断了第 1 集团军和第 14 集团军之间的联系。第 80 军现在处于绝境。4 月 22 日，当法国装甲师向菲林根（Villingen）推进时，第 64 军和第 18 党卫军的部分部队也同样陷入困境。经过几天的战斗，符腾堡失守，这样恩茨河—黑林山防线也将难以守住。

4 月 24 日，第 19 集团军带着大批兵力从驻防的多瑙河（Danube）和勒尔河防线向肯普滕（Kempten）撤退。

可悲的是，这些天的失败不仅影响了德国南部官兵的士气和战斗力，而且决定了未来战局的走向。

在第 1 集团军的右翼，美国第 3 集团军的先头部队横扫弗兰克尼亚瑞士东部的剥蚀区，并威胁魏登（Weiden）和诺伊马克特

（Neumarkt）。在接下来的几天里，他们连同美国第 11 装甲师入侵黑林山。在 4 月 26 日—5 月 3 日，他们占领雷根（Regen）、茨维瑟尔（Zwiesel）和卡姆（Cham）等地。魏森贝尔格（Weisenberger）将军在纳布河的防御或被摧毁或被击退。

第 82 军也同样被击退，部分师被打散，最终部队的重新集结得益于在多瑙河北岸雷根斯堡（Regensburg）桥头堡的陆军工程兵学院的工程兵部队和在河对岸的党卫军"尼伯龙根"（Nibelungen）师。

党卫军第 13 军也被迫回撤，部分部队也被打散，但整个军始终保持着内部联系。他们在英戈尔施塔特（Ingolstadt）和多瑙沃特（Donauwörth）之间建立起 4 个桥头堡，在多瑙河后方展开战斗，并准备建立一条新的防线。

4 月 19 日，敌军对第 1 集团军左翼的第 13 军发起了决定性攻击，他们在克赖尔斯海姆（Crailsheim）和巴克南（Backnang）之间多地撕开了防线，并为在迪林根（Dillingen）和乌尔姆之间的美国师开辟了通往多瑙河的道路。然而，部分德国军队在迪林根以西形成了一个大桥头堡，他们于 4 月 24 日从那里顺流而下，渡过多瑙河，并在迪林根以西直至乌尔姆一线重新恢复防御。但敌人在 4 月 23 日突袭迪林根获胜，并且两三个美国师在乌尔姆附近联合作战，这些行动决定了这些英勇部队的命运。

所有这些事件都比不上 4 月 20 日苏军大范围突破奥得河（Oder）的胜利。德军对此的反应，是于 4 月 24 日在最高统帅部中设立了一个德国南部作战参谋团队，由温特将军负责，后来我以南方战区总司令的身份把它们纳入麾下，成立计划参谋团队。

敌人的行动与前几个星期大致相同。4月3日，美国装甲师临时收起了他们的谨慎态度，突袭了波希米亚森林（Bohemian Forest）的深处，并沿着多瑙河向康斯坦茨湖（Lake Constance）进发。尽管如此，盟军最高统帅部还是努力让第二战线的各支部队齐头并进，在整体上保持一致，避免局部出现逆转。在这里，和非洲与意大利一样，法国师也表现出了他们在山地作战方面的实力，而德军指挥部却无法再拿出同样的实力进行对抗。

德国军队暴露出来的弱点，以及在训练、装备和机动性方面的不足，再加上盟军对第7集团军和第1集团军之间缺口进行的不懈追击和突破，可能会使盟军提早取得胜利。美国第10装甲师的突破理念也是一种战术策略，如果能够被充分利用，可能会给第1集团军带来灾难性的后果。此外，美国第12装甲师对迪林根的猛攻，完全显示了他们的锐气，但令我惊讶的是，这种锐气在渡过多瑙河之后似乎衰退了。

城市争夺战

4月2日，希特勒下令保卫所有城市。毫无疑问，他深信每一个德国人都会通过最后的牺牲来决定自己的命运，并相信所有人也是这么考虑的。如果这本身只是一种幻觉，那么该命令用在军事上总是结果难料的，至少在一定程度上行不通。现在的军事问题是削弱敌人的攻击力，从而阻滞敌人的进攻。因此急需一线部队，而民兵则做不到这一点。成功的城市防御战需要高度的战术经验、军事训练和战斗纪律，以及不能被围困住的适当地形，这种情况只发生在少数情况下，因此单是这一条命令就必须三思而后行。整个西线战役都证明了这一点，对此我的命令是，保护城市是我们的目标而非手段，决定战场位置的是地形以及部队的性质和能力。对于路德维希港、卡塞尔、爱森纳赫（Eisenach）、施韦因富特（Schweinfurt）、纽伦堡和慕尼黑的防御都是典型的例子。

维尔兹堡战役受到了元首命令的影响，其在军事上是不合理的，这个想法来自大区长官。

我非常仔细地观察了施韦因富特的保卫战。战斗是在远离城镇的地方进行的，因为那里有许多高射炮部队，所以可以依托这些环形阵地。随着这一外围阵地的突破，城市中的滚珠轴承工厂也自动停止了抵抗和工作。

如果我的命令得到执行，纽伦堡之战也会在城市外围打响。但是，由于城市具有"纳粹庆典"的神圣性[1]，省纳粹党领袖拒绝了这些命令，坚持继续战斗，最终付出了自己的生命。

事实上，纽伦堡牵制的敌军数量之多，确实超出了我们和盟军的预期。4月16日，我本人就在纽伦堡，正在前往第1集团军和G集团军群总部的路上。我正好赶上了一次炸弹袭击，亲眼见证了这座城市所遭受的破坏。巷战虽然惨烈而且不必要，但也不会造成更多的破坏。

尽管大区长官不断催促，对慕尼黑这个"运动之都"[2]的保卫，我曾两次断然禁止。

即使在战术形势要求坚决保卫一个城市的时候，也不能说就要极端地执行希特勒的命令，我不记得有哪个例子是这样的。

---

① 纽伦堡为纳粹党部所在地。——译者注
② 此称号为希特勒所宣布。——译者注

桥梁的拆除

由于未能及时炸毁桥梁而产生了灾难性的后果，雷马根、哈瑙（Hanau）和阿沙芬堡都是极具说服力的例子。但无论是这些教训，还是希特勒一再发出严厉的命令，都没有任何效果。虽然多瑙河前线已得到保护，也发出了专门的警告，但迪林根大桥还是在 4 月 23 日落入美国第 12 装甲师之手。类似的事情在其他地方也多次发生。这些疏忽的例子表明，随着我们的战争潜力达到极限，大部分新兵的战斗力已明显跟不上，正如我们的资源也已不堪重负。随之而来的问题就是，部队无法区分什么是重要的和不重要的，就像全部桥梁中只有零星几座被拆除了。第 7 军区和其他行政中心强烈要求保存那些经济方面十分重要的桥梁，但也无法否认它们在军事上也很重要。在这些情况下，我会禁止拆毁这些桥梁，但同时让当地指挥官负责安排其他的安全措施。毕竟，还是有很多其他的方法比炸药更有效。

阿尔卑斯山要塞

1945 年 4 月 20 日左右，我在位于慕尼黑北部的莫森霍芬的总部接到了保卫"阿尔卑斯山要塞（Alpine Fortress）"的命令，我需要尽可能地把该要塞弄清楚。关于阿尔卑斯山要塞的说法有很多，但大部分都是胡言乱语。

我在意大利的时候，巴伐利亚阿尔卑斯山脉的南侧边缘就已经筑起了防御工事，一直延伸到瑞士，目前部分地区仍在建设中，由党卫军安全部队（卡车步兵）驻守，指挥官是霍费尔（Hofer）大区长官。在北侧和东北面都没有防御工事，到 4 月 20 日也没有任何开工，也没有任何部队长期驻扎在那里。

据当时的报道，西南战区司令部于 4 月底命令费厄斯坦（Feuerstein）将军率领各支部队向北移动。虽然这个报道明显不准确，但也表明在德国境内有军事任务。在战争的最后几个月里，战事的发展把四面八方的许多参谋人员和后方部队都带到了阿尔卑斯山阵地。结果该地区人满为患，粮食供应严重不足，但在 1945 年 4 月的大环境下，撤离也是不可能的。

保卫这个所谓的阿尔卑斯山要塞，需要组建相应的军队，然而，在这个地区已经没有什么军队了，国内的运输部队和场站都只能提供炮灰。5 月初，伦杜利克想率领南方集团军群撤退到阿尔卑斯山，在那里战斗到底，结果我花了很长时间才说服他这个计划是行不通的。

储存食物和装备的任务本应交给党卫军波尔将军，尽管他应该就在德国南部的某个地方，却没有找到他。像往常一样，在需要后勤保障或空军部队的时候，他们什么也做不了。

纯粹从军事角度来看，阿尔卑斯山要塞的价值体现在，保卫它是为了达成某个结果，而不是为了保护一个要塞。如果这里有强大的多兵种后备队，不仅能够通过广泛出击和空袭来牵制住大批的敌军，而且还能摧毁他们，那就太好了。不过最后一点是不可能的，其他的也都是自欺欺人。

1945 年 4 月中旬的局势

到 4 月 20 日，整个西线的主要任务就是保护东线的后方，让他们放手同苏联人进行最后一搏。这也是德国国防军最高统帅部的最后希望所在。同样地，在 4 月 20 日以后，东西所有前线都在继续战斗，现在只有一个念头，就是如何把东线军队撤退到英美战区去。

我不同意最高统帅部的观点，即西线盟军在认识到共产主义的危险时，会向前推进，建立一个抵抗苏联军队的防线，尽管当党卫军沃尔夫（Wolff）将军在瑞士向美国人提出停战建议时，我的名字也在上面。他认为罗斯福（Roosevelt）已经相信苏联的政策是两面派的。也有人说，与西线盟军的战争应该在苏联人抽手打出王牌之前就立即结束。尽管出于军事和政治上的原因，有很多人反对这种观点，但我个人只是对心理上的争论有兴趣——如果在西线的所有德国军队都投降了，会如何影响到那些仍在苏联前线作战的人呢？他们还会决战吗？他们会觉得自己被抛弃了，被无情的命运出卖了，被集体交到了苏联人手里。这个结果是我们有义务必须绝对防止的。讨论如何去实现这个想法毫无意义，但有一件事必须努力做到：给他们时间，让他们边打边撤，进入被美国和英国占领的地区，当然已经很难确定这些地区该从哪里起算。后来的事件表明这个想法有多么正确。没有什么能改变这一点，即使事实上许多盟军指挥官将盟军间的协议置于人道主义要求之前，阻止德国军队越过分界线，或者在他们越过分界线后会把他们移交给苏联人，也无法改变这一事实。

西线的中央枢纽哈茨山脉和图林根林山可能曾在相当长一段时间

内牵制了强大的敌军，但也在 4 月中旬陷落了。在德国中部，本来计划由刚刚成军的第 12 集团军从哈茨山或其北部高原发起反攻，但局势的急速变化使得这一打算化为泡影。在这一时期，东西战线已经几乎压在一起并相互影响，给德军指挥部带来了巨大的难题并造成了严重分歧。本应为前线提供补给的区域急剧缩小，特别是从马格德堡延伸到德累斯顿的易北河走廊，以及从大柏林（Greater Berlin）地区到唐格明德（Tangermünde）北部易北河段的这个主要集结地。

当美国第 3 集团军转向东南方向时，多瑙河南北两侧的首批美国部队攻入伦杜利克的南方集团军的防区只是一个时间问题，必然给后者带来不利影响。当巴顿的军队横扫南方时，我计划对其侧翼发起猛攻，但执行命令的两个德国装甲师（第 2 师和第 11 师）在穿越波希米亚森林时行动太慢了，而随后命令他们配合南方集团军群在波希米亚森林的南部边缘阻止美国第 3 集团军，又有些不切实际。

从 3 月底至 4 月底，在莱茵河和美因河溃败后向东逃窜的师级战斗群行进了 250 多英里。他们经历了行军、溃散、战斗、再失败、被包围，最后遍体鳞伤、精疲力竭，却又重新集结、再次战斗和行军。这是一种强大的坚韧，尽管有其局限性，但大大超出了他们所做到的或所能达到的成就。

北方局势的发展无须详细讨论，因为自 4 月 6 日起，H 集团军群直接划归最高统帅部指挥。希特勒所期望的改善从未实现。他对布拉斯科维茨应对局势的方式很不满意，于是对斯图登特加以任命，希望能把死气沉沉的局面一扫而光。但有一次，在讨论这个问题时，约德尔对他说："您可以派十几个斯图登特去，我的元首，但局势不会改变。"

总之，这就是我们所有人的想法。

西北战区总司令布施于 5 月 5 日投降了，次日，在荷兰的布拉斯科维茨也投降了。

在德国南部、奥地利和捷克斯洛伐克的战斗宣告结束

苏联人已经取得了突破，并于 4 月底逼近柏林。当决定性的战役在那里打响的时候，位于德国南部的英美军队却出奇地被动。人们有一种印象是他们已经准备打包回家了。

无论如何，我们在德国南部的抵抗正在逐渐减弱。第 19 集团军被打败了，其残余部队现在驻防在多瑙河和伊勒河上。敌人已经在两个地方突破了多瑙河，并从乌尔姆向第 1 集团军的左翼发起猛攻。在这一侧的第 80 军也面临着被包围和歼灭的威胁。

实力较弱的美军部队驻扎在曾经的奥地利边境。他们企图沿着多瑙河北岸推进，穿过波希米亚森林进入捷克斯洛伐克，这一做法显然更像是在保护他们的侧翼，并无其他意义。

西南战区司令部（在意大利的 C 集团军群）在波河以南的战斗中损失惨重，以致撤退工作进展缓慢，被困在构筑良好的南阿尔卑斯山防线上。

东南战区司令部（在巴尔干地区）正在进行激烈的战斗，敌人正在迫近其右翼，而 C 集团军群在意大利的撤离更增加了这个方向上的危险。

在奥地利（伦杜利克的南方集团军群）的战斗暂时平息下来，他们在前线背后还有相当多的后备力量。

中央集团军群（舍尔纳指挥）的右翼部队在捷克斯洛伐克正在进行激烈的战斗。

前线后方唯一完整无缺的德国大型编队是新组建的第12集团军，但它一直在西线作战。现在东西双方都受到了威胁，它的实力不足，无法避免厄运。

尽管如此，我们在东部的军队，包括东南战区司令部和第12集团军，都保存了相当大的力量，不需要对他们关注过多，而在意大利、巴伐利亚的部队和第7集团军则处于崩溃的边缘。

在这种情况下，还有继续战争的理由吗？

由于现在所有可用的师都挤在一个狭小的空间里，仍然在战场上的德国部队注定要走向前所未有的共同的命运。无论他们是立足自己帮助友军，还是前拉后扯共赴深渊，都不会有什么出路。例如，我们在德国南部前线的瓦解必将严重危及在阿尔卑斯山，东南、西南和南方的其他部队。如果在意大利的军队被消灭，那就意味着巴伐利亚军队也走向终结，并且巴尔干地区的危险也随即增加。

对于战争中的心理，当所有人都被卷入了同样的命运，士气的波动就会像野火一样蔓延，而更严重的是人们会不顾整体影响而选择独自行动。同志关系的原始职责使得一个正派的军人在知道他的同志们正在最后一战中坚持到底时，他不可能放弃战斗。如果他坚守的阵地关乎他同伴的生死存亡，那么无论放弃或投降都是不可想象的。

这些想法在我脑海里悲壮地盘旋着，这已不再是为乞求和平而战斗的问题。现在最重要的是绝不让我们的德军战友落入苏联人之手。因为这个原因，而且仅仅就是这个原因，我们将不得不战斗到底。

在战争的最后几年里，我越来越关心的问题是，战争能持续到什么程度。显然，一名指挥官对下属和部队士气的影响程度，取决于他对这个问题的明确态度。在斯大林格勒战役和突尼斯投降之后，胜利已经变得遥不可及。至于诺曼底的成功登陆是否最终决定了我们的命运，现在这一推测已经无关紧要了，因为西线的崩溃已经扑灭了打破僵局的最后希望，我们已经山穷水尽。

这就是为什么自1944年秋季以来，我一直支持党卫军沃尔夫将军在瑞士联络美国人的计划。我已经说服自己，作为一名军人，战争到了目前这个时候，有必要在政治层面上与敌人进行谈判了，这就是这种接触的目的。从政治方面，盟军从未掩饰他们要摧毁德国的意图，最主要的是民族社会主义和"军国主义"，这意味着涵盖了大部分国民和所有高层人士。他们对我们的宣传充满恶意，让我们感觉根本没有希望保存我们的民族。盟军这种要摧毁我们的决心，也体现在其"无条件投降"的公告文本中，对此我们只有一个回答：以尽可能高昂的代价赌上我们的生命，也就是说，我们会继续顽强的战斗，一直把敌人拖垮，或许这样他们才更愿意坐到谈判桌前。1918年，我们曾经放弃过一次，结果被迫接受了凡尔赛的残酷安排。毫无疑问，我们现在没有人希望重蹈覆辙。

在1945年4月20日前后，整个局面开始使我感到切实迫切。东西方的防御战都让我们的希望落空。柏林危在旦夕。我再一次做出了坚持到底的决定。

希特勒总部给我的命令再次强调，军人不能"独自行动"。在战争的最后两个月里，希特勒下达了许多严令，要求阻止盟军的推进或实施阻滞行动来争取时间，他充满信心地期待在我们自己的土地上，东线终会取得胜利；期待组建一支新的军队，"顶级的军队"，来扭转局势；期待研发出各种新式武器，尤其是"人民战斗机"，来提升战斗力。①

然而，正如美国人为打击德国生产而进行的精确研究所确定的那样，只有努力加强空袭保护才能极大地影响结果，虽然可能无法阻止结果的产生。通过这种方式，政治干预就有可能带来一种勉强接受的和平。

防线上的德国军人，只要手里有武器就无所畏惧，但一想到要成为苏联人的俘虏，却会战栗起来，一点都不夸张。在这个决定性的时刻，要对我们东部的战友见死不救，对任何指挥官来说都是不可能做到的，尤其是我还负责着从德累斯顿向南的苏联前线。我们必须战斗，为我们的东部军队争取时间，以撤退到英美占领的地区。

我向手下的 3 个东线集团军群提出紧急建议，让他们与苏军进行局部谈判，但他们都认为完全没有希望而拒绝了。基于同样的原因，5 月初，南方集团军群的各个集团军在格拉茨（Graz）的一次会议上要求我们应该继续战斗。我明确下令禁止这样做，以切断与敌人的接触，并迫使部队向美军区域撤退。

---

① "人民战斗机"（Volksjäger）是海因克尔 He-162 飞机，这是一种使用涡轮喷气发动机的高速战斗机。希特勒相信这种战斗机可以廉价批量生产，并希望用它占领天空。——英文译者注

＊　　　　＊　　　　＊

在最后阶段，阿尔卑斯山区（与虚构的阿尔卑斯山要塞不同）成了西南、东南、G 和部分南方等四大集团军群的落脚点。这里坚持不了很长时间，但足够让东线集团军群逃离苏军。后者的撤退速度取决于那些最先进和最依赖其余部队行动的部队。

在巴尔干地区，E 集团军群的主力部队需要足够的时间才能通过一个狭窄的瓶颈区域进行撤退。如果右翼的事态发展趋于恶化，而且 C 集团军群从意大利撤离可能会撕开一个缺口，这都可能阻止撤退行动。因此，其右翼必须得到增援，而且两个集团军群也必须相互协调好。对巴尔干半岛来说，更有决定性影响的是位于奥地利的南方集团军群。他们过早地撤退，尤其是其右翼部队，有可能会堵住 E 集团军群的退路，那么此时就只能指望铁托大发慈悲了。

在捷克斯洛伐克，中央集团军群的防线被击破，再加上可能来自北方的包围威胁，其撤退计划可能要变得复杂一些。在这里，首先要做的是动用所有可能的后备力量来加强突破点。从美国第 3 集团军对德国第 7 集团军的行动可以推断，捷克斯洛伐克不是美国的利益区，这意味着他们可能不会对中央集团军群开展极其危险的行动。

在南巴伐利亚，敌人在极短的时间内成功做到了我认为极不可能的事情，他们几乎不费吹灰之力就占领了最强大的地区。现在的问题是，从罗伊特（Reutte）到布雷根兹（Bregenz）这段进入阿尔卑斯山的通道能守住吗？这个地形易守难攻，这项任务看来是可行的。那么，是所有的法国军队，还是只有那些专门进行山地作战的殖民地师，会追击第 19 集团军的残余部队而进入阿尔卑斯山，或者他们会在山脉的北部边缘停下来？我们关于"阿尔卑斯山要塞"的宣传有效吗？敌人可能会在意大利跟在 C 集团军群后面穷追猛打，从而把攻势推进阿尔卑斯山。

事实证明，法国军队继续向阿尔卑斯山前进，并在北方发起了包抄攻势。4 月 27 日，他们已经到达山脉的北部边缘，4 月 30 日，他们在广阔的战线上向阿尔卑斯山发起进攻。在齐尔山口（Zirl Pass）和费恩山口（Fern Pass）相继陷落之后，我同意了第 19 集团军的投降请求。这一时期在阿尔卑斯地区发生的某些事件非常糟心。霍费尔大区长官的行为令人费解，他对军事行动的干涉过大，以至于我不得不下达命令，禁止遵从这位因斯布鲁克省（Innsbruck）大区长官关于军事问题的指示。在其他方面，他也没有表明他的想法。令人不安的是，他在部队实力不足的情况下，下达了一些折中的命令，结果这些命令要么得到了最蠢笨的执行，要么被置之不理。此外，他的一些两面派做法或明显的背叛行为，也给部队带来了损失。这本来是可以避免的。

即使已经走投无路，第 1 集团军仍然保持着坚韧不拔的风姿。当然也有挫折，比如在迪林根和瓦瑟堡—米尔多夫（Wasserburg–Mühldorf）等地。但是，特别值得赞扬的是集团军司令部及其下属指挥官，他们开创性地采取了很多新的应急手段；此外，还有整支部队，他们训练有素地避开了敌军的包围威胁。在许多场合下，我会只提到冯·亨格尔（Ritter von Hengl）将军，他曾经只带了少数部队抵挡住来自北方、南方后来又有西方的进攻，这种英勇的保卫战证明了训练有素的德国军队即使在绝境中也能保持高昂的士气。在更远的东部，美国军队已经到达伊舍（Ischl）和哈莱茵（Hallein）。5 月 7 日，他们接受了当地德国军队的投降。

在奥地利，第 7 集团军与伦杜利克的南方集团军群配合，应该可以取得更多的战果。但这些行动距离现在仍然太近，尚无法做出准确的判断。5 月初，我在采尔特韦格（Zeltweg）和格拉茨与东线指挥官们开会，随同的还有我的参谋长温特。在那些令人担忧的日子里，他对我的帮助特别大。东南（勒尔）、南方（伦杜利克）和中央（舍尔纳）等 3 个集团军群对局势的描述，给我的总体印象出乎意料的好。他们都没有处于紧迫的危险之中，敌人对南方集团军群的行动也已基本停止。虽然前线稍稍让人放心，但是整个局势却是令人沮丧的。另外，后备军的规模、实力和组成也超过我的预期。装备情况也很好，后勤保障也没有问题，而且与西方相比，供给还异常充足。次日，我下令加速向西方撤退，不过在前一天晚上南方集团军群的参谋人员投降，使这次任务的执行变得有些复杂。（勒尔又被铁托的游击队俘获，随后就被判处了死刑，这是一个令人伤心的打击。）因此，南方集团军群的大部和东南集团军群的大部都撤退到美军控制的区域边线上，我紧急向美军进行了报告，然后部队得以通过。

中央集团军群的部队就没那么幸运了，第 7 集团军中个人主义横行，使得舍尔纳下达的命令几乎无法执行。最终不幸的是，这支集团军群在全面投降生效之后，仍在继续战斗。

我获得全权授权

实际上，我的新工作始于最高统帅部南线参谋人员到来之日，也就是 4 月 24 日，不过直到 5 月初我才收到正式的命令。局势的发展要求采取一些这样的对策，相关的面子问题并不重要。早在 4 月中旬，我得知该计划草案，因此尽管我进行了汇报，但这一决定到月底仍未生效。当时我人也不在，于是派经济部的海勒（Hayler）博士去见邓尼茨上将，要求立即将我的职位落实下来。就这样才成功了。

随着我把总部迁往巴伐利亚，我作为指挥官的职责在此之前纯粹都是军事性质的，但现在大大增加了政治任务。这时南方和北方已经被切断，这些任务的增加是因为每个政府部门都在南方设立了部长代表或者国务秘书代表，他们（与国家和各省领导人一样，也包括来自捷克保护国的人）都试图与最高军事指挥官建立联系，因为后者现在独掌大权。

在投降至和平之间的这段时期，必须与大区长官协调武装部队的指挥问题，并组织公共安全队伍。

甚至在那些大区长官中间，有一些人想立即结束战争，也有一些人想战斗到最后一刻。奥格斯堡（Augsburg）和萨尔茨堡（Salzburg）的例子属于第一类，而慕尼黑和纽伦堡则属于第二类。5 月 3 日，在柯尼希湖的最高统帅部南线参谋部总部举行了一次会议，与会大区长官表示拒绝接受这种局势，要求我们应该继续战斗，至少不要控制他们民族社会主义者的行为，否则就不再服从命令。如果我拒绝下令，他们就提议立即派一名大使去见邓尼茨上将，以表明这一要求是不容改变的。需要进行长篇大论般的辩论才能唤起人们对事实有一丝理解。我对他们说，现在必须认识到，5 年多来，世界对我们发动战争，目的并不是要在赢得胜利后剥夺纳粹党的政权或摧毁民族社会主义。我清楚地看到，纳粹党培养党员只关注国内事务，却完全忽视了向他们传授国际政治的基本知识。

*　　　*　　　*

在投降后这段时期的重整工作，要求一切都重新开始，并杜绝任何游击战的想法。

这一目标已经达成了，除了少数投靠山区而逃脱追捕的人，他们也不属于所谓的"志愿军"。

在过渡时期，还需要组建一个由既不是政治家也不是疑似民族社会主义者组成的行政机构，直到占领国来接管为止。这一想法得到了普遍的支持，尽管时间紧迫，但还是在一定程度上得到了实施。这个机构还在"无政府"期间组织地方志愿防卫队来防止劫掠，后来由占领国批准组建的地方警察所取代。

另外，要采取措施养活人民和军队，直到占领国接管该责任为止。部队口粮出现问题只是在部分地区，因为苏联前线的大量部队突然涌入这些贫穷或交通不畅的地区，所以导致粮食供不应求。

为了避免抢劫，部队仓库的剩余库存已散发给了民众。

国务秘书海勒博士以极其有效的方式继续维持供给系统的运转，并拟定措施鼓励批发和零售贸易。最后一项只需要占领当局的批准即可，预计在同艾森豪威尔将军举行会议后予以通过。但是，这次会议并不包括其他一些本应涵盖的重要事项。

我向美军德弗斯（Devers）将军提议，不要解散各种技术部队，而且还要从其他部队中抽调技术人员对其进行加强，然后立即将其用于修复桥梁或在重要情况下重建新桥，使用轨道车修复最急需的铁路路段，并且把电话通信系统恢复正常，具体方案可以由美国当局进行讨论和监督。我们还准备及时为受损的农业区提供劳工队和马车队。

美国集团军群宣布同意了这些建议，于是西线司令部拟定了必要的指示，现在要开启这项最紧迫的工作，就只剩下得到美国总指挥部的批准了。然而，他们拒绝了！

仅举一个例子。5月底，有1.5万名通信部队人员正在待命，准备随时修复公共电报和电话网络。我相信到1945年底，通信系统和经济生活就能够有所恢复，此时就可以开始重建了，美国人也将省下大笔的后续支出，但前提是摩根索（Morgenthau）的影响没有渗透到美国军队的思想中。

战争结束时的领导问题

关于建立一个理想的指挥系统并组建一个指挥机构，可以在单个战区指挥三军的行动，我的想法过于天马行空，几句话难以说清，但我想提一下大家可能感兴趣的一点至两点。

希特勒采用的制度是建立平行运作的机构，即在同一战场上彼此独立而又共同行动，这只能从独裁者的角度来理解，他不相信任何人。

这对战争的实施是致命的，主要缺点是军队和党卫军之间、行政机关与纳粹组织之间互不信任，它们在优先规则、独立权限范围等方面各不相同。

在一场战争中，要求有统一的领导机关和经济结构，这时诸如纳粹办公室之类的"赘肉"在某种程度上是有害的。如果有人想破坏一个国家的武装力量结构，他只需要采用希特勒所钟爱的这种方式来组建机构，或者说是瓦解机构。

对新成立的部队进行集中控制显然是很有必要的，因为只有这样，才能根据现有的战争物资来招募和训练人力。预先仔细规划新的部队是正确的，但忽视优先次序（例如，空军要先于陆军装备）或只考虑当前需要的做法都是错误的。阻止新部队获得人员和物资也是错误的，除非形势发生变化，新部队的利用价值变得难以预测，并且这些人员和物资本来可以及时用于挽救前线的崩溃。希特勒如此笃信的这些新军，必定要足够强大，装备精良，训练有素，能对战役产生决定性的影响，否则毫无意义。到了1945年，情况就不一样了。我认为，如果我们在1944年底，至迟在1945年1月—2月把我们所有可用的兵力和物资都派往前线，那么这场被视为纯粹地面战的莱茵河战役可能就会产生不同的结果。在此之后，西线司令部手下的所有部队已几乎毫无战力，急需经验丰富的部队强力增援。我们虽然反复要求，但是他们始终充耳不闻。

投 降

3月底，我在西南战区任总司令时的参谋长伦提格尔（Röttiger）

给我打了几次电话，反复求我尽快赶去他那里商讨局势。我没有时间去操心那些不归我指挥的集团军群。但是，当 4 月他归于我的麾下后，我在 27 日—28 日前往因斯布鲁克与他会面，这是个节省时间的选择，因为斯布鲁克就位于我们中间。会议在大区长官府邸进行，冯·维廷霍夫和德国驻意大利大使拉恩博士出席了会议。党卫军沃尔夫将军本来也要参加，却因为游击队在某处耽搁了。

大区长官做了一个很长的介绍性讲话，他在讲话中详细阐述了当时的政治形势、他与希特勒的最近一次谈话，以及南方战区无望的军事形势。他最后表示，我们必须在为时已晚之前研究如何投降的问题，当然，我们只有在实在无法继续战斗的时候才会支持投降。然后他离开了一会儿，拉恩和维廷霍夫讨论道，就在几天前，这位大区长官还唱着完全不同的调子。我在旁边仔细倾听着。

维廷霍夫接着报告了军事局势，现在已经急剧恶化，必然会导致崩溃。他认为有必要就投降问题进行讨论，并作出明确的决定。会议还有时间，但拉恩博士没有说话。

由于之前对美国人的示好，这一点我也曾经表示过同意，现在已经开启了某种形式的投降谈判。我当时并不知道此事，所以我从军事的角度谈了我的决定。无论我和沃尔夫的关系是好是坏，对于他这次未能出席，我至今仍然感到遗憾，因为他一定能让我有一个更加明智的选择。[1] 我认为我们的行动必须由整体形势来决定。作为军人，我们要服从命令。这些因素都禁止我们投降，除非我们的良知告诉我们真的没

---

① 我没有把同美国人谈判的事情告诉我自己的军官，甚至包括我的参谋长，因为我不愿意使他们声誉受损。——原注

有其他出路了。我们还必须考虑间接后果。如果 C 集团军群过早投降，将会使东南方向的集团军群和阿尔卑斯山北部的 G 集团军群陷入十分被动的境地。我们也不能忽略这一做法对在柏林及其周围战斗的官兵产生的心理影响。我们自己的利益必须放在第二位。此外，我告诉他们，我假定或者说希望前线战局的发展会比我们现在所担心的更好，就像过去经常发生的那样。

我要求继续战斗的决定没有遭到任何反对，我有一种感觉，就是我使维廷霍夫变得更加坚定了。但是，如果我详细了解当时为安排全面投降而采取的措施，可能就会做出不同的决定并采取不同的行动。我应该在道义上遵守所有签订的协约。现在这么说已经是事后诸葛亮了，否则我今天也无法说出当时我会怎么做。虽然这个选择似乎对东南战区司令部有利，但我可能不会这么做了。

因斯布鲁克会议后的局势发展非常糟糕，事实上双方难以忍受这种尴尬。5 月 1 日，我去前线视察，回来时已是深夜，我的参谋长向我报告说，舒尔茨将军认为，以他的残兵败将，再进行任何抵抗都是徒劳的，他要求立即批准停战。我同意了。第二天，冯·维廷霍夫向他的部队通报了这个消息。与此同时，我向最高统帅部也报告了这一情况，在电文中，我坦承对于这一武断行径，我愿意接受他们的处罚。然后我又简要概述了西南司令部投降会产生的后果，对此我请求批准 E、G 两个集团军群的投降，其中后者的投降得到批准。

5 月 3 日，我任命第 1 集团军指挥官弗奇（Foertsch）将军去进行谈判。他具有完成这项艰巨任务的外交和政治资格，并于同日在我的阿尔姆（Alm）总部接受了详细的指示。5 月 4 日，该谈判在萨尔斯堡举行，但弗奇回来时非常沮丧。我们就连这一微弱的希望也破灭了，所谓谈判只不过是听盟军发号施令，这仍是卡萨布兰卡会议在作怪！西南集团军群司令部遇到的情况也是一样。我与他们的代表在 5 月 1 日晚上进行了会晤，他告诉我，对方可能会对他们的参谋长做出特别的让步。我拿到的这个投降谈判副本中没有提到这些。

就在这些天里，我与艾森豪威尔进行了首次接触，讨论战场上我的部队向美国人投降的问题。艾森豪威尔回答说，他在各地所有德军都投降的情况下才会进行谈判。于是，我要求德国国防军最高统帅部进一步采取必要步骤，他们也立即采取了行动。

G 集团军群的无条件投降于 5 月 6 日生效。我已经宣布预计在 5 月 2 日或 5 月 3 日进行投降，以避免任何进一步的战斗和无谓的流血。我向部队表示感谢，并呼吁他们以实际的行动来维护德国武装部队的声誉。我在这个场合和其他各种场合都不断向各部队说明，我们无可挑剔的军人举止是唯一能让盟军官兵保持尊重的东西，这对以后进行更高级别的谈判将具有不可估量的价值。

我自己的感觉，也得到了美军指挥官的证实，就是我们的士兵在经历了近 6 年的战争和绝境后，仍然举止有度。

5 月 6 日，我的总部参谋团队是阿尔卑斯山中唯一尚未投降的部队。我决定把一部分参谋人员调到希姆莱的专列上，这列专列现在无人管理，停靠在萨尔费尔登（Saalfelden）的一条侧线上，然后又和美国人取得了联系。此时，我的参谋长仍留在我原来的总部，根据我的详细指示，制订投降的细节。我曾建议党卫军豪塞尔（Hausser）将军作为我的特别代表，负责党卫军部队的投降事宜，使之完全按照我的指示进行，总之，在最后一刻决不要做任何傻事，如逃到山里之类的。他在党卫军将军中是最受欢迎、最有能力的一位，顺利完成了这一任务，但这并没有使那些久经沙场、纪律严明的党卫军部队免受针对性的、非人道的对待。

我现在有时间考虑我的未来了。面对不可避免的压力，我应该做些什么来让我轻松一点呢？如果我死了，只会把压力再传到别人的肩上，所以我决定不这么做。

没等多久，一个美国少校就带着几个士兵来了，我的警卫接待了他们。他告诉我，在接下来的几天里，第101空降师的指挥官泰勒（Taylor）将军会来看我。泰勒将军在战后碰巧又担任了驻柏林的美军司令官，后来又出任驻朝鲜的美军总司令。这位身材矮小、不配武器又谦逊有礼的美国军官，在与我讨论了我的参谋人员的解除武装和投降事宜后，邀请我把住处迁到贝希特斯加登酒店（Berchtesgadener Hof）。他允许我保留我的武器、勋章和元帅权杖，并亲自陪同我驶往贝希特斯加登酒店。

在途中，我们也能够按照我所指出的路线前往各个不同的单位。

在贝希特斯加登酒店，最好的房间安排给了我和我的随员。我可以自由行动，但必须有一位讨人喜欢的布朗中尉在旁陪同。他出生在慕尼黑。我也可以在没有美国人陪同的情况下拜访位于采尔特韦格和格拉茨的苏军前线部队，这个小小的举动表明这位美国将军的行为堪称楷模，但也反映出盟军之间的紧张关系。有一天，美国集团军群司令德弗斯将军来拜访我，他尽管保留了一些传统的军人礼节，但仍表现得很冷淡。他的态度使我更加清楚地认识到我会遇到新的情况。

在接下来的几天里，从火车上开始，我不断地接受盟军报社记者的采访。采访期间没有发生任何意外，大家差不多都是相互理解。我在那里结识了科特·里斯（Kurt Riess），他后来还专门为我求过情。我不断地请求准许我同艾森豪威尔将军谈话，以便敦促他为部队和民众采取帮助措施。然而，1945年5月15日，我被带到卢森堡附近的蒙多夫集中营，途中经过奥格斯堡，在那里我不得不留下我的勋章和元帅权杖。我在这里多说一句，无论是我的两位参谋长（温特和韦斯特法尔），还是我的其他军官或士兵，他们都没有想到我这次离开居然会遇到一个糟糕的结果。他们都非常了解我，知道我在战争中的几乎每一个举动，从来没有想过会对我进行审判，甚至判处我死刑。他们也没有想到，我不是去见艾森豪威尔，而是被送到一个特殊的集中营。为什么会有人认为光明正大是错误的呢？

首先，在不同的时间，以不同的方式，所有的德军指挥官都困扰于投降问题，但这是政府的事。

其次，投降可以是经政府批准或命令进行的军事行动。G集团军群的投降就是前者的完美范例，而德国军队的全面投降则是属于后者。

如果一支军队被打败，如果抵抗已经变得徒劳无功，如果失去这支作战部队并不会给军事和政治利益带来明显的损害，那么就可以选择投降。但也必须记住，不慎重地投降，会削弱军队的士气和战斗意志。再例如，在突尼斯的军队和在鲁尔区的B集团军群，他们的投降虽然对总体局势不利，但这已经是唯一可以结束战斗的办法，当然两者也存在明显的区别。

最后，还有一种投降。如果战斗继续下去，既不能牵制敌军，并且由于自身的弱点而毫无胜利希望，或者对战争的结果不会产生任何影响，那么军队指挥官就可以主动考虑投降。在这两种情况下，必须首先非常仔细地审查投降会对附近友军或全部战局产生什么影响。

如果提前就计划好投降，不顾自己对附近友军的义务而突然实施，这是一种极不负责任的行径。虽然他们通常会找一些政治方面的借口，但其实该指挥官对于全局情况也是了解有限。第二次世界大战中也不乏这样的例子。在这个高科技时代，不与上级机关协商就做出如此影响深远决定，这样的事例应该逐渐减少。

整个问题又绕回到"政治军人"这个老问题上来。我在此重申，这类军人在德国武装部队中毫无容身之处，他们是冯·泽克特将军训练的产物，他们"对宪法的忠诚"与纳粹煽动是不一样的。

然而，纽伦堡国际军事法庭却判处这些军人死刑，但是他们又要求军人们表态，能够对重大的对外政治问题施加决定性影响，或消除国内紧张局势中的犯罪分子，或推翻有犯罪倾向的政府等。

在这两种对军人守则的解释之间，存在着一道无法逾越的鸿沟。

在 1947 年中期，我终于在一篇文章中就"政治军人"这个问题进行了评论，而且没有提及第三帝国的特殊事例。现在引用如下：

> 我要求每一名身居高位的高级军官要具有政治洞察力，这样能帮助他对国内和国外的政治事件形成一个深刻并恰当的理解。按照这种观点，这名军官应能够以其充分的职责认知在国家元首面前充当合格的顾问，要能够预见到对军队的需求，并同时使自己能够适应政治环境。当然，这种微妙但不可或缺

的配合工作可能会给内心带来严重的冲突，并在外部产生一些争议，此时这名军队领导者就必须考虑他的态度会对外交政策造成什么影响。

但是，我决不承认通过个人政治行为来实现其个人政治观点的"政治军人"，这是误解了"军人"一词的真正含义。这些人僭越的特权，是任何国家元首或政府首脑都无法容忍的，除非他们愿意屈服。即使在今天，1947年，在许多国家中也能找到支持这一观点的例子。

综上所述，我想强调的是，一名军官，尤其是一名高级军官，要超然于各方之上，但是每一名军人也应服从合法的政府和合法的国体。他必须受到军人誓言的约束。军人誓言要求绝对服从命令，并规定士兵必须完全服从上级和合法政府。在这些义务中懈怠就是鼓励政变，而政变很少对国家或人民有利。这样，应该维护国家的武装力量就变成了国家的破坏者。个别几个相反的例子并不能证明什么，但却显示了，对于一名责任极其重大的军人，如果违背誓言，极少是出于一种道德责任。这个人必须知道他正走在"赞美主"和"钉死他"之间的羊肠小道上。

还有一点，政治和军人之间存在着内在矛盾。只有极个别的人才能把两者结合起来。一名军人如果把注意力放在政治上，就不再是一个好军人了。我亲身经历的战争告诉我，在危急的军事形势下，政治讨论会影响军队作战。在我看来，对权力进行划分似乎是一个不错的解决办法。然而事实是，什么样的指挥官带出什么样的部队。在我们所处这个时代，军官要能够把握政治的相互关系，并向士兵们加以解释。只有这样，"穿军装的老百姓"才能从"某个党派的政治人员"演变为"有国家思想的军人"。这个任务的难度绝对不容低估。我们德国人在最近两个世纪的大部分时间中都卷入了战争，忽视了政治教育，而且必须在极左和极右的政党和政客中处理掉一些人，因为他们对于国家的态度就是一种狂热的否定。

因此，首要的原则仍然是把"穿军装的老百姓"教育成为忠诚和爱国的军人，并通过宣誓坚定地效忠国家和宪法。

第二十四章

我的战后经历

o- -o- - - - - ◄ -

> 蒙多夫的"灰笼";纽伦堡;达豪集中营;"肯辛顿囚笼";1947年2月—5月,威尼斯审判;阿德堤尼墓穴与复仇;判处死刑;保护意大利古迹和艺术珍品;韦尔监狱;结局。

监禁初期

现在谈判正在进行,以便使"无条件投降"文书生效,但我还远不能从投降后的那段时期中恢复过来,发生了太多令人痛苦的事情。我认为,必须消除欧洲各国之间的分歧,让我们这个正走向崩溃的古老欧洲更加紧密地团结在一起,要学会相互理解,找到一条欧洲统一之路。这个统一的欧洲将取代各个小国分裂的历史。我一直相信白里安(Briand)的观点,但当我成为一名空军飞行员之后,对于有必要在欧洲建立新秩序的所有怀疑都烟消云散了。1934年,人们驾驶着慢吞吞的飞机从柏林出发，为了避免飞入捷克斯洛伐克的边境，在飞行 1 小时后还不得不查阅一下地图，这个例子就已经足够了。在 1948 年初，我向美军历史研究部门的一名军官解释道："如果我选择了西线，在我有限的行动范围中为实现一个欧洲联邦而奋斗，顺便也为美军历史研究部门做了贡献，这对我来说意义深远，尤其是我认为英国法庭的死刑判决是不公正的。"

尽管这对个人来说很难，但我们必须学会遗忘。但是，已经发生的和有争议的许多事情仍然需要进行讨论，不是为了相互指责，而是要从我们的错误中吸取教训，造福未来。

我的生活现在充满了痛苦，经历了各种类型的盟军集中营和监狱。蒙多夫的"灰笼"（Ash Cage）集中营，多么形象的名字啊！ 1945 年，我在这里见到了德国政府、军队和纳粹党的诸多要员。可以说，德国财政部部长什未林·科洛希克（Schwerin Krosigk）伯爵和我一起已经安抚了那些不安的灵魂，让他们彼此更加亲近。守卫我们的军官和军士都是富有同情心的人，这与集中营指挥官安德勒斯（Andrus）上校形成了鲜明的对比，也许这就是为什么他被任命为纽伦堡国际军事法庭监狱的指挥官。我们所有人都发现，这位美国军官毫无国际礼节的意识。年轻的美国军官认为我不属于这座集中营，曾出于好意想把我转到另一个不这么阴森的集中营去，对此我不胜感激。他们的努力没有成功，不过这并不影响我对他们的印象，他们都没有被仇恨蒙蔽双眼。

在上乌瑟尔（Oberursel）集中营，我的处境好多了，只是其中有几天在这一处临时审问营中经历了一些无事生非的情况。但我在那里看到的并不让人舒心。我得出了一个结论，后来也得到了证实，即情报机构可能会改变一个人，当你与它打交道的时候，你可能会抑制不住地产生一种厌恶和恐惧，这类工作会给这个人留下深刻的烙印。如果不是招入了那么多的德国移民，很多事情本来是可以避免的。这些人是在历经苦难之后被迫出走他国，对他们的客观性和人道主义精神就不要期望过高了。

作为一个在押候审的战俘，我永远也不会忘记纽伦堡这个地方。自 1945 年 12 月 23 日起，我被无故单独监禁了 5 个月！在运动或做礼拜时，我感觉自己成了一个别人避之唯恐不及的人。在此期间，我在审讯戈林时作为证人出庭，接受了长时间的盘问。律师们对我说："终于换了一个经典证人出庭！"我在出庭做证时，发生了两件事一直留在我的记忆中。在一次冗长的解释中，我正在为波兰战役的头几天空袭行动进行合法性辩护，德国航空部已经根据《海牙陆战公约》为空中战斗制定了恰当的规章。检察官戴维·马克斯韦尔·法伊夫爵士（Sir David Maxwell Fyfe）在交叉讯问结束时，就这一点表示："这么说，你允许如此多的波兰城镇受到违反国际法的攻击？"

在死寂的法庭上，我提高了嗓门。"作为一名已经服役 40 多年的德国军官，我已经提交了我的证言。"我回答道，"我还是一名德国元帅，并且进行了宣誓！如果我的陈述得不到尊重，我将不再做进一步的供述。"

法庭上再次陷入沉默，最终这名检察官打破了寂静："我无意冒犯。"

后来，辩护律师拉特恩泽尔（Laternser）博士想了解一些关于意大利游击队的情况。苏联检察官鲁登科（Rudenko）立即跳了起来。"这位证人，"他宣称，"在我看来，似乎是最不适合谈论这个话题的。"（关于这件事，我其实有太多话要说了！）关于鲁登科的职业经历，我是相当了解的！但很遗憾，法庭上的其他人都不知情。不管怎样，经过法庭外的长时间讨论，这个话题结束了。

纽伦堡之后，我便被送去了达豪（Dachau）集中营。与我同行的同志被警告说不要同我谈话，我也得到过类似的警告。结果，我一到达豪集中营的地堡，就开始与我所有的室友交谈起来，与我挤在一个小牢房的包括冯·布劳希奇元帅、米尔希元帅、国务秘书博勒（Bohle）、冯·巴尔根（von Bargen）大使和一位下级部队指挥官。我们的看守是一个吉普赛人，他对我的手表产生了极大的兴趣。在地堡里，我重新学会了静坐的艺术，我的思想也变得更加活跃了。

后来我们因为身体虚弱被转移到一间小屋里，并获准在院子里自由活动，这时党卫军战俘对于我们的命运更加好奇了。

此后我又回到了纽伦堡，然后又到了朗瓦斯尔（Langwasser），在这里，我和许多同志进行了短暂的重聚，又有幸与斯科尔兹内同住一间栅栏森严的监狱小屋，此处的优势是有舒适的住宿、最好的美国食物和友善的狱警。然而，我很快又被转移到另一间小屋，在那里，即使是在最私人的活动中，也有3个人在监视我，两个人拿着汤姆冲锋枪，一个人拿着手电筒。我的生活从一个极端走到了另一个极端。两天后，我拿着元帅名单，与冯·魏克斯和一名初级军官一起，坐着一辆豪华轿车被带到了美军历史研究部门在阿伦多夫（Allendorf）的营地。护送我们的是一名军官和一位绅士，他的善意使我们感到非常放松。历史研究部门的指挥官是优秀的波特（Potter）上校，军官们费了很大的劲才排除了营地里一贯存在的部分困难。在阿伦多夫，我开始说服一些将军和总参谋部军官一起参与编写战争史。我的主要目的是，这是我们向德国军人致敬的唯一机会，同时也能促使盟国的历史学家们正视真相，而记录我们自身的经历，则作为次要目的。我们的主要困难在于缺乏文献材料。尽管如此，在我看来，我们的工作对于这段时期内的任何定论都是重要的佐证材料。在历史研究部门中值得我感谢的军官实在太多，我无法一一点名致谢，他们非常理解我们的处境以及我们家人的处境。几乎无一例外，他们过去是、现在仍然也是友好和亲善的大使。

1946 年秋，我在伦敦著名的"肯辛顿囚笼"（Kensington Cage）里住了一个月，在那里，苏格兰（Scotland）上校掌握着大权。许多人都对这个"囚笼"发表过观点，但就我个人而言，我在其中得到了用心的对待。我几乎每天与苏格兰上校进行会面，这让我们的关系越来越近，也让我意识到他的公平公正（事实上，他为了我的获释付出了巨大的努力）。一天晚上，有个小喽啰对我无礼，我就把这件事告诉了上校，结果后来再没有人违反过正常的规定，包括这个军士。

这里我想顺便引用一段简短的对话。在这段时间，我曾与一名犹太血统的审讯官交谈过，话题是反犹主义在世界上的发展，以及后来在同盟国地区的秘密表现。

"你忽视了时代的征兆，"我对他说，"你可能正在错失一个良机，这个机会可以为犹太人奠定坚实的基础，使其跻身至世界强族之列。你们确实有充分的权利要求惩罚那些对犹太人犯下罪行的人，并让他们为所有的伤害进行赔偿。每一名德国人和整个世界都理解这一点，全世界的人都会积极伸出援手。但是，如果被复仇的思想所控制，这将是致命的，因为这种心态只会导致新的不公正。"

他显然被这句话打动了，回答说："是的，但这样对我们犹太人太过苛求了。"

"我理解。"我表示同意，"但是，为了实现最终的和平，难道不值得冒这个险吗？"

在阿伦多夫的优势是我们被恩准可以有访客，所以我们可以在1946年庆祝圣诞节和迎接新年的时候与家人一起度过，这些探望对我们的妻子来说意义重大，让她们在接下来的几年里有勇气面对忍辱负重的生活。

1947年1月17日，我经由萨尔茨堡被送往里米尼，对我的审判要开始了。波特上校和另一名上校护送我到法兰克福，在那儿把我移交给两名非常和善的英国军官，这段经历也让我感受到了这个时代的混乱。在萨尔茨堡，我们在一位美国人的私人家里住了一天，只是晚上住宿的地方曾经是个马厩。在里米尼，我们又遇到了一个规模不小的军官代表团。通过这些短暂的间歇，我欣慰地看到，国别或胜负身份并没有影响到热情的同志关系。

我总是乐于认为军人担任政治家，往往比那些自认为有从政资格的人更优秀、更敏感，而讽刺的是，军人经常遭到全世界的唾弃、污蔑和嘲笑，但到了紧急关头，却又被赋予领导职位，备受追捧。这一点从美军的例子中也可见一斑，如马歇尔（Marshall）、艾森豪威尔、麦克阿瑟（MacArthur）。难道这不能引导人们减少对军人的敌意和偏见吗？

对我的审判

在清晨 6 时动身前往威尼斯—梅斯特雷（Venice-Mestre）时，集中营里的战俘们给了我一个感人的送别，他们都支持我，我也答应会为他们和德国的荣誉挺身而出。由于我的律师因事而推迟到庭（此事与德国人毫不相干），检察官想在我没有代表在场或只有一名法官协助的情况下开始诉讼，而这名法官又已被传唤作为诉讼证人。一名英国军官出面干预，他告诉检察官："不能让这场审判从一开始就变成一场闹剧。"

1946 年 11 月，冯·马肯森和迈尔策（Mälzer）在罗马先行接受了审判。两人和我一样，被控于 1944 年 3 月 24 日在罗马附近的阿德堤尼墓穴（Ardeatine catacombs）枪杀了 335 名意大利人。1946 年 11 月 30 日，两人被判处死刑。我代表我的下属提交了证词，但每次都是徒劳。

1947 年 2 月—5 月，我在威尼斯—梅斯特雷的审判持续了 3 个多月，这比我在罗马证人席上度过的 6 天还要紧张。审判结束了，在死刑判决通过的那一天，一名英国军官与我进行了长谈，之后他对我说："元帅，在您的审判期间，尤其是今天，您不知道我们所有英国军官有多么尊重您。"这也许是因为我坚持了自我。我回答道："少校，如果我表现得稍有差池，我就不配作为一名德国元帅了。"

除了军事法律顾问之外，这里军事法庭的组成都与罗马法庭不同。大法官是唯一的法律官员，他的职责是向没有受过司法训练的军事法官们提供意见建议，在其他所有重大审判中，他都发挥着同样的作用。这些审判几乎无一例外地以死刑判决而告终。如果大法官在最后的发言中说我"已走向末路"，我可以有把握地说，他那明显的偏见并没有走向末路。一家瑞士报纸当时写道，他是"第二检察官，也是最好的"。

法庭不是根据国际惯例而设立的，除了一位哈克维尔-史密斯（Hackwell-Smith）将军外，还有 4 名英国上校。到了审讯的后半段，法官似乎已经很享受这个随心所欲的审讯角色。在任何审问中，他都不会受到毫无人性的对待，而我却无法避免。苏格兰上校现已把"凯塞林案件"编辑成了一个小册子，其中提到他对法庭的印象，大意是：在英国和德国，所有思维正常的人都能对这两场审判的受害者做出自己的判决，可以说这是国王陛下敕令召集的最糟糕的两场审判……

现在回到这个案子。提交给我的起诉书有两部分：罪名一，指控我参与杀害上文所述的 335 名意大利人；罪名二，指控我通过两项命令煽动我所指挥的部队以报复的方式杀害平民，并违反关于陆战的法律和惯例，这些命令的结果是总共杀死了 1087 名意大利人。起诉书虽然简短，但字字如刀，后面附上了证人的宣誓证词，也就是所谓的"法律宣誓书"，但再无其他内容。

军事法律顾问在总结陈词时建议法官们，如果他们同意所有报复行为的责任已经从武装部队头上转移到了党卫军保安处（S.D.），那么他们必须判我无罪。在我看来，这似乎是罪名一的关键要素。我的最终判决是"有罪，执行枪决"，从中我可以推断出，法庭认为这一点的证据并非确实充分。然而，正如负责德国官方日常战争记录的办事员后来证实，我的参谋长和作战情报军官发誓称，希特勒明确下达过命令，把实施报复的权力移交给了党卫军保安处。在审讯过程中，即使保安处指挥官也承认了这一点。

那么，面对这些证据，为什么还会判决"有罪"呢？我们只能猜测，我们军官的宣誓证词被认为是不可信的，这让我们所有人都感到难以理解。最后，我告诉自己，这也许是因为对誓言含义的不同解读吧。在这两次审判中，我越来越相信，在盟军的诉讼程序中，宣誓并不是作为一种激励获取真相的手段，而是施加压力的工具，从不幸的受害者那里榨取更多的东西，而不仅仅是诉讼所需的真相。

我有理由设想，法庭肯定能认定该案件在根本上至少是无法证实的，这一点在证据方面不存在问题，而按照国际公认同时也被英国法庭所采用的"疑罪从无"原则，我几乎不可能被判决有罪。

目前还没有任何理由来证实这一判决。根据诉讼程序和大法官向军事法庭所做的指示可以进一步推断，报复行为的合法性已经得到认可。此外，冯·马肯森和我并没有"在我们的职责范围内"批准任何报复行为，而且希特勒已经下令收回了我们的这种职责，恰恰相反，我们还处决了一批严重违反国际法的人，以图形成一种威慑效果，这一点法庭肯定能认定证据确实充分。这种故意违抗希特勒命令的行为，至少应该被法庭视为一种真诚的人道主义行为。

希特勒的敕令将报复的比例定为1∶10，并指派党卫军保安处执行。通过这一命令，武装部队就被剥夺了在这个问题上的一切发言权。我们曾试图减少这一比例，但法庭对于我们的努力熟视无睹。他们似乎没有就这一比例的问题达成一致意见，但至少都认为这一比例超过了法律允许的水平。如果是这样的话，那就更令人惊讶了。众所周知且经证实，盟军指挥官曾下令以相同甚至更高的比例进行报复行为，而且他们当时既没有遇到危急的军事局势，也不存在罗马这样的"紧急事件"作为前提。我不想在这里就盟军指挥官所定的报复比例是否合理发表意见，因为所有这些报复问题，无疑是存在争议的，并且我在本书第21章中也已详细讨论过。无论如何，在事件过去数年后，在不了解当时主要背景的情况下，是难以对一个案件的是非曲直做出判断的。如果我的法官们能够考虑到这一点，哪怕只是因为他们以胜利者自居，倒也不是什么坏事。事实上，在一个意大利的法庭上，也就是受枪击影响最严重的国家设立的法庭，曾经对保安处成员卡普勒（Kappler）的案件做出了无罪判决，这可能会让英国法官的良心感到不安。我至今仍然认为他们是在试图弥补自以为正义却是错误的地方。

回顾整个问题，一定不能忘记，报复的起因首先是一队警察被残忍地杀害，他们都是一些德高望重的提洛尔人（Tyrolean），当时正在履行身为普通警察的职责，保护意大利民众；其次是意大利共产党人打着爱国主义的旗号，为了达到他们颠覆性的目的，屠杀了许多默默经营自己生意的当地人。这不是第一个案例。由于之前的暗杀行动，我们还曾警告罗马市民要通过公告和教会来留意恐怖主义的下一步行为结果，而这些都应该被考虑进去。

一位英国朋友告诉我，他们认为我认可了许多并非属于我的责任，不过这些话可能无助于这起墓穴枪杀案件，因为我已经向法庭证明了武装部队对于党卫军保安处没有控制权。不过，这一问题并不值得讨论。

正如我已经说过的，冯·马肯森和我都尽我们所能来防止报复行为，但这一点没有得到英国法庭的认可。另外，位于纽伦堡的美国第5军事法庭明确阐述了其更通情达理的观点：

"这充分证明，为了避免这种行为带来法律和道德上的污点，人们只要有机会，都会选择规避这种犯罪的命令。"

冯·马肯森、迈尔策和我被判处死刑，理由是我们曾试图规避希特勒的命令但没有做到。对此，我们其实没有任何责任，因为我们已被剥夺了采取报复行为的权力。

在这种情况下，法庭无法确定起诉书，饱受各方的批评，这凸显了他们在对正义进行歪曲。

关于罪名二，我在第 21 章中尽可能客观地描述了意大利游击队的发展、作战方法等内容，以及德国采取反制措施的性质，后者清楚地表明了我对游击战中所有问题的根本态度。我附上一句话，引自我在 1945 年底写给意大利首相加斯贝利（de Gasperi）的信。我在信中请求他，鉴于我再次受到完全不正当的迫害，请他动用他的职权来公布真相：

"……我对意大利的父母们失去自己儿子的痛苦表示同情。我低头默哀，为他们的悲伤和所有为国家牺牲的人们表示敬意，因为他们没有成为外来共产主义的工具。但是这些男人和女人难道不相信德国父母们也很痛苦吗，他们也收到了至亲之人被伏击、被人从背后枪杀，或者在囚禁中惨死的消息？难道他们不明白，保护我的官兵不要遭此厄运，正是我的职责吗？……"

关于起诉书中的罪名二，依据是我于 1944 年 6 月 17 日、7 月 1 日、8 月 15 日和 9 月 24 日发出的命令。在这里我只谈一下检察官在最后发言中认为我有罪的那些要点。

"必须以一切可用的手段和最大的力度来打击这些游击队。我会支持所有那些在手段的选择和激烈程度上超出我们一贯克制措施的指挥官。"（6 月 17 日命令。）①

在第一个英文译本中，"手段"（means）一词被写成了"方式"（methods），这样读起来的话，这个句子可能会引起指控。令我吃惊的是，随后在帕多瓦对党卫军西蒙（Simon）将军的审判中，检察官再次使用了"方式"一词，而这个人曾在我的审判中担任控方的初级律师，保留这个误译是正确的做法吗？

"这里我们要记得一个古老的原则，在达成目标的手段选择上犯错误，总比忽视和不作为要来得好。必须对这些游击队加以攻击并摧毁。"

这段话显然是一个指示，它是写给所有师级以上指挥官的，他们必须在这个秘密文件的框架内针对具体案件发出必要的命令。该指示的目的和后续其他指示的目的一样，是防止双方的战斗恶化成不可挽回的混乱局面，并迫使指挥官们把他们的个人注意力集中在被忽视的游击战上；换句话说，就是要把游击战看作与前线战斗同等重要，并且允许使用一切可用的手段进行战斗。

人们认为，"我会支持所有……的指挥官"这句话可以被解释成有意支持"所有的"报复行为。然而，从事实中就可以看出，情况并非如此，该命令与报复本身毫无关系。

我在 1944 年 7 月 1 日下达的第二条命令与 6 月 17 日的命令相比，纯粹是一条战斗命令。然而，其中包括下文中第（2）和第（3）条原

---

① 原德文为 "Der kampf gegen die Banden muss daher mit allen zur Verfügung stehenden Mitteln und mit grösster Schärfe dwrchgeführt werden. Ich werde jeden Führer decken, der in der Mitteln und mit grösster Schärfe dwrchgeführt werden. Ich werde jeden Führer decken, der in der Wahl und Schärfe des Mittels über das bei uns übliche zurückhaltende Mass hinausgeht."。——英文译者注

则，可能会被想象为报复行为：

"（1）在我对意大利人所做的呼吁中，我已经向游击队彻底宣战。这一宣战绝不是空洞的威胁。我认为所有军人和宪兵都有责任在必要时采用最激烈的手段。游击队的任何暴力行为都应立即受到惩罚。

"（2）如果在当地男性居民中有相当比例的游击队成员，在抓捕的时候，如果发生暴力行为，那么就枪毙他们。这一点届时待定。

"（3）如果军队等人员被村庄射出的子弹杀死，那么就烧掉这个村庄。罪犯和元凶将被公开绞死。"

这条命令就是我对巴多利奥元帅和亚历山大呼吁意大利人谋杀德国人和加强游击战的答复。我认为，如果负责拟订起诉书的英国当局了解美军《陆战规则》（*Rules of Land Warfare*）第 358d 条的话，就不会对第（2）条命令提出指控了：

"逮捕和拘禁人质的公开目的是保证敌人的作战部队或平民不会采取非法行动。如果对方仍然采取非法行动，则可以对人质予以惩罚或处死。"

此外，根据美国的权利观，对于游击队来说，甚至准许不经过法律程序就立即处决。但是，我不需要使用这项权利，因为在所有经过核实的案件中，没有一名游击队成员在敌对行动后未经军事法庭判决就被处死了。如果法庭试图从我 9 月 24 日的命令——"我进一步下令，今后军事法庭必须立即赶到现场开庭"——中找到相反的结论，这是不可思议的，因为在法庭上已经指出，这句话中的决定性词语是"立即赶到现场"，并得到了证据的支持。这并不意味着要首先建立一个军事法庭，相反，法庭已经存在。这句话的本意是要提醒士兵，只要他们合理操作，就有惩罚违反国际法行为的有效法律手段。如果法庭认为我的指示是煽动"对意大利平民的恐怖主义"，我必须反对，因为"平民"或"妇女儿童"根本没有提到，因此不可能有此所指。在我受审时，所有已明确关押地的德国总司令、集团军和师级指挥官都在法庭上做过口头陈述或寄送书面宣誓陈述，表示他们从未按照控方的角度去理解过这一指示。只有在伦敦"肯辛顿囚笼"里的一位总司令对我的命令提出了一些批评意见。这无可厚非，他在"囚笼"中精神状况不好，而且那些批评也没有经过宣誓，当他在自愿出庭做证并进行宣誓时，他就收回了那些话。法庭显然没有认可这一更正的有效性，如果可以更加充分地解释一下这个事件，我也许就能获得赦免。

　　我在命令中说的是："我会支持那些所有在手段的选择和激烈程度上超出我们一贯克制措施的指挥官。"

　　这名证人记得是："我会支持那些所有在手段的选择和激烈程度上远远超出授权手段的指挥官。"

　　我当然对第二种说法提出正当的反对，它是错误的。即使有人希望重视一些证人在非宣誓情况下所做的书面或口头陈述，该名证人所说的"此命令将给部队带来巨大危险"和"元帅的命令给了部队太多的自由"，也是无法被解读成在平民中煽动恐怖主义的。此外，法院肯定知道，根据这位合格总司令手下参谋长的证词，军队的士气实际上并没有受到影响。

　　似乎难以想象，在整个宣誓证词都得到澄清之后，法庭还在继续坚持证人在伦敦所做的书面陈述。然而事实确实如此！

　　我在 7 月 1 日发布的命令的最后几句话是："禁止任何形式的抢劫，

否则将受到最严厉的惩罚。所有的措施都要严格但必须公正，德国军人的名誉依仗于此。"

这些话充分驳斥了法院的判决，它们真实地反映了我这条命令的意义。

我于8月21日和9月24日的命令甚至可能让存有偏见的法官相信，没有设想中的任何形式的恐怖主义。

以下是1944年8月21日命令的摘录：

"在最近几周对土匪的重大行动中，发生了严重损害德国武装部队名誉和纪律的事件，这些事件与报复性措施没有任何关系。

"由于必须以最严厉的手段打击游击队，有时会波及无辜人员。

"然而，除了在该地区实施的安抚工作之外，如果一项重大行动只会在民众中引起更大的动乱，并产生非常严重的物资供应问题，而这些问题最终还必须由德国武装部队来承担，那么就表明这项行动是错误的，只能被看作纵兵抢劫。

"领袖在给我国驻意大利大使拉恩博士的一封亲笔信里，抱怨我们对游击队的打击方式，以及报复性措施最终落在民众的头上而非真正的土匪。

"所有这些行动的后果都严重损害了民众对德国武装部队的信心，从而给我们制造了新的敌人，并加大了敌人的宣传。"

以下是1944年9月24日命令的摘录：

"领袖再次向我发布书面声明，称驻意大利部队在对民众采取行动时，违反了我于1944年8月21日下达的指示，他们执行任务的方式令人发指，从而把正派和英勇的人民赶到了敌军或游击队那边。我不愿意再宽恕这种行为，因为我充分认识到这种懦夫般的暴行只会给无辜的人们带来痛苦。

"领袖的控诉已转交给最高统帅部，负责此事的将军正在调查最严重的案件，并将向我报告调查结果，然后将此事传达给相应负责的指挥官来做出最后决定。最终结果也将报告于我。"

然而，关于这些命令的一个根本问题是，当时所做的官方调查并没有证明德国官兵有罪。此外，我在庭前提交的证言已经得到证据支持，我调查了每一份关于我的部队违法犯罪的报告，一经证实，就对罪犯进行了审判。如果 8 月 21 日的命令被解读为承认煽动恐怖主义，而 6 月 17 日和 7 月 1 日的命令也隐含这个意思，那就意味着我只会发布犯罪的命令，发布一个之后不久就再发一个，这样就让我的部下在履行职责时实施犯罪同时承担责任。这与我急于承担责任的做法并不相符，而且如果是这样的话，我也不会成为一位受欢迎的的总司令，一分钟都不会，然而直到今天，在我手下服役的人仍然对我忠心耿耿。事实是这项指控并没有得到任何证据支持。即使在我承认我的部队有可能违反国际法的情况下，意大利军事法庭也做出了无罪判决。

关于法律宣誓书我多说几句。这种宣誓书并不是在获准宣誓之前就写好的，而是在几年后根据多人的陈述写成，有时会高达 100 多人，而这些人有可能仍然受到来自游击队和共产党的压力。与此同时，意大利法庭审理的大多数案件证明，证人的陈述要么不真实，要么过分夸大，因此这些陈述并不足以作为证据。据了解，这些罪行一定程度上是"黑衫军"（Brigata Nera）这样的新法西斯组织所为，或者是身着德国军装的意大利犯罪分子的行径。英国调查法官在一份代表我方的诉状中证实了这一点，根据他对德军在意大利战争期间所用方法的专业知识，他强烈敦促，冯·马肯森、迈尔策和我不仅应从监狱释放，更应无罪赦免。

最后，在此也必须指出，为我做证的所有德国和意大利证人肯定都被认为是"不可信的"，而意大利证人的"童话"和英国人的"法律宣誓书"则被认为是"可信的"。再一次令人费解的是，对我们接受德国正义观念熏陶的受审之人来说，本来应该要做的无罪推定并未落实，而"执行枪决"的判决却就此通过。

我的4位律师，拉特恩泽尔博士、弗罗威恩博士（Dr. Frohwein）、舒茨博士（Dr. Schütze）和施温格教授（Professor Dr. Schwinge），之前一直拒绝相信会做出有罪判决。后来，当军事法律顾问宣布两项罪名"有罪"时，他们自信地向我保证，最终只会有一个非常仁慈的判决，其他不会有任何问题。尽管与我的看法相反，他们还是坚持自己的意见。因此，当宣布根据两项罪名判处死刑时，我还不得不安慰我的律师。这是一个严肃的事实，我现在把它记录下来，因为在我看来，它似乎能够阐释整个诉讼过程。战胜国对所有众所周知的战争罪行进行了审判，对其采用的法庭程序进行批评毫无意义。

在宣判的那天晚上，我把让我有所触动的想法吐露在下面这封信中：

"1947年5月6日，决定命运的一天结束了。我预见到了这个结果，不是因为我不相信自己行为的合法性，而是我怀疑这个世界的正义感。我的律师和其他许多人认为不可能会是这个判决。我只有在他们的观点中才可能发现正义，不过我并没有意识到正义会存在。这样的判决是必然的，因为：

"（1）我的审判是在罗马审判之后进行的，为了获批这一点，军事法律顾问曾拼命进行争取；

"（2）游击战争在今天仍然受到赞扬，不可能让它作为一项犯罪行动而载入史册；

"（3）德国军官及其整个军队职业必须受到致命的打击。"

今天，西方列强盲目地忽视了一个事实：他们将因此而损害了自己的未来。我想起了在纽伦堡的一次谈话，一位消息灵通的熟人对我说：

"你会被清除掉，无论以何种方式。你的影响力太大了，也太受欢迎了。留着你是一个威胁。"

这句话让我明白了我的使命：要证明我们行为端正。我的名誉、军衔和对德国人民的尊重决定了我的行为举止。我努力不辜负这些对我的要求，借由上帝恩助，我将问心无愧地承受可能降临在我身上的最坏结果。我可以对自己说，我的生命始终追求卓越。如果我没有坚持做到，那就让那些从未犯过错误的人来审判我吧。伪善者的谴责无法动摇一个拥有自尊的人。我的生活是充实的，有工作，还有关心和责任。我现在的痛苦并不归因于我的所作所为。但是，如果在这种情况下，我仍然能够对我的同志们有所贡献，如果高层人士仍然乐意与我交谈，这将是我的莫大荣耀。如果我可以得到曾经仇敌的认可，如果所有人都对我的判决摇头称奇，那对我来说就意义深远了。如果意大利人宣布，我应该被授予4块金质勋章，而不是接受审判，那就表明意大利人正在努力克服今天的不良情绪。

在 1950 年和 1951 年，巴伐利亚去纳粹化法院（Bavarian denaz-ification court）在处理与威尼斯审判同一法律事件的时候，做出了"没有牵连"的裁决。尽管我和英国人都认为在这些诉讼是对"一事不再理"原则的侵犯，但我对法庭裁决中的明确批评态度表示感谢。

我在本章上文中说过，法庭至少应该注意到在我的法律立场方面存在疑点。因此我的律师认为，根据国际司法惯例，我的行为作为一个整体，仅这一项考虑就可以把我无罪释放。在此我必须明确指出，军事法律顾问本应勤勉地记下每一个字，但在就后面所出示证据对证人进行审查时，他却表情厌倦地把钢笔放在一边，显得兴趣欠缺。

尽管公开披露我本人和我的惩罚是件痛苦的事，但我觉得我有必要把这件已经成为历史的事情提出来。许多杰出人物可能对将我视为接下来方案的最初讨论组表示异议，但无论他们如何反对，为所做决策承担非同寻常责任的，是我自己一个人，这是不争的事实。我认为有必要详细地讨论一下这个事件，因为德国人民和其他西方世界人民都有权了解，尽管战争十分血腥，但是在如此规模的冲突中，德国军人仍然秉持着关心人道主义、文化和经济的思想，这在某种程度上没有得到足够的认可。

对意大利平民和文化的保护措施

当我在担任南方战区总司令的时候，我阻止了罗马百万人口的撤离计划。与 1914—1918 年战争形成了鲜明对比，当时靠近前线的城市一般都是自愿或被迫撤离的，而这一次罗马距离前线仅 14 英里，人口却增加了近一半。鉴于盟军的空战策略、缺乏运输工具、食物难以供应等问题，如果要撤离罗马，即使只限于部分人，也肯定会造成几十万人的伤亡。

根据希姆莱的命令，罗马的犹太人群体将被驱逐到一个未知的目的地，我阻止了这条命令的执行。直到今天我仍然被罗马的犹太人嘲讽为一个普通的杀人犯，这表明他们并没有什么辨别能力。

我还采取措施，成功防止其他一些人口众多的城市和村庄出现撤离的情况，这一点在下文中再述。

意大利当局受限于运力缺乏和其他困难，无法养活意大利中部的人口，即使有德国提供的援助也远远不够。但是我们通过适当的方式成功为平民提供了补给，从德国仓库供应粮食并提供了军用货运工具（货运列车和卡车）。因此，我们顶着剥夺前线士兵最低生活保障的压力来保障意大利人。我还批准使奇维塔韦基亚港中立化，并向红十字会开放。此外，梵蒂冈也将其有限的资源拿出来提供援助。尽管在从意大利北部通往罗马的公路上行驶的每一辆卡车都清楚地标有红十字会的标志，但盟军仍然持续空袭，使所有这些措施的实施都变得非常困难，代价也很高。

在战争期间，所有罗马人都知道德国技术军队不得不经常派去修理被轰炸破坏的水管，每一名意大利人也应知道，在德国军队撤退之后，供水系统和其他公共设施都被原封不动地保存下来，因为即使冒着使我军陷入巨大军事劣势的风险，我们也禁止炸毁桥梁和其他设施。

最后应该指出，在人口密集的村庄和城镇中，德军主动承担起空袭损失的修复工作，提供了大量的人员、武器和物资。

从 1943 年 9 月起，保护教会和意大利文化的措施几乎都是由德军完成的，其中部分是应教会和意大利教育部众多人士提出的请求。这项工作非常烦琐，以至于我在西南战区总部不得不设立一个专门的"艺术保护处"，由哈格曼（Hagemann）博士负责。保存艺术珍品意义深远，为了落实这些指示，我还对作战部门的大部分行动提出了建议。

根据意大利的地面和空中情况，搬迁工作分了几个阶段进行，但即使这样，也很难满足预期要求，因此不得不逐渐改用各种权宜之计。在下文中，我将只围绕南方战区司令部所做的工作进行叙述。

最简单的措施就是在城镇和乡村张贴带有我签名的布告，禁止擅自进入有文化价值的场所。我签署了数百份这样的布告，可以说没有收到过任何一件违反案件。艺术品、档案和藏书从这些城堡、教堂等地点通过运输工具被运往了安全地区。第一项任务是把卡西诺山修道院中举世闻名的艺术珍品用"赫尔曼·戈林"装甲师运到了奥尔维耶托（Orvieto），随后又按照我在罗马下达的存放命令移交给了梵蒂冈，更不要说其他直接被德国军队救出并交付给梵蒂冈的众多艺术珍品了。第二项任务是把佛罗伦萨的艺术作品分散到佛罗伦萨地区不同的僻静别墅中，这样当它们受到像卡马尔多利（Camaldoli）修道院和圣埃雷尼奥（Sant' Ereno）修道院一样的威胁时，就会被转移到南蒂罗尔（South Tyrol）。对于佛罗伦萨附近波焦阿卡亚诺（Poggio a Caiano）的美第奇家族别墅（Villa Medici）及其珍贵的佛罗伦萨艺术品，我直接下令不列入防御区范围内。此外，暂时存放在马尔扎博托（Marzabotta）的艺术珍品最终运抵费拉拉。最终，由于缺乏运输工具，许多艺术珍品不可避免地留在了原来城镇里，但即使这种情况，德军也把它们保护在防空洞里。在那些无法被宣布为"救护城市"或"不设防城市"的地方，这些工作不约而同地都在进行。甚至在维罗纳这个中央交通枢纽，虽然遭到了盟军针对性的空袭，工作也在持续。

我们把具有文化意义和教会传统的城镇排除在战斗区域之外，列为"救护城市"。盟军通常通过梵蒂冈来获知这一安排。宣布一座城市为"救护城市"，需要撤离除了那些用作医疗服务之外的所有军事机关，我们在如下城市也是这么做的，如阿纳尼（Agnani）、蒂沃利、后来又宣布为"不设防城市"的锡耶纳、完好保存从翁布里亚（Umbria）运来的无比珍贵艺术作品的阿西西（Assisi），以及成为与红十字会相互尊重范例的梅拉诺等。

彻底有效地宣布一个"不设防城市"，存在着某些军事和外交上的困难。我们曾尝试在很多地方这样做，但是我们的努力并非每次都能成功。有时作为一种解决办法，我们选择让一个城镇"中立化"或"非军事化"，这两种情况意味着要撤出所有军事机关和部队，禁止所有军事人员进入，并由宪兵进行警戒，分流交通并封锁道路。但很显然，这些措施并不总是得到部队的积极响应，而且造成了严重的军事顾虑。罗马就是一个很好的例子，在卡瓦列罗和巴多利奥已经宣布其为"不设防城市"后，我作为西南战区总司令又对其进行了确认，并严格禁止军队进入。

我先是下令禁止对奥尔维耶托、佩鲁贾（Perugia）、乌尔比诺（Urbino）或锡耶纳等中世纪城镇进行防御，后来又进一步宣布其"非军事化"。佛罗伦萨拥有独特的艺术宝藏，早在1944年2月就被宣布为"不设防城市"。我不能同意红衣大主教关于宣布放弃防御这座城市的要求，因为我从敌人那里得不到类似的让步，因此德军对穿过这座城市的道路进行了拆除和阻断，不幸的是，这也导致横跨阿诺河（Arno）的美丽桥梁遭到了破坏。

比萨（Pisa）因为疏散及时，使其为人熟知的文化古迹得以幸免。

从战术上看，圣马力诺（San Marina）和锡耶纳一样，是一条重要防线的中点。尽管如此，我还是宣布它为"不设防城市"，这可以看作是我为人谦恭的一个表现。

在意大利北部的艾米利亚（Via Emilia），拥有皮洛塔宫（Palazzo della Pilotta）及其法尔内塞剧院（Farnese theatre）的帕尔马（Parma）、雷焦（Reggio）、摩德纳（Modena）和博洛尼亚等城市，在 1944 年 7 月就全部宣布为"中立化"。当时博洛尼亚是我们防御的关键点。当地市长和博洛尼亚大主教请求宣布该市为"不设防城市"的请愿书得到了我的同情，然后我们还采取了各种安全措施。事实上，这座城市的历史中心地位并没有受到质疑，这主要归功于指挥第 14 装甲军的冯·森格尔-埃特林将军。拉文纳（Ravenna）很早就宣布"非军事化"，后来德军在此不战而退。威尼斯被选为意大利东部所有艺术珍品的收藏地，虽然遭到海军的强烈反对，但它的保护问题也得到了圆满的解决。

维琴察（Vicenza）在实际上已经中立，因为所有军事车辆都绕道而行，而且该镇也已撤离。

在帕多瓦主教的请求下，帕多瓦也已完全"非军事化"，从而使珍贵的乔托教堂（Giotto Chapel）和其他文物得以保存。

在我的直接命令下，米兰南部的切尔托萨迪帕维亚（Certosa di Pavia）修道院也得到了类似的保护。

西南战区司令部的这几个行为实例足以表明，德国军队尽了最大的努力来保护意大利的古老文化。那些不了解意大利的人可能无法准确了解我们付出了多大的努力。然而，他们可以对比一下如维尔茨堡、纽伦堡、弗赖堡（Freiburg）、德累斯顿等德国城市的样子，就能更好地欣赏上面列出的这些完好无损的意大利城市了，这应该让其他国家的人好好反思一下。

在战争期间，我收到了许多来自教会和当地政府的感谢信。在这里，我谨引用基耶蒂大主教（Archbishop of Chieti）信中的一段话：

> 8个月来，我们基耶蒂人民距离德军防守的战线只有7千米。在这段时间里，我没有受到德国指挥官的任何攻击，特别是没有受到凯塞林元帅或他手下将军们的攻击。相反，他们，特别是凯塞林元帅，在军事局势允许的范围内以一切可能的方式支持和帮助我，拯救了基耶蒂市和其他需要抢救的地方……
>
> 总而言之，我必须以我的良知起誓，并且不惧怕任何反驳，凯塞林元帅的态度和行为值得所有人的赞扬。这也是我的神职人员们的想法，而且据我所知，基耶蒂所有思想健全的人们也是这样认为的。我们必须感谢凯塞林元帅，保护了我们的城市在全面战争中得以幸免。我要特别感谢冈瑟（Günther）、巴德、福伊尔施泰因（Feurstein）和迈尔策将军，感谢他们在凯斯林元帅的领导下对这座城市所做的善行。他们的名字和元帅的名字都将永远在这里受到祝福。
>
> 亲爱的拉特恩泽尔博士（此为我受审时的律师），在写下

这些话时，我遵循着自己身为大主教的良知，很高兴能够为证明凯塞林元帅的清白做出一些贡献。最后，我要向全能的主祷告，希望这份证词能够劝导法官，让他们依循正义做出审判。

审判之后

我和我的军官证人们同乘一列火车从梅斯特雷前往克恩滕州（Carinthia）的沃尔夫斯贝格（Wolfsberg），然后我们就分开了。我的同志们感到都很沮丧。不过，沃尔夫斯贝格的英国指挥官是个通情达理的人，他对待我就像对待冯·马肯森和迈尔策一样，把我们当作光荣的军人。我很感激他，感谢集中营里的军官和军士，多亏了他们的好意，我才能在那儿的"地堡"中还算过得去。只有一个例外，一个美国上尉，他曾经是奥地利难民，有着充满敌意和复仇的铁石心肠，他经常迫害那些无辜的人。一年后，我听说报应不爽，他带着他的犬儒主义也被关押到曾被他迫害的可怜虫那里了。不过，我将永远记住我们的德国牧师格鲁伯（Gruber），他工作出色，是一位优秀的灵魂守护者。

沃尔夫斯贝格是奥地利的一个战俘集中营。我们觉得自己在这里并不是外来者，反而是囚犯们这个小圈子的核心，我们知道如何通过艺术创作、讲座和工作来丰富生活。我到达后不久，一位前党卫军少校找到我，告诉我可以帮助我越狱，一切已经就绪。我向他表示感谢，但是我坚定地说，我对法庭没有什么意见，但我决不会给我的敌人一个借口，让他们以为给我的对待是公正的，我宁愿错过这个自由的机会，因为那将意味着承认自己有罪。

1947 年 7 月 4 日，我和我的同志们被判的死刑减为无期徒刑。后来我常说，这种减刑其实是加重惩罚。有一次，一位英国上校问我为什么，我只能回答说这是有限制的。对我这样一个知道自己清白无辜的德国元帅来说，"枪决"来结束生命配得上我军人的身份，但每天必须和罪犯一起生活在监狱里，则是一种侮辱和羞耻。

1947 年 10 月，冯·马肯森、迈尔策和我从沃尔夫斯贝格转移到韦尔（Werl），我们三个人已结成了深厚的同志情谊。我们有一种印象，即我们的押送人员给了我们专门的关怀，虽然他们也觉得难以理解，但他们努力使自己不受我们判决和服刑情况的影响。当韦尔监狱的大门在我们身后关上时，我们的身体就像被截肢一样痛苦。很显然，我们和真正的罪犯并没有什么区别。我们被押到副监狱长的办公室，他的职责就是告诉我们，我们只有与最恶劣的罪犯相同的权利。

狱中的生活不知岁月变迁。在度过沉闷的几年之后，到了 1950 年，待遇终于有了些许的改善。我很尴尬地发现，我们只能在英国人和美国人的支持和控制下向德国尤其是巴伐利亚当局递交请求，他们最终也只能尽其所能来满足我们在经济方面的需求，例如，落实我们作为战俘和罪犯分别应得的报酬。我要提一下盟军监狱的最后一任监狱长维克斯（Vickers）中校，除了一些禁令之外，他总是表现得很仁慈。此外，还有大主教，他首先推动了后来的改善工作。在法律领域，我只提一个人——英国高级专员公署的高级法律顾问阿尔弗雷德·布朗爵士（Sir Alfred Brown）。他展现了一位负责任的法学家崇高的精神，虽然内心不怂，但仍在他所代表的公平正义之下帮助我们。一位受人尊敬的将军却给我留下了不好的印象，他匆匆瞟了一眼我那冰冷、潮湿、偏僻的牢房后，说出了一句不同寻常的话："很好！"

我的工作是糊纸袋。作为一名 65 岁的元帅，我的表现为我赢得了尊敬。我的同事虽然大多是"战犯"，但都是正派的人，这让工作和生活变得轻松很多。几个月后，有人问我是否喜欢这份工作，我回答说："很好。我做梦也没想到我会成为一个糊纸袋工人。"

次日，我作为体力劳动者的日子就结束了，开始重拾历史研究。

一个晴朗的早晨，在提前一个半小时通知后，我们被搬到了另一个住处。原因是保密的，而且我至今不知道他们为什么要转移我们，可能是想让我们在英国人的眼皮底下住得更近一些，因为我们现在都是和英国囚犯住在一起。那是一段悲惨的时光。不幸的是，只要有人跟我们说话，即使是牧师来拜访我们的时候，也得有一个看守在场。有一次我妻子来看我，她给我带了几块蛋糕和一些糖果，因为监狱的食物让我的胃不舒服。她把这个小包裹交给了一位德国官员，这位德国官员把它交给了一位英国官员，英国官员把它拿到了办公室，准备交给我。一位碰巧在现场的英国记者目睹了这个程序，然后编造了一条只能称为谎言的报道，把它寄给了他的报社。他在故事里说我们经常收到包裹，享受英国的餐饮和其他山珍海味。我们当时能看到的英国食物就只有他们每天发给英国囚犯的配额，这就像是举办了一个宴会，而我们只收到了数量极少又难以下咽的德国汤。结果，包括监狱长在内的 3 名英国官员被调离。

然而，即使在那些日子里，我们也活了下来。新的一天开始了，我们被允许在一个重建的侧楼上单独使用一层，那里的"餐厅"和"娱乐室"都经过精心布置。这是德国个别人进行的捐赠，这种做法最终表明了，我们是虔诚实干的基督徒。我们要特别感谢维克女士（Frau Weeck），这位不辞辛劳的"韦尔天使"是威斯特伐利亚红十字会（Westphalian Red Cross）的副主席。

　　另外，我们争取改判却毫无进展。英国官场顽固地为已做出的判决进行辩护，不顾我们提交的令人信服的无罪证据和在审讯时无法及时提交的其他证据。我无法想象负责任的英国社会能够相信这次诉讼程序的合法性，不过柯克帕特里克（Kirkpatrick）给新闻界的公开信开始让我们进行了反思。我们对于每一案件都有着主观但是透彻的了解，这与英国高级专员的陈述形成了不可调和的矛盾。对于这些理由，在获得联邦德国总理的同意后，我想向下议院议长提交一份请愿书，应由一个混合议会制委员会现场，也就是在韦尔，调查战争罪行案件的总体情况和法律方面。考虑到独立议员的正义感，我认为该委员会将会对法院的诉讼程序提出相反的意见，将会思考审判文件中的各种缺陷和漏洞，并将提出相应解决办法。然而，我的这一想法遭到禁止。真是遗憾！[①]我意识到下级官员必须执行上级的命令，即使他们自己质疑上级也要如此。我不想提出，在1945年以后，我们德国人也会因为服从命令而被判处死刑或监禁。我从未发现当权者有合理的理由来拒绝重新审议我们的案件，即使面对一种毫无同情、缺乏考虑和公然挑衅的公众舆论，正义也必须占据上风。同样难以理解的是隐藏在"四国协议"背后的企图，因为其已经失去了正当性和法律效力。一项被罗马和世界都否定的公约无论如何也不能被视为有效的国际法。

---

① 1951年7月15日，由于伯克勒·坎普（Bürkle de la Camp）教授的努力，凯塞林元帅得到假释。10月14日，出于开恩，他获得释放。——原注

　　当 1947 年我被判死刑时，我相信我有勇气面对我面前的一切，在我的身后是丰富多彩的一生，我已经不可能再有更多的巅峰经历了。5 年后的今天，我必须承认，我的生命中又多了一种外部诽谤的体验，也有聊以慰藉之事。我确实养成了每天结束时进行冥想的习惯，作为一天的必修课程，但我从来没有如此清晰地观察自己、周围的环境和这个时代。我现在试着客观地判断，把我的失望看作这个时代弊病的征兆，压制报复和仇恨的心理，尝试着去理解。我是这样思考的，我自然也要在我的同伴之间、在他们和监狱当局之间充当调解人。渐渐地，我的努力得到了回报，人们重新以怜悯和人道的心态对待我们这些军人，而不再是因宣传而产生的敌意。那些不顾当时氛围为我们挺身而出，帮助我们改善生活条件的人，我在上文中已经提到了。他们的作用远远超过那些致力于"再教育"的人。比起那些可疑的实验，人的内心感受更有说服力。

　　在我被囚禁期间发生了许多事情，这些事情尤其吸引那些曾经站在这个世界中心的人。一个人越是远离日常的鸡毛蒜皮，就越容易看穿事物的混乱本质。正如利德尔·哈特（Liddell Hart）所确认的那样，当我在把我们的战争表现夸奖为某种成就时，我其实只是在陈述一个老生常谈的事实。然而，与他的观点相反，我记得许多德国人发表了不同的言论和文章，来描述德国最高统帅部的"天才表现"，说得直白一点，就是"白痴行为"，称他们高压逼迫着可怜的德国步兵，使其同时遭受着上级和他们的欺凌。作为一名服役 40 多年的老兵，尽管严厉和苛刻，但一直受到官兵敬重，我有权声明，我无法理解这种新闻。我欣然承认之前犯的错误，但是在战争头几年中，我们每次都能迅速赢下每一场战役，所以我们只能假定，在盟军的领导层中依然存在着巨大的"无知"。因此，任何理智的人在听说我们的军事训练和教育居然全程都是错误的，而我们必须按照如美军之类的民主原则来修改我们的理念，都会表现得惊讶万分，这一点是我无法接受的。

我有幸指挥过大批最优秀的德国师。我知道，如果官兵之间没有结成深厚的同志情谊，德国军队是不可能在战场上取得胜利的。在我视察各支部队的时候，这种团结氛围令我非常高兴。尤其令我自豪的是，1945 年德国军队投降时所表现出的模范行为，我认为这是纪律、训练、指挥层与部队和谐关系的胜利。诚然，我们可以改变很多事情，我们可以适应各种发展进步，学习新的宝贵经验，但是我们要传承我们的民族特点，尊重我们的传统习俗。我们要警惕不要变成一个失去根基的民族。

我在写这本书之前斟酌再三，最后我决定基于我的所见所闻，为维护这段德国历史的真实性贡献一份力量，为我们优秀的军人树立一座丰碑，并让世界充分认识到这场战争的残酷面貌。所有事件都具有相对性，对于那些思考这场战争的人来说，这个古老的道理在这里得到了证实。我想对年轻人说，生命的意义在于努力做正确的事，而所谓的完美无缺，在这个世界上并不存在。古谚有云："人非圣贤，孰能无过？"从中我们可以了解到，人们呼吁能自主掌握对自己的决定权，同时告诫大家不要轻易给别人下定论。

索 引

A

C

I

M

R

S

U

V

W

Y

Z